중 · 고령자의 고용과 평생학습

권대봉 · 노경란 · 변정현 공저

도서출판 **원미사**

머리말

인생 삼모작 시대를 사는 한국의 중·고령자에게 필요한 것은 깨끗한 공기와 맑은 물 뿐만 아니라 고용과 평생학습이다. 성인계속교육의 실천적 장을 개척한 노울즈(Knowles) 교수는 그의 저서를 통해 성인을 '무시된 인류(neglected species)'라고 표현한 적이 있다. 1997년 외환위기 사태 이후의 한국의 중·고령자는 특히 그러했다. 한국을 일으키고 이끌어 온 저력 있는 인적자원인 중·고령자는, 단지 나이가 들었다는 이유로 무시되거나 물러나야 하는 존재로 여겨졌다. 중·고령자의 지혜와 전문성, 경제성장을 단기간에 견인할 수 있었던 인내와 끈기, 그리고 노하우는 가치로운 그 무엇으로 여겨지기 보다는, 젊은 세대를 위해 잊혀져야 할 그 무엇으로 간주되기까지 했다.

그들은 이제 새로이 발견되고 개발되어야 할 소중한 인적자원이다. 한국의 중·고령자는 재조명되어야 하고 그 잠재적 가능성을 더욱 발견하고 육성해야 할 가치 있는 존재이다. 한국의 중·고령자 인구 비율은 고령화가 진행될수록 더욱 늘어난다. 그 만큼 시간이 지날수록 그들의 가치를 제고하고 효율적으로 활용하는 것은 더욱 중요한 국가적 과제가 되었다.

이 책에는 한국의 중 · 고령자가 고령화시대가 되면서, 왜 더욱 그 가치를 재발견해야 하는 존재인지에 대한 고민을 담았다. 또한 그러한 가치가 지속가능한 한국의 성장 동력으로서의 몫을 가질 수 있도록 지원하기 위한 방법이 무엇일까에 대한 소망을 그려보았다.

이 책은 필자가 한국학술진흥재단의 선도과제를 수행하면서 연구하였던 내용을 보완하여 출간한 것이다. 당시에는 "고령화시대의 노동시장 변화에 따른 중 · 고령자 평생학습모델"(KRF-2003-041-B00481)이라는 과제를 수행하며, 전문성과 저력을 두루 갖추고 있는 인적자원인 중 · 고령자가 한국을 다시 한번 활력 넘치게 만들어 줄 것을 기대하며 연구에 임했다. 그러한 기대에 덧붙여, 중 · 고령자가 평생 동안 지속하여 그들의 가치를 발휘할 수 있는 사회가 실현될 수 있을 것이라는 바람으로 고용가능성 제고를 위한 평생학습모형을 제안한다.

구체적으로 이 책은 총 4부로 구성되어 있다. 우선 제1부는 우리나라에서 중 · 고령자의 고용가능성 및 평생학습지원이라는 이슈가 왜 제기되어야 하는지에 대해 분석적으로 검토하였다. 제2부에서는 부처별 중 · 고령자의 고용가능성 유지를 위한 지원 체계를 검토하였다. 특히 관련 지원책을 중점적으로 추진하고 있는 노동, 복지, 그리고 교육부처를 중심으로 살펴보았다. 제3부에서는 중 · 고령의 인적자원을 효율적으로 활용한 미국과 일본의 사례를 면밀히 검토하고 이를 기반으로 시사점을 도출하여 고령화사회를 준비하는 한국을 위한 타산지석으로 삼고자 하였다. 마지막 제4부에서는 중 · 고령자의 고용가능성을 증진시키기 위한 평생학습모형을 제안하고 이러한 모형이 정착되기 위한 제언을 덧붙였다.

현재 당면한 과제에만 미봉책으로 대응해서는 지속적으로 성장하고 안정된 한국을 꿈꾸기 어렵다. 미래지향적이고 사전 준비적인 관점에서 우리의 중·고령자를 재조명하고 그 대책을 장기적 계획을 세워 추진할 필요가 있다. 보다 견실한 한국의 미래를 준비하는 비전을 세우고, 그 중점 과제 중의 하나로서 중·고령자의 고용가능성 증대를 통한 고령화시대로의 성공적 이행을 논해야 할 것이다. 그리고 그러한 해법을 견인하기 위한 폭넓은 사회적 안전망으로서, 또한 적극적 대비책으로서, 중·고령 인적자원의 효용성 증대와 장기적 가치 발현을 위한 평생학습지원 방안을 정책적으로 고려할 필요가 있고, 그러한 노력에 이 저서가 기여할 수 있기를 희망한다.

2008년 5월

권대봉·노경란·변정현

차 례

제3부 미국과 일본의 중 · 고령자 지원정책 • 129

제4부 중 · 고령자 지원 평생학습모형 • 289

제 1 부

한국의 환경분석: 중 · 고령자 이슈 중심

1부

중・고령자를 대상으로 한 평생학습모형의 필요성이 증가하는 근거를 중・고령자를 둘러싼 대・내외적 환경 변화로부터 탐색하였다. 이에 사회구조적 변화로서 지식기반사회화, 인구구조적 변화로서 급속한 고령화 현상, 기업의 인적자원 패러다임의 변화와 이에 따른 노동시장변화를 살펴보았다. 또한 각 논의 내용을 중・고령자의 고용가능성이라는 측면에서 조명하여 환경변화 요인이 긍정적으로 작용하는지 아니면 부정적으로 작용하는지에 대하여 분석하였다.

CHAPTER 01

고령화시대의 평생학습모형이 왜 필요한가?

1997년 12월 외환위기를 현 시점에서 돌이켜보면 위기(危機: 위험한 기회)라고 하는 단어가 내포하고 있는 문자 그대로의 의미가 상당히 명료하게 입증되고 있음을 알 수 있다. 우선 '위험'의 측면을 살펴보면 이 시기를 기점으로 하여 국가적 수준에서는 국가 도산의 위험을 막기 위하여 국제적으로 불이익을 감수했어야 함과 동시에 국가 신용도의 추락으로 국제적 입지 약화, 사회 불안, 국민 생활 안정을 위한 막대한 사회적 비용 지출을 부담했다. 또한 사회에서는 건실하다고 믿었던 많은 기업이 도산하였고, 소비의 감소로 인한 내수 시장 위축, 원화 절하로 인한 수입 원자재 폭등, 주가 폭락 등의 연이어지는 악재들 속에서 생존을 위한 제 살 깎기 노력을 감행해야 했다. 기업의 생존을 위한 자구책의 여파는 대규모 구조조정으로 연결되어 개인적 수준에서는 한때 180만 명에 육박하는 실업자가 발생하였고 개인 파산 등으로 인한 노숙자가 속출하는 등 온 국민이 고통을 겪어야만 했다.

반면 '기회'의 측면을 보면 국가는 국가의 경쟁력을 확보 · 유지하기 위해서 국가의 근간인 국민의 경쟁력 제고를 위한 노력을 기울이게 되었고, 기업은 투명한 경영・효율적 경영・글로벌 스탠다드를 강조하여 국제무대에서 경쟁력을 구축하고자 노력하고 있다. 또한 개인은 노동시장의 변화에 따라 자연스럽게 평생직장에서 평생직업으로 직업에 대한 패러다임이 전환되면서 개인적 수준에서 평생고용가능성의 제고에 대한 중요성이 보편적으로 인식하게 된 것은 긍정적인 측면이라 할 수 있다.

이와 같이 위험 요인과 기회 요인이 혼재한 가운데 외환위기 극복에 대한 오늘날의 평가도 역시 긍정적 측면과 부정적 측면이 동시에 지적되고 있다. 우선 긍정적 평가는 정부 주도적인 과감한 개혁 실행과 기업 구조조정의 단행으로 경제 내부가 체질적으로 개선되었다고 하는 점이다(안덕근, 2003). 반면 부정적 평가로는 경제적・사회적으로 양극화 현상이 심화되었다는 비판이 일고 있다. 구체적으로는 계층간의 소득격차 확대로 인한 소득불균형이 심각하고, IT산업과 전통산업간, 지역간, 우량기업과 비우량기업간 등의 격차가 확대되면서 사회 전반적인 양극화 현상의 심화를 들 수 있다. 한편 일반적으로 일단 위기는 극복하였으나 개혁의 발걸음을 늦춰서는 안된다는 의견이 지배적이다(유용주 외, 2000). 따라서 외환위기에 직면한 기간 동안 국가적 당면 과제를 해결함에 있어서 과제의 중요성이나 미래지향적 관점에서의 사회적 파급 효과 등에 대하여 심사숙고하기보다 시급성에 우선순위를 두어 대책을 마련한 것은 아니었는가 또는 장기적 비전에 근거를 두고 전략을 실행하기보다는 가시적 성과를 내기 위한 임기응변식의 대응에 급급한 것은 아니었는가 등에 대한 반성을 통하여 제2, 제3의 개혁이 실행되어야 할 것이다. 이러한 맥락에서 중요한 것은 첫째 한국이 직면하고 있는 대내외적 환경 및 시대적 변화를 미래지향적 관점에서 고찰하는 것이다. 둘째 이와 같은 환경적 · 시대적 변화 중에서 사회적 파급효과가 큰 요소를 추출하여, 셋째 변화에 대응하기 위한 주먹구구식의 한시적이고 일시적 대응이 아니라 체계적이고 항시적인 개혁 기반을 마련해야 할 것이다.

위와 같은 견지에서 앞으로 한국 사회에 가장 큰 영향을 미칠 것으로 예상되는 커다란 변화의 흐름 중 하나를 '고령화시대의 도래에 따른 노동시장의 변화'로 간주하고 해결해야 할 중점 과제로서 '중 · 고령자의 전직 및 재취업 문제'를 설정하였다. 상기 제시한 과제에 주목한 이유는 다음과 같다.

첫째, 산업사회에서 지식기반사회로 변화함에 따라 중 · 고령자가 취업 및 전직에 있어서 상대적 취약계층으로 포함되기 때문이다. 한국의 지식기반사회 진입 정도와 그 수준에 대하여는 다양한 이견이 있지만 이미 한국에서는 산업사회에서 지식기반사회로의 변화를 보편적 현상으로 받아들이고 있다. 또한 지식이 개인 · 기업 · 국가의 경쟁력을 좌우하는 결정적 요소로 작용하고 있다는 사실을 인정함에 있어 일정 수준 사회적 합의를 이루었다고 해도 과언이 아닐 것이다. 여기서 지식기반사회란 지식 자체가 지식기반사회로 이행하는 동력임과 동시에 과거 경제발전의 원동력이었던 토지, 노동, 자본을 대체하는 보다 원천적인 생산요소로 작용하는 사회임을 의미한다(Drucker, 1993). 따라서 지식의 주체이자 생산자인 「인간」 자체가 중요한 개발의 대상이면서 능동적인 개발의 주체로서 역할을 수행하게 되므로 인적자원개발이라는 주제가 과거 어느 시대보다 중요하게 논의될 수밖에 없다. 이러한 변화는 노동시장의 변화를 초래하는데 우선 산업사회에서 나타나는 노동시장의 특성을 살펴보면 다음과 같다. 생산의 원천인 자본과 토지(공장)가 고용기관(대표적으로 기업)을 중심으로 집적되기 때문에 개인과 고용기관 사이의 고용 계약 관계에 있어서 고용기관이 결정적 위치를 점하였다. 이와 맥락을 같이하여 개인의 입장에서도 무슨 직장에 근무하는가가 고용안정성과 보상에 커다란 영향을 미쳤기 때문에 어떤 직업(직무)보다는 어떤 직장에 소속되어 있는가가 더 중요하게 인식되었다. 반면 지식기반사회에서는 생산의 원천인 지식이 개인을 근원으로 발생하게 되므로 지식 생산자로서 직장을 선정할 수 있는 힘(power)을 획득하게 되었다. 따라서 무슨 직장에 근무하는가보다 어떤 직업인가 (또는 어떤 직업능력을 갖추었는가) 쪽으로 점차 가치의 무게가 이동하고 있다. 하지만 지식 생산자로서가 아니라 지식 습득자나 지식 적용자 수준에 머물러 있는 개인은 여전히 고용기관에 대하여 종속적 위치에 머무를 수밖에 없다.

한편 외환위기 이후 정리해고나 명예퇴직 등이 용이해짐에 따라 조기퇴직 현상이 일반화되고 있는 사회적 분위기에 편승하여 지식기반사회에서 요구하는 능력을 갖추지 못한 개인은 고용기관으로부터 손쉽게 퇴출되고 있는 상황이다. 그러나 중・고령자들은 산업사회에 적합한 인재로 양성되었기 때문에 중・고령자들에게 있어 지식기반사회에서 요구하는 능력을 갖추는 것이 쉽지 않은 과제이다. 중・고령자들은 학교교육을 통하여 지식기반사회에서 기초적 능력이라 할 수 있는 정보기술능력을 양성할 수 있는 혜택을 받지 못했다. 또한 주입식·암기식 위주의 교육방법에 익숙하기 때문에 창의성 및 자유로운 사고 능력 등을 개발하는데 한계를 드러낼 수 밖에 없다. 즉, 중·고령자들은 지식기반사회에서 요구하는 능력을 갖추는데 어려움이 있을 뿐만 아니라 고용기관과의 계약 관계에 있어서도 여전히 종속적 위치를 벗어나지 못하고 있다. 이와 같은 상황에서 현재 경제활동에 참여하고 있거나 장래에 참여하고자 하는 중·고령자들은 필연적으로 취업 및 전직에 있어서 상대적으로 취약할 수밖에 없다. 그러므로 중·고령자들이 고용가능성을 유지 또는 향상시킬 수 있도록 오늘날의 사회에서 요구하는 능력을 갖출 수 있는 기회를 항시적이고 체계적으로 제공할 수 있는 시스템이 절실히 필요한 상황이다. 또한 중·고령자가 직업의 획득 및 전직에 있어 상대적 취약계층에 속하는 특성 때문에 그 해결책의 마련이 용이하지 않고, 중·고령자의 전직 및 재취업 문제는 개인적 수준의 문제가 아니라 실질적 교육복지를 위한 국가적 수준의 과제로 인식되어야 한다는 당위성에 근거하여 한국의 현 시점에서 기존 운영되어 왔던 정부의 각종 고용안정정책과 실업자 대책 및 산업계의 노력에 대한 고찰이 반드시 수반되어야 할 것이다. 즉, 국가적 수준의 인적자원정책과 맥락을 같이 함은 물론 노동시장의 변화에 따른 산업계 또는 사회의 요구, 그리고 개인적 수준의 요구를 반영하여 지원할 수 있는 학습모형이 절실히 요청된다.

둘째, 현재 한국에서는 세계 초유의 속도로 고령화가 진행되고 있기 때문이다. 한국의 고령화 수준을 파악하기 위하여 먼저 일반적으로 통용되고 있는 고령화 수준 구분 기준을 살펴보면 65세 이상의 고령자가 전체 인구의 7% 미만인 사회를 전고령화사회(pre-aging society), 7% 이상 14% 미만인 사회를 고령화사회(aging society), 14% 이상 21% 미만인 사회를 고령사회(aged society), 21% 이상을 초고령사회(post-aged society)로 구분하고 있다(UN, 1999). 이 기준에 준하여 통계청(2001)에서 발표한 장래인구추계 자료를 살펴

<표 1-1> 인구 고령화속도 국제 비교

고령인구 비율 / 국가	도달년도			증가 소요년수		2002년 65세이상 인구구성비(%)
	7%	14%	20%	7% →14%	14% →20%	
프랑스	1864	1979	2019	115	40	16.3
노르웨이	1885	1977	2021	92	44	14.9
스웨덴	1887	1972	2011	85	39	17.2
호주	1939	2012	2030	73	18	12.7
미국	1942	2014	2030	72	16	12.3
캐나다	1945	2010	2024	65	14	12.7
이탈리아	1927	1988	2008	61	20	18.6
영국	1929	1976	2020	47	44	15.9
독일	1932	1972	2010	40	38	17.3
일본	1970	1994	2006	24	12	18.4
한국	2000	2019	2026	19	7	7.9

자료 : 통계청(2004). 2004 고령자통계. 서울: 통계청. p. 5.

보면 한국의 경우 2000년도를 기점으로 전체 인구대비 고령자 인구 비율이 7%를 초과하여 현재 고령화사회이고, 2019년에 고령사회로 진입하여 2028년도에는 초고령사회로 진입할 것으로 예측된다. OECD 주요국들의 고령화사회에서 고령사회로 진입한 기간을 보면 프랑스가 115년으로 가장 오랜 기간 동안 고령화가 추진되었고 일본이 24년으로 가장 짧은 기간 내에 고령사회에 진입하였다. 한국의 경우 19년이 소요될 것으로 예측되고 있어 일본보다도 빠르게 고령화가 진행되고 있으며, 이 현상은 계속 가속되어 고령사회에서 초고령사회로 진입하는데 소요될 기간은 7년에 불과할 것으로 예측되고 있다(통계청, 2004). 따라서 한국은 여타 선진국과 비교하여 고령화에 준비할 수 있는 여유가 부족할 뿐만 아니라 느린 속도로 고령화가 진행된 대다수 선진국의 사례를 적용하는데 무리가 있음을 인식하고 고령사회를 위한 한국적 모형을 개발해야 한다.

한편 이와 같은 고령화 현상과 노동시장 변화와의 관계는 개인적 측면과 국가·사회적 측면으로 나누어 볼 수 있다. 우선 개인적 측면에서 살펴보면 시대가 변화하면서 효를 중시하던 유교적 전통의식이 점차 퇴색됨에 따라 가족의 부모 부양에 대한 책임 회피 현상이 늘어나고 있고, 이는 중·고령자가 경제적 자립을 위하여 취업상태를 유지해야 하는 결과를 초래하고 있다. 또한 국가·사회적 측면에서도 중·고령자의 경제 활동 참여 확대는 경제 생산성의 유지 및 향상을 위한 선택사항이 아니라 필수사항으로 변하고 있다. 고령화 현상이 인구 구성의 중심축을 청년·중년층에서 중년·노년층으로 이동시키고 있고, 이것은 곧 노동시장에서 중년·노년층의 역할이 증대되어야 함을 의미한다. 다시 말하여 중 · 고령자의 노동생산성 향상이 산업의 경쟁력을 결정하는 핵심적 요인으로서 그 중요성이 점차 부각될 것이고 향후 중 · 고령자의 생산능력 향상을 위한 숙련 유지 및 교육훈련의 문제는 개인적 차원을 넘어 국가적 · 사회적 당면 과제로 대두될 것이다.

셋째, 노동시장이 구조적으로 변화하고 있고 조기퇴직의 경향이 현저하게 늘어나면서 중 · 고령자를 대상으로 하는 정부의 훈련 · 고용지원이 하나의 사회안전망으로서 작용해야 하기 때문이다. 전병유(2002)는 장기고용(long-term employment), 연공적 임금(seniority pay system)과 같이 뚜렷하게 고용안정화 경향을 나타내던 한국의 내부노동시장이 경제위기와 정리해고제를 공식화한 1998년 노동법 개정을 계기로 본격적인 고용조정에 나서는 기업들이 증가하고 있고, 연봉제 중심의 임금체제를 실시하여 성과와 임금을 연동시키고자 시도하는 등 노동시장 자체가 구조적으로 변화하고 있음을 지적하고 있다. 즉 경제위기와 신자유주의적 경제개혁이 노동시장을 시장적 고용관계로 바꾸었고 이는 고용불안정(job instability)과 고용불안전(job insecurity)의 경향을 단기적이고 경기적인 것이 아니라 장기적이고 구조적인 현상임을 지적하고 있다. 이와 같은 노동시장의 변화는 필연적으로 조기퇴직의 문제를 야기하게 되므로 이를 해결하기 위해서는 조기퇴직자들을 빈곤과 같은 다양한 위험으로부터 보호하며, 사회적 차원에서 보장하고 재취업할 수 있도록 직업능력 향상 기회를 제공함과 동시에 노동시장이 유연하게 작동할 수 있도록 지원하는 사회안전망(social safety nets)의 구축이 시급하다. 박양근과 신소영(2000)은 선진국의 사례를 통하여 사회안전망에 의한 무조건적인 현금 지원보다는 실업자들이 일자리를 찾아 빨리 재취업이 가능하도록 지원해 주는 정책이 필요하며 이러한 적극적인 지원책으로 실업 문제에 일찍부터 당면한 선진국들은 직업훈련을 활용하여 왔음을 시사하였다. 따라서 고용불안정과 고용불안전 경향이 현저해짐에 따라 조직퇴직이 일반적 현상으로 보편화되고 있는 가운데 경제활동인구의 중심체가 중・고령화되어 가고 있는 현 시점에서, 중・고령자를 대상으로 하고 있는 정부지원 재취업직업훈련교육(고용보험제도에 근간을 둠)이 사회안전망으로서 어떠한 기능을 수행하고 있는지 점검하고 그 발전 방향을 제시해야 할 것이다.

끝으로, 중・고령자 인적자원정책이 통합적으로 수행될 것이 요구되고 있기 때문이다. 전술한 지식기반사회로의 변화, 고령화, 조기퇴직 경향, 노동시장의 유연화 등과 같은 환경적 변화에 대처하고 변화의 주도적 위치를 점유하기 위해서는, 자신의 평생고용가능성 제고를 위한 개인적 수준의 자발적・능동적 노력, 조직과 종업원의 이해관계를 슬기롭게 조정하여 기업 경쟁력을 향상하고자 하는 산업계의 노력, 호혜적이면서 동시에 효과적인 인적자원개발 정책을 수립・수행하여 국가경쟁력을 높이고자 하는 국가적 수준의 노력이 함께 이루어져야 할 것이다. 최근 지식강국으로 부상하고 있는 핀란드, 아일랜드, 싱가포르, 네덜란드 등과 같은 국가들의 효율적이고 효과적인 전략 실천을 위한 정부주도적 인적자원개발 정책에서도 엿볼 수 있듯이 정부의 역할은 특히 강조되고 있다. 그렇지만 지금까지 한국의 경우 중·고령자는 인적자원의 주변부에 위치해 있었기 때문에 자연히 인적자원으로서 중·고령자는 중점 논의 대상이 아니었다. 특히 국가적 수준에서의 인적자원개발 정책 및 시행은 사회문화적 요인, 정책적 노력 미흡 등으로 인해 사회곳곳에 인적 자원이 활용되지 못한 채 정체되어 있어 낭비적 요소가 많았으며, 경제적·양적 관점에 치우친 인적자원개발 정책은 인력수급 등 경제적·단기적 차원의 인적자원개발(Human Resources Development) 정책으로 나타났고, 여기다가 인적자원개발 업무가 부처별로 산재되어 비효율과 낭비를 초래해 왔다고 비판받고 있다(교육인적자원부, 2002). 이와 같은 국가적 낭비와 비효율성을 극복하고 산업계의 경쟁력을 유지·향상시키며 고령자 부양을 위한 사회적 부담을 감소시킴은 물론 개인적 안녕과 삶의 질적 향상을 도모하기 위해서, 앞으로 경제활동의 중심 역할자로서 전망되는 중·고령자를 주요 인적자원으로 간주해야 한다. 또한 이들에 대한 체계적 연구를 통하여 평생학습사회의 구현과 맥락을 같이하는 평생학습모형을 개발하고 개인적 수준, 사회적 수준, 국가적 수준에서 해야 할 역할을 규명하는 작업이 필요하다.

본격적인 논의에 들어가기 앞서 이 글에서 사용되는 주요 용어를 정리하면 다음과 같다.

■ 중 · 고령자

중 · 고령자의 범위는 평균적인 생물학적 연령, 사회문화적 연령, 건강과 같은 개인적 변인 등 다각적으로 고려되어야 하지만 본 연구에서는 중 · 고령자의 고용가능성 제고를 위한 평생학습모형에서의 주요 활동 주체를 중 · 고령자 개인으로 한정시키지 않고 국가와 기업도 포함시켰다. 따라서 중 · 고령자의 범위를 결정하는 주된 기준으로 국가적 지원의 토대가 되는 법에서 규정한 연령을 선정하였다. 중 · 고령자의 고용가능성 제고를 위한 법으로서 「고령자고용촉진법」의 시행령에서는 고령자를 55세 이상으로, 준고령자를 50세 이상으로 정하고 있다. 또한 생업유지라는 차원에서 접근하는 노인복지법에서는 노인을 65세 이상으로 정하고 있으며, 고용보험법에서는 65세 이상자가 실업으로 인하여 생활이 불안정해지는 현상을 보호하고자 실업수당을 연장하도록 정하고 있다. 즉, 법의 목적에 따라 지원하는 연령의 범위와 지칭하는 용어가 상이함을 알 수 있다. 이러한 현상은 사례 조사 대상국인 미국과 일본에서도 동일하게 나타나고 있어서, 본 연구에서는 특정 법 규정에 한정되지 않기 위하여 중 · 고령자라는 용어를 사용하며 연령범위를 50세 이상으로 정하였다.

■ 조기퇴직

능력 중심의 인사관리체제가 민간부문을 중심으로 보편적 인사정책으로 수용됨에 따라 조기퇴직의 양상도 다양해지고 있다. 그러나 본 연구에서는 소속 조직의 경영 사정이나 개인의 능력 부족 등의 원인으로 인하여 퇴직 대상자의 입장에서 정년 이전에 비자발적으로 실행되는 퇴직을 조기퇴직으로 정의한다.

■ 평생학습모형

본 연구의 주요 대상이 중 · 고령자이기 때문에 여기서의 평생학습모형이란 중 · 고령자의 퇴직 및 이직 · 전직과 같은 문제 상황의 해결을 위한 고용 인프라의 구축과 교육훈련체계의 연계를 의미하며, 정부부문, 민간부문(기업 위주), 개인부문의 역할에 대한 상술을 포함한다.

CHAPTER 02

사회구조적 변화: 지식기반사회화

지식기반사회에 대한 논의에 있어서는 '지식'의 사전적 의미를 탐색하거나 지식의 유형 분류, 지식과 유사한 단어(정보, 데이터, 상식, 지혜 등)들과의 차별성을 거론하기 보다는 일반적으로 지식의 경제적 의미 또는 사회적 현상에 대한 내용을 보다 비중 있게 다루고 있다. 이는 지식기반사회(화)는 이론으로 정립된 가상의 사회가 아니라 이미 인간 삶의 형태이자 생활 그 자체로서 유・무형의 변화를 초래하였고 이에 수반하여 대처해야 할 문제들을 제기하고 있는 실천적 삶의 과제이기 때문으로 해석된다. 또한 그 변화의 속도는 사회의 성숙도 및 준비도에 따라 천차만별이겠지만 변화의 방향성에 있어서는 지식기반사회로부터 산업사회 또는 그 이전 사회로 역행할 가능성이 매우 희박하므로 사회구성원으로서 이를 부정하거나 외면하면 사회 부적응 내지 도태의 우려가 있다. 특히 지식기반사회(화)를 고용의 문제와 연계하여 고려할 때는 전통적 생산요소를 압도하는 새로운 생산요소로서의 지식, 경쟁력의 원천으로서의 지식, 고부가가치 창출 수단으로서의 지식 등과 같이 지식의 경제적 의미에 초점을 맞추게 된다. 이러한 특성을 고려하여 지식을 경제적 논리에서만 해석하여 그 의미를 축소시킬 위험성은 있지만 지식기반사회를 지식 자체가 지식기반사회로 이행하는 동력임과 동시에 과거 경제발전의 원동력이었던 토지, 노동, 자본을 대체하는 보다 원천적인 생산요소로 작용하는 사회로 정의하고자 한다 (Drucker, 1993).

그렇다면 지식기반사회는 어떠한 특성을 나타내는가? 임천순 외(2001)의 분류에 따르면 지식기반사회는 다음과 같은 다섯 가지 특성으로 정리할 수 있다. 첫째, 지식의 상품화와 자원으로서 지식의 무한대성이다. 지식이 가장 중요한 생산요소로서 혹은 경제적 상품으로서 취급되고 있고, 여타 자원과 달리 자원의 희소성의 원칙이 적용되지 않고 추가적 투입 없이 생산량의 증대를 추구할 수 있다는 점에서 자원의 공급 및 활용에 있어서 새로운 패러다임이 형성되고 있다. 둘째, 기술결정주의(technology determinism)의 확산이다. 정보기술이 사회 발전의 결정적 요소이며 정보기술 수준이 사회 발전 정도를 측정하는 중요 지표가 되고 있다. 셋째, 사회 환경 내에 지식정보매체의 조밀화이다. 정보통신기술의 발달에 따라 정보전달 및 지식의 축적 · 활용 · 생산에 소요되는 매체와 경로가 다양해지는 현상을 의미한다. 이로 인한 부적 효과로서 지식정보매체의 활용도에 따라 나타나는 지식에 대한 접근 가능성의 차이로 계층간의 새로운 불평등을 초래하고 있다. 넷째, 시 · 공간적 제약의 극복으로 인한 경제 글로벌화 현상이다. 기존 경제상황에서는 노동력이나 자본 및 재화의 물리적 이동과 공간적 개념이 강조되었으나, 지식기반사회에서는 공간개념의 소멸로 국가간의 공간적 · 지리적 제약이 약화되어 경제의 글로벌화가 빠르게 진전되고 있다.

다섯째, 지식관련 업무 종사자의 증가이다. 이를 바꾸어 말하면 지식관련 산업의 성장을 의미하고 고용의 형태도 자본 및 시설의 집적화를 기반으로 형성된 조직 중심에서 지식창출 근원인 개인 중심으로 이전할 것을 의미한다.

상기 제시한 지식기반사회의 특성에 준하여 지식기반사회화라는 환경변화를 중·고령자의 고용가능성이라는 측면에서 살펴보면 그 영향이 과연 긍정적인가 아니면 부정적인가? 각각에 대하여 살펴보면 첫째, 생산의 원천적 자원으로서의 지식이 대두되고 기술결정주의가 확산됨에 따라 높은 수준의 지식과 기술, 차별화된 전문성, 그리고 축적된 독창적 경험과 노하우 등에 대한 요구가 높아지고 있다. 이러한 사회적 요구는 자연스럽게 고등교육 이수자에 대한 요구를 증대시키면서 교육의 중심축을 중등교육으로부터 고등교육으로 이전시키고 있다. 그렇다면 한국 중·고령자의 교육수준은 어떠한가? 2000년도에 집계된 성·연령 계층별 평균 교육년수를 살펴보면, 50세 이상의 중·고령자는 평균 7.2년으로 중등교육수준에도 미치지 못하는 수준이고 〈표 2-1〉에서 나타난 바와 같이 세대간 격차뿐만 아니라 남녀 격차도 크다는 것을 알 수 있다. 즉, 지식기반사회화됨에 따라 사회에서는 고학력-고숙련의 인적자원에 대한 요구가 높아지는 반면 한국의 중·고령자는 교육수준이 낮아 고숙련 직종으로의 경력개발과 이동이 사전에 차단되고 있음을 알 수 있다. 바꾸어 말하면 오늘날 한국 중·고령자는 고용가능성이라는 측면에서 상대적으로 열악한 위치하고 있음을 알 수 있다.

둘째, 정보전달 매체의 조밀화 현상으로 정보매체의 활용에 대

<표 2-1> 성 · 연령 계층별 평균 교육년수

단위: 년

구분	평균	6~19세	20~29세	30~39세	40~49세	50세 이상
평균	10.6	5.7	13.1	12.8	11.2	7.2
남성	11.5	5.3	13.0	13.2	12.0	9.2
여성	9.8	6.0	13.2	12.5	10.5	5.5

자료 : 통계청. 「한국의 사회지표」, 온라인통계간행물.(http://www.nso.go.kr).

한 요구가 높아지고 있다. 이러한 사회적 변화에 대하여 중 · 고령자는 어떻게 대응하고 있는가를 살펴보기 위하여 인터넷 활용 수준 및 인식에 대한 조사 결과를 분석하였다. 정보통신매체에 대한 접근도 및 이용률을 연령별로 조사한 결과를 살펴보면 다른 연령층에 비하여 중 · 고령자의 인터넷 활용률이 현저히 떨어질 뿐만 아니라 60세 이상의 연령층에서 더 심화됨을 알 수 있다. 즉, 지식의 검색, 축적, 재생산의 과정에서 정보통신기술의 활용이 필수요소임을 고려할 때 중 · 고령자는 명백하게 정보매체활용의 취약 집단이다. 또한 직종에서도 인터넷 이용률에 차이가 나타나고 있는데 '직종의 인터넷 이용률 = 직종의 인터넷 필요도'라고 단언할 수는 없으나 직종별 특성으로만 고려하여도 중 · 고령자가 전문 관리직이나 사무직에서 고용가능성을 유지하거나 향상시키는 데에는 어려움이 따를 것임을 알 수 있다.

한편 인터넷을 사용하지 않는 이유와 앞으로 사용할 의사에 대한 조사 결과로부터도 연령에 따른 차이를 발견할 수 있다. 인터넷을 사용하지 않는 이유에 대하여 중 · 고령 연령층에서는 '필요성을 느

<표 2-2> 집단별 정보통신매체 접근 및 이용률

단위: %

구 분		가 구		가 구 원		
		컴퓨터 보급률	인터넷 가능여부	인터넷 이용률	인터넷 쇼핑경험	인터넷 뱅킹이용
연령	7~19세	-	-	91.1	5.5	0.4
	20~29세	69.6	56.0	84.0	28.9	16.5
	30~39세	81.5	62.2	61.3	27.4	20.5
	40~49세	89.4	77.6	36.6	20.0	13.1
	50~59세	60.2	44.6	15.0	15.0	11.9
	60세 이상	60.2	44.6	2.6	10.0	6.1
직종	전문 관리	-	-	81.5	32.9	25.6
	사무	-	-	81.5	29.0	22.1
	서비스・판매	-	-	38.0	19.0	13.6
	생산관련	-	-	27.5	14.6	12.1
	주부	-	-	32.2	28.1	15.9

자료 : 한국전산원(2002). 2002 국가정보화백서. 서울: 한국전산원. p. 285. 참조

끼지 못하기 때문'이라는 답변이 주류인 반면 이외의 연령층에서는 장비 미비나 이용 방법에 대한 무지 등이 주된 이유였다. 즉, 여타 연령층에서는 외적 요인에 의하여 인터넷을 활용하지 못하는데 비하여 중・고령자는 동기 부족이라는 내적 요인에 의하여 활용하지 않고 있음을 알 수 있다. 또한 향후 사용할 의사에 대한 답변에서도 이러한 경향이 그대로 적용되어 중・고령자는 앞으로도 별도 사용할 의사가 없는 반면 다른 연령층에서는 반대의 의견이 주류를 이루고 있다. 이러한 현상을 고용가능성의 측면에서 해석해 보면, 만

약 50세 이상의 연령층이 현재 취업 상태라면 인터넷의 활용을 적게 요구하는 서비스・판매나 생산관련 직종에 편중되어 있거나 전직・이직을 고려할 때도 이러한 직종으로의 편입을(이) 원하고 있다고(가능하다고) 유추할 수 있다.

만일 실업 상태에 있다면 향후 재취업을 원하거나 가능하다고 생각하는 직종을 정보전달매체 이용과 무관한 직종으로 한정하고 있음을 알 수 있다. 그러나 중・고령자가 인터넷의 활용에 있어서 '향후 사용 의지가 낮다'라는 것을 중・고령자가 인터넷 활용에 관

<표 2-3> 집단별 인터넷 미이용 이유 및 향후 이용 의사

단위: %

2001년도		인터넷 미이용 이유						향후 의사	
		필요성을 못느껴서	이용 방법을 몰라서	이용비용이 부담스러워서	PC등 장비가 없어서	시간이 없어서	기타	있음	없음
연령	7~19세	18.8	41.6	2.2	32.9	2.5	2.0	80.9	19.1
	20~29세	22.6	16.1	2.4	36.8	22.1	0.0	7.9	22.1
	30~39세	27.6	18.0	2.5	25.1	26.2	0.6	70.2	29.8
	40~49세	39.4	31.8	1.1	4.8	22.6	0.3	38.9	61.1
	50~59세	53.4	29.4	0.6	6.4	10.0	0.2	21.5	78.5
	60세 이상	73.0	17.5	0.6	4.4	3.8	0.8	6.6	93.4
직종	전문 관리	43.3	20.2	1.0	13.6	22.0	0.0	47.7	52.3
	사무	35.7	24.8	2.7	13.4	23.5	0.0	53.7	46.3
	서비스・판매	38.3	24.6	0.9	10.4	25.4	0.3	44.3	55.7
	생산관련	46.2	22.7	1.5	11.9	17.2	0.5	34.1	65.9
	주부	50.1	24.6	1.2	12.7	10.8	0.5	35.0	65.0

자료 : 한국전산원(2002). 2002 국가정보화백서. 서울: 한국전산원. p. 286. 참조.

심이 없는 것으로 단순하게 해석할 수는 없다. 왜냐하면 이병준 외(1999)가 실시한 설문 조사결과에 따르면 준고령자(50세 이상~55세 미만)가 원하는 재취업 훈련 프로그램의 주요 내용으로 '컴퓨터 활용능력'에 대한 요구 또한 높은 것으로 조사되었기 때문이다. 즉, '향후 사용 의지가 낮다'고 하는 것이 '인터넷 활용에 대한 중·고령자의 관심 부족 및 학습 요구 부재'라기보다는 모르는 분야에 대한 두려움이나 자신감 상실 등으로 파악하는 것이 보다 타당할 것이다. 결론적으로 정보통신기술이 발달함에 따라 정보통신매체의 활용이 필수적으로 갖추어야 할 능력임에도 불구하고 중·고령자는 정보통신기술의 활용에 익숙하지 않음을 알 수 있다. 따라서 정보통신기술의 활용을 요구하는 직종에서 중·고령자가 배제될 가능성이 커지고, 지식기반사회화가 진전되면 될수록 정보통신기술의 활용을 필수 조건으로 하는 현상이 직업 전반에 걸쳐 확산되면서 중·고령자의 고용가능성을 저해하는 요인으로 작용할 것이다.

셋째, 정보통신기술의 발달에 따른 시·공간적 제약의 극복으로 경제 글로벌화의 빠른 확산 현상이 야기하는 사회적 특성이 중·고령자의 고용가능성에 미치는 영향을 고려해 보면 다음과 같다. 경제 글로벌화 현상이 인적자원에 미치는 영향에 초점을 맞춘 권대봉 외(2004)의 논의를 살펴보면 인적자원의 국가간 이동이 촉진되고, 서비스 및 지식산업부문을 중심으로 인적자원의 국경을 넘어선 경쟁 심화가 예측되며 글로벌 스탠다드의 중요성이 부각되는 등의 특성이 지적되고 있다. 이러한 현상을 중·고령자의 고용가능성에 비추어 보면 인적자원의 이동 범위가 국내에 한정되지 않고 국제무대로 확대된다는 것은 고용범위의 확대라는 긍정적인 측면과 경쟁의 심화라는 부정적인 측면을 동시에 내포하고 있다. 단, 고용범위가 확대되려면 인적자본이론, 수요결정이론, 노동시장의 분단가설론 등(유길상, 이규용, 2002)에 근거한 다음과 같은 가정 중 하나 이상이 충족되어야 한다.

첫 번째 가정은 인적자본론에 근거하여 국제간 노동이동을 통해 얻는 순익에 대한 갈등이 적어야 한다는 것이다. 즉, 한국 국민이 동일 업계 또는 직종분야에서 국제간 이동을 하였을 때 얻는 근로의 대가가 한국으로부터 이동하지 않았을 경우와 비교하여 높아, 외국에서의 자국민 취업이 증가하여야 한다. 한국의 해외 취업 역사를 살펴보면 광부 및 간호사의 서독 파견이 중심이 된 개척기(1960년~1965년), 월남지역으로 노무자를 파견한 월남특수기(1966년~1969년), 집단 취업의 소멸과 함께 다양한 지역 및 직종으로 외국기업에 취업 형태로 나타난 정체기(1970년~1975년), 중동지역의 취업을 중심으로 한국 기업의 동반진출과 함께 이루어진 팽창기(1976년~1979년)를 맞이하였다. 그러나 1980년대 초반에 이르자 중동 건설 경기의 악화 등의 이유로 해외 취업은 급격하게 줄어들었지만, 1997년 외환위기 이후 실업률의 증가로 해외 취업에 대한 관심이 서서히 늘고 있는 추세이다(한국산업인력공단 해외취업지원부. http://www.worldjob.or.kr). 이와 같이 해외 취업이 급격하게 줄어든 현상에 대하여 중·고령자를 포함한 한국 노동시장 전체에 있어서 고용범위가 확대되었다고 평가하기 어렵다.

두 번째 가정은 수요결정이론에 근거하여 다른 국가로부터 자국민에 대한 수요가 높아야 한다는 것이다. 즉, 인적자원으로서 한국 국민에 대한 외국의 수요가 많아야 한다. 상기 해외취업의 역사에서 언급하였듯이 기본적으로 한국인에 대한 외국의 수요 규모는 줄어들었음을 알 수 있다. 그러나 국내 실업난으로 해외취업에 대한 관심이 점차 높아지고 있으므로 어떤 직종에 대한 인력 수요가 있는지 살펴보아야 할 것이다. 일례로 한국산업인력공단 해외취업센터가 2003년도 하반기에 발표한 직종별 해외취업실적을 보면 IT분야(31%), 간호사(28%), 건설・토목분야(16%)의 순으로 나타났다. 한 가지 특징으로 과거 건설・토목직의 경우 주로 용접, 목공 등 단순기능직의 취업이 대부분이었던 반면 최근에는 해외경험이 있는 현장관리자, 토목기술자 등의 전문 인력을 중심으로 취업되고 있는 추세가 발견된다(한국산업인력공단 해외취업지원부. http://www.worldjob.or.kr). 즉, 해외취업의 경향이 전문직 또는 준전문직 위주로 전개되고 있음을 고려할 때, 낮은 교육수준, 정보전달매체의 활용 미숙, 단순노무직 중심의 취업 등이 일반적 특성으로 발견되는 한국의 중・고령자에게 해외취업이 고용가능성의 확대와 연결될 가능성은 높지 않다.

세 번째 가정은 노동시장의 분단가설에 근거하여 내국인 근로자와 외국인 근로자간에 보완관계가 성립되어야 한다는 것이다. 즉, 높은 임금・직업안정성・높은 사회적 위치・높은 승진가능성을 특징으로 하는 1차 직업 부문과 낮은 임금・높은 이직률・낮은 사회적 지위・열악한 작업환경을 특징으로 하는 2차 직업 부문으로 노동시장이 구분되어 각각의 부문간 내외국인 편입 비중이 확연하여 상호보완적 관계가 유지되어야 함을 의미한다. 이 가정의 적용

여부를 판단하기 위하여 한국 기업들을 대상으로 외국인 근로자를 활용하는 이유에 대한 조사 결과를 살펴보면 국내인력을 구하기 곤란하기 때문이라는 답변이 90.7%로 매우 높게 나타났다. 또한 구체적으로 어떤 직종이 부족한지에 대한 조사 결과 〈표 2-4〉와 같이 현재 외국인고용여부와 상관없이 생산기능 및 단순노무직종의 인력부족 현상이 현저한 것으로 나타났다. 이와 같이 생산직에서 인력부족 현상이 나타나는 원인으로는 ① 일이 힘들고 어렵기 때문(39.0%), ② 원하는 기술을 가진 인력이 없기 때문(18.6%), ③ 임금이 낮기 때문(16.0%) 등이 제기되었는데(한국노동연구원, 2001), 이는 열악한 근로조건과 저임금의 직종(2차 직업 부문)에 대한 내국인 근로자의 회피가 있음을 의미한다. 즉, 생산기능 및 단순노무직종을 중심으로 외국인 근로자의 보완 효과가 어느 정도 보여 지고 있다고 할 수 있다.

〈표 2-4〉 직종별 인력부족 여부(중복응답)

단위: %

구분	관리직종	연구개발 및 기술직종	사무직종	서비스 및 영업직종	생산기능 및 단순노무직종
합법고용업체	28.0	16.7	15.2	12.1	96.2
불법고용업체	15.8	10.5	17.5	3.5	93.0
비고용업체	20.0	29.2	26.2	23.1	78.5
전체	23.2	18.5	18.5	13.0	90.9

자료 : 유길상, 이규용(2002). 외국인 근로자의 고용실태 및 정책 과제. 서울: 한국노동연구원. p. 61. 한국노동연구원(2001). 외국인 근로자 고용실태조사-기업체조사. 재인용.

한편 한국 중·고령자의 비율이 높은 직종이 관리직, 농어업직, 단순노무직 등이고, 주된 실직 이유가 정년퇴직과 휴폐업, 명예퇴직, 정리해고, 임시적 일의 완료, 일거리가 없어서 등 비자발적 이유가 전체의 77% 이상을 차지하고 있는 것으로 조사되었다(장지연, 2001). 이것은 한국의 중·고령자가 고소득과 안정성이 확보된 소위 '좋은 직업'에 진입하지 못하였음을 의미하고, 외국인 근로자의 진입에 따라 생산직과 단순노무직을 중심으로 동일 업계 또는 직종에서 오히려 외국인 근로자와의 경쟁으로 중·고령자의 고용가능성을 더욱 불투명하게 하고 근로환경 및 근로조건도 보다 열악하게 만들 가능성을 배제할 수 없음을 의미한다.

위의 세 가지 가정에 준하여 살펴본 결과, 시공간적 제약의 극복에 의한 경제의 글로벌화와 이로부터 파생되는 효과로서 국가간 인적자원 교류의 확대 현상은 중·고령자의 고용가능성 제고라는 측면에서 긍정적으로 해석할 수 없음을 알 수 있다.

끝으로 지식관련 업무 종사자의 증가 및 지식산업의 발전이라는 지식기반사회의 특성을 중·고령자의 고용가능성 측면에서 살펴보면 다음과 같다. 한국의 직업구조에서 전문·기술직과 행정·관리직 등의 주요 정보직업군이 차지하는 비중이 1990년의 10% 미만에서 2000년에는 약 18%정도로 증가하는(조동기, 조희경, 2002) 등, 지식관련 업무 종사자의 증가가 뚜렷하게 나타나고 있다. 또한 1990년에서 2000년 기간 중 산업별 실질부가가치의 증가율을 비교해 보면, 지식기반제조업이 연평균 14.0%의 가장 높은 증가율을 기록하였고, 이어서 지식기반서비스업으로 연평균 9.1%의 증가율을

<표 2-5> 2000년도 직업별 연령 구성

단위: %

구분	20대 이하	30대	40대	50대 이상
0 의회의원, 고위임직원 및 관리자	4.1	30.2	40.1	25.7
1 전문가	32.9	36.8	20.4	9.9
2 기술공 및 준전문가	30.5	38.7	21.4	9.4
3 사무 종사자	39.0	35.6	18.5	6.9
4 서비스 종사자	19.4	29.2	34.2	17.2
5 판매 종사자	19.3	32.7	28.9	19.1
6 농업, 임업 및 어업 숙련 종사자	2.9	9.3	18.6	69.1
7 기능원 및 관련 기능 종사자	18.1	34.7	32.4	14.8
8 장치, 기계조작 및 조립 종사자	19.4	33.4	31.8	15.4
9 단순노무 종사자	12.5	21.7	28.1	37.7
A 군인	25.2	41.4	27.6	5.7
전체	20.5	29.8	26.5	23.3

자료 : 조동기, 조희경(2002). 지식정보화에 따른 직업구조의 변화와 특성. 경기: 정보통신정책연구원. p. 46.

보였다. 반면 일반제조업과 서비스업은 각각 5%정도의 증가율에 그쳐 1990년대 경제성장의 견인차가 지식기반산업이었고, 이러한 추세는 가속화될 것으로 전망되고 있다(정진화, 최영섭, 2002). 그러나 직업별 연령구성을 분석해 보면 50세 이상의 중·고령자는 농업, 임업 및 어업과 단순노무직에 집중적으로 종사하고 있는 상황이어서 변화하고 있는 산업 및 직업구조에 적절하게 대응하고 있지 못하고 있음을 알 수 있다(<표 2-5> 참조).

상기 논의를 바탕으로 지식기반사회의 도래에 따른 사회의 변화, 이에 대한 중·고령자의 대응 수준, 그리고 고용가능성과의 관계를 도식화해보면 다음과 같다.

지식기반사회의 특성	사회적 변화	중 · 고령자의 현황	중 · 고령자의 고용가능성에의 영향
자원으로서 지식의 무한성과 기술결정주의의 확산	• 지식이 생산의 원천 • 높은 수준의 지식과 기술 요구 • 차별화된 전문성 요구 • 독창적 경험과 노하우 요구 • 기술의 발달 및 축적 속도가 매우 빠름	• 낮은 교육수준 • 저숙련 위주의 경력개발 • 독창성보다는 매뉴얼에 의존하는 산업사회형 인재 • 기술 발달에 대한 적응력 떨어짐	• 고학력/고숙련을 요구하는 직종으로부터 배제 • 지식생산을 수행하는 인적자원으로서는 부적합
정보통신매체의 조밀화 현상	• 정보통신매체의 다양화 • 정보통신매체의 능숙한 활용이 필수 요건이 됨	• 정보통신매체의 활용 미숙 • 정보통신매체의 활용을 회피	• 정보통신매체의 활용을 필수 조건으로 하는 직종으로부터의 배제
경제의 글로벌화	• 국경없는 경쟁으로 글로벌 인재에 대한 요구 증대 • 국가간 인적자원 교류 확대	• 국제간 교류 대상의 인적자원으로서 매력도 저하 • 국제적 요구와는 달리 생산직 · 단순노무직 · 저급 서비스직 등과 같은 저숙련 직종에의 편중 종사	• 국제간 인적자원 교류의 확대가 고용확대로 연결 안됨 • 오히려 저숙련 직종에서 외국인근로자와의 경쟁이 심화됨
지식관련 업무 종사자 증대 및 지식산업의 발전	• 지식산업관련 전문가의 필요성 증대	• 저학력/저숙련 직종에의 편중 종사 • 제조업/농임어업 등 지식산업과 무관한 산업에서의 편중 종사	• 저학력/저숙련 직종의 축소로 고용가능성 저하 • 고학력/고숙련 직종의 확대로 고용가능성 저하 • 지식기반산업의 확대로 고용가능성 저하

[그림 2-1] 지식기반사회화에 따른 중 · 고령자의 고용가능성 전망

CHAPTER 03

인구구조적 변화: 급속한 고령화

오늘날 인구의 고령화는 한국의 독특한 현상이 아니라 세계적 추세라 해도 과언이 아니다. UN이 발표한 『고령인구 현황(2002. 2. 26)』 자료에 따르면 2002년을 기준으로 전 세계 60세 이상 노인은 전체 인구 10명당 1명이지만 2050년에는 5명당 1명, 2150년에는 3명당 1명으로 증가하여 전 세계가 고령화 사회로 진입할 것이라고 분석하고 있다(김동만, 2002). 특히 인구구조의 고령화 현상은 OECD 회원국을 중심으로 현저하게 나타나고 있는데 OECD 회원국들의 인구변화 전망을 보면 향후 40년 간 고령인구의 비중이 평균 12.1% 증가할 것으로 예측된다(김원종, 2004). 이와 같이 고령인구의 증가는 일반적 추세이지만 고령화의 파급 효과는 해당 국가가 직면하고 있는 고령화의 정도와 경제・사회・문화적 차이에 따라 현저한 차이가 나타나기 때문에 고령화에 대한 준비 및 대책에 있어서는 일반화된 원리를 적용할 수 없다. 따라서 고령화 현상이 중・고령자의 고용가능성에 미치는 영향을 파악하기 위해서는 고령화가 진행되고 있는 사회에서 나타나는 공통적 특징과 더불어 한국적 특징을 탐색해야 할 필요가 있다. 이에 고령화가 경제를 비롯한 사회 전반에 미치는 일반적인 영향을 살펴본 후, 한국 사회의 특수성을 고려하여 고령화와 중 · 고령자의 고용가능성과의 관계를 도출하고자 한다.

인구의 고령화는 사회의 특정 부문에 한정되지 않고 사회 전반에 걸쳐 영향력을 미치기 때문에 구체적으로 정치부문, 경제부문, 교육부문, 복지부문으로 나누어 인구구조의 변화가 각 부문에 미치는 영향을 살펴보았다. 첫째, 정치부문에서는 고령자가 중요한 정치집단으로 등장하고 있다. 즉, 고령자의 권익을 대변하고 보호하기 위한 이익집단을 형성하고, 이에 따라 고령자들의 유권자로서 영향력이 확대되면서 국가의 제반 정책 입안 및 결정에 있어 주요 결정주체로 등장하게 된다. 대표적 사례로 한국의 대한노인중앙회는 1999년 국회의원 선거에서 각 당 후보자들에게 노인 복지정책관련 건의사항을 제시하였고, 미국은퇴자협회(AARP: American Association of Retired Persons)는 메디케어[1]를 법제화하고 기업의 정년제를 폐지시켰다. 또한 일본 최대의 노인단체인 전국노인클럽연합회에서는 노인복지법 제정, '노인의 날' 국공휴일 제정, 고령복지연금의 증액 등을 모두 실현시켰다(김현진, 2004).

둘째, 인구구조의 고령화가 경제부문에 미치는 영향은 기회와 위협으로 나눌 수 있다. 우선 기회의 측면에서는 경제적 능력을 갖춘 고령자가 늘어나면서 고령자가 소비의 중심계층으로 등장함으로써 고령자를 새로운 수요층으로 하는 실버산업이 급성장하여 기업에게 새로운 시장 개척의 기회를 제공하고 있다. 실버산업은 특성상 요양, 안전, 의료 · 건강, 여가 · 오락, 학습 등 일상생활과 관련된

1) 65세 이상의 저소득 노인에게 무료 의료혜택이 돌아가는 노인의료보험

전 산업 분야에서의 성장 가능성이 크기 때문에 파급 효과도 매우 크다. 또한 실버산업은 확장 속도도 매우 빨라서 한국의 경우 시장 규모가 2000년에는 17조원이었던 것이 불과 10년 후인 2010년에는 약 41조원으로 전망되고 있다. 일본의 경우는 2000년에는 38조엔에서 2025년에는 112조엔으로 확대될 것이 전망되고 있으며, 미국의 경우도 민간소비부문에서 고령자의 소비비중이 이미 30%에 달하고 있는 것으로 추산된다(고정민, 정연승, 2002).

한편 위협의 측면에서는 고령화로 인하여 경제활동인구의 감소, 근로 인력의 고령화, 생산성 저하에 따른 저축률의 감소와 투자 위

<표 3-1> 실버산업의 분야와 내용

구 분	내 용
장기 요양서비스	홈헬프, Short-stay, Day-service, 유료노인홈, 주택개조, 방문간호, 노인보건시설, 복지용구의 임대, 재택호스피스
위험방지/안전시설	보행보조기구, 공공시설 내 장애인용 시설, 고령자 위험방지 주택, 자동차, 가전, 아이디어 상품
의료/건강	고령자 진료소, 장기요양/의료 정보제공서비스, 건강식품, 스포츠클럽, 고령자 건강 카운셀링
여가/오락	음악/영화/게임, 여행/취미/오락, 고령자 음식점, 애완동물 관련서비스, 자서전 집필대행 비즈니스
생활	금융서비스, 민간보험, 이주지원서비스, 인터넷통판, 노인촌, 노인의복, 식사택배서비스, 장의서비스, 묘지비즈니스
정보/학습	문화정보시장, 노인대학, 자격비즈니스, 서적/잡지, 컴퓨터

자료 : 고정민, 정연승(2002). 고령화 사회의 도래에 따른 기회와 위협. 서울: 삼성경제연구소. p. 26.

축, 의료비와 같은 소모적 소비의 확대, 연금이나 친고령 사회시스템으로의 변화를 위한 공적 지출 확대로 인한 소득분배 구조의 악화 등이 예견되어 경제적 성장의 악재로서 파악되고 있다.

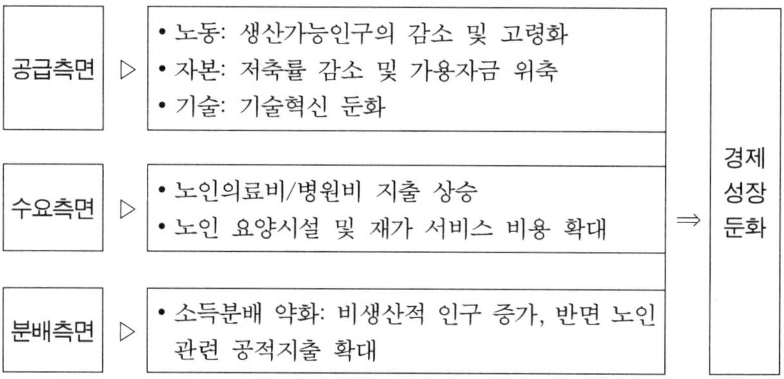

[그림 3-1] 고령화가 경제에 미치는 위기 요인

자료 : 이은미(2002). 고령화시대 도래의 경제적 의미와 대책. 서울: 삼성경제연구소. p. 9.

셋째, 교육적 측면에서는 학교교육의 수혜율 증가 추세로 교육받은 고령 인구의 증가는 결국 양적으로 노인교육의 수요를 증가시키고, 고령연령의 세분화, 다양한 학력과 경험 등으로 질적으로 다양한 수준과 내용의 노인교육 프로그램을 요구하게 될 것이다. 이와 같이 고령인구의 고학력화와 교육 요구의 다양화는 결국 고등교육기관의 역할 변화를 요구하고 있으며 대표적인 사례로 프랑스의 노인교육기관인 UTA(제3세대 대학)를 들 수 있다. UTA는 대학을 개방하는 입법에 근거하여 50세 이상의 고령자를 대상으로 학점 중심의 대학 교육을 제공하여 궁극적으로 노인들이 학사학위를 취득할 수 있는 평생학습체제를 마련하고 있다. 또 다른 사례로 미국의 엘더호스텔(Elderhostel)에서는 고령자들이 저렴한 비용으로 대학 캠퍼스에서 대학 교육의 기회를 접할 수 있도록 하며 고등교육기관들 간의 네트워크식 접근 방식을 활용하여 다양한 프로그램을 노인 학습자에게 제공함으로써 지적 욕구를 충족시키고자 한다. 또한 교육 기간동안 대학 기숙사 생활을 경험할 수 있도록 하여 단순하게 지적 호기심만을 충족시키는 것이 아니라 대학문화를 전반적으로 접할 수 있는 기회를 제공하기도 한다(이병준 외, 1999b). 즉, 이제 더 이상 흥미위주의 교육 프로그램만으로는 고령인구의 교육 요구를 충족시키는데 한계에 이르렀음을 인식하고 고등교육기관의 역할을 새롭게 정립하여 고령인구를 위한 전문과정, 심화과정, 학위과정 등을 다채롭게 개발・제공해야 할 필요성이 제기되고 있다.

넷째, 고령화에 대한 복지적 접근 방식이 고령기만을 단편적으로 분리하기보다는 생애의 전 과정에 걸친 맥락에 대한 이해를 바탕으로 한 생애사적 접근으로 변화하고, 문제해결형보다는 사전대비형을 추구하는 것이 보편화되고 있다. 이러한 추세를 알 수 있는 사례로 OECD에서는 ① GDP 대비 공공부채를 축소하여 재정적인 어려움을 방지할 것, ② 퇴직후의 소득을 다양화하여 안정된 노후생활을 보장할 것, ③ 조기퇴직을 방지할 것, ④ 금융시장과 연금을 연계시켜 재정적 안정을 꾀할 것, ⑤ 인력을 개발하여 생산성을 높일 것, ⑥ 허약한 노인을 위해서 가급적 시설보호를 피하고 재가보호를 실시할 것, ⑦ 이러한 것을 실천하기 위한 국가 단위의 실천 전략을 세울 것 등을 제안하였다(김미숙, 1998). 한편 UN에서는 고령자의 삶의 질 향상과 지속적 유지를 목적으로 「마드리드 고령화 국제행동계획」을 채택하여 ① 고령화 사회에서 사회경제적 발전의 유지, ② 노인계층의 보건 및 복지수준의 향상, ③ 모든 연령계층을 대상으로 한 지지적 환경의 확보 등을 기본 방향으로 설정함으로써 복지 부문의 나아가야 할 방향을 제시하고 있다. 이러한 고령화가 사회에 미치는 일반적 영향은 한국 사회에서도 이미 나타나고 있거나 앞으로 예견되는 변화의 양상으로 미래 지향적 관점에서 고령화의 과제를 접근한다는 면에서 의미있다. 이를 기초로 한국 사회의 고령화 과정에서 발견되는 특성에 초점을 맞춰 중・고령자의 고용가능성의 과제를 논의하면 다음과 같다.

대부분의 선진국들이 1900년대 전후반기에 걸쳐 고령화사회에 진입하였고 현재 선진국의 평균 고령 인구 비율이 14.4%로 이미 고령사회에 도달했음을 감안할 때(이은미, 2002), 한국의 경우 2000 년에야 비로소 고령인구 비율이 전체의 7% 정도에 불과한 젊은 국가로서 한국의 고령화 수준은 다른 국가에 비하여 아직까지 크게 우려할 수준은 아니다. 그러나 고령화의 진척 과정에 주목해보면 한국의 고령화에서는 고령화의 진행 속도가 세계에서 유래를 찾아 볼 수 없을 정도로 빠르다는 점을 첫 번째 특징으로 발견할 수 있다. 이를 뒷받침할 수 있는 경험적 사례로 OECD 회원국들을 대상으로 실시된 조사 결과를 들 수 있는데 향후 40년 동안 고령 인구 비중의 변화 예측치를 비교해 보면 평균증가율이 12.1%인데 비하여 한국은 20.6%로, 일본(17.9%), 스위스(17.8%), 이탈리아(15.6%)와 같이 증가폭이 큰 국가들 중에서도 가장 높은 수치를 기록하고 있다(OECD,

2004). 이와 같이 빠른 고령화 진척 현상은 중・고령자의 고용가능성 유지 및 향상이라는 관점에서 볼 때 그다지 긍정적으로 해석할 수 없다. 우선 중・고령자의 고용가능성이 지속적으로 유지될 수 있기 위해서는 체계적인 고용・훈련 지원 모형이 구축되고 이를 기반으로 한 사회적 인프라가 필수적이나 빠른 고령화로 인하여 한국은 사회적 인프라를 갖추는데 소요할 수 있는 시간적 여유가 절대적으로 부족하며 시행착오를 최소화해야 한다는 부담을 안고 있다. 둘째, 중・고령 인구규모의 양적 증대는 곧 중・고령 근로 인구의 양적 규모 증가로 연결되어 그들 사이의 취업경쟁이 치열해진다는 것을 의미한다. 다시 말하여 중・고령자가 종사하기에 적합한 산업이나 직종이 고령인구 증가폭에 맞춰 늘어나지 않는 한 중・고령 근로인력의 공급이 과잉되어 취업 경쟁의 심화가 예견된다.

두 번째 특징은 오늘날 한국의 인구구조를 전형적인 피라미드형으로부터 항아리형으로의 변화, 즉 고령화를 촉진하는 제일의 원인이 바로 출생률의 감소라는 점이다. 다음 제시된 그래프로부터 알 수 있듯이 최상단의 조출생률[2)]은 급격하게 감소되는 반면 최하단의 조사망률[3)]은 매우 완만하게 줄어들고 있다. 다시 말하여 저출산

2) 조출생률(Crude Birth Rate): 특정 인구 집단의 출산 수준을 나타내는 기본지표.
산출방식: 조출생률 = (특정 1년간의 총출생아수 ÷ 당해 년도의 연앙인구) × 1,000. 통계청 홈페이지의 통계용어 참고.

3) 조사망률(Crude Death Rate): 특정 인구 집단의 사망 수준을 나타내는 기본지표.
산출방식: 조사망률 = (특정 1년간의 총사망자수 ÷ 당해 년도의 연앙인구) × 1,000. 통계청 홈페이지의 통계용어 참고.

의 추세가 반전되지 않는 한 고령화의 방향성은 변하지 않을 것이며 고령화의 속도는 저출산의 속도에 의하여 좌우될 것임을 의미한다. 이는 고령화와 저출산의 과제는 불가분의 관계이며 장기적으로 볼 때 고령화의 속도를 지연시키거나 고령화로 인하여 발생되는 사회적 과제를 줄이기 위해서는 저출산을 촉진하는 요인들을 분석하고 이에 대한 해결 방안이 마련되어야 할 것이다.

저출산이 고령화의 주요한 원인으로서 제기되고 있는 한국적 특징을 중 · 고령자의 고용가능성이라는 견지에서 보면 중 · 고령자의 고용가능성을 향상시키기 위한 제반 고용 · 훈련 정책이 장기적으로는 여성인력활용 정책과 협력해야 할 필요성이 제기된다. 또한

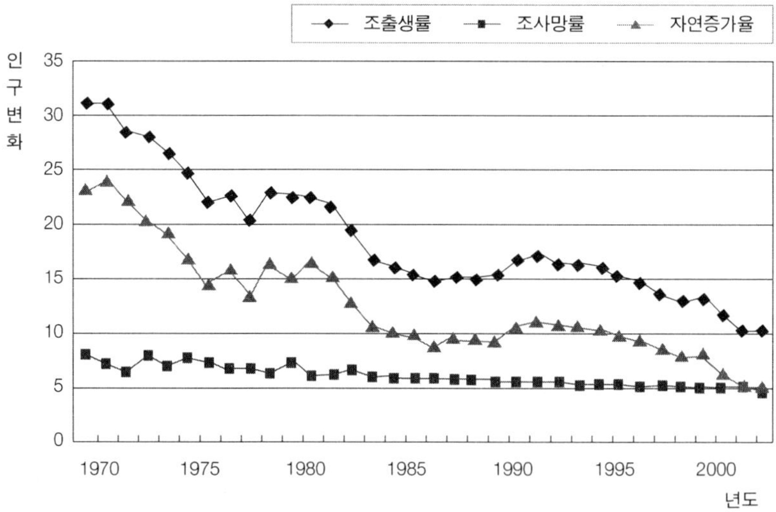

[그림 3-2] 한국의 인구동태율 변화 추이

자료 : 통계청 홈페이지(http://www.nso.go.kr)

저출산을 양산하는 사회 구조가 지속되는 한 근로인력 부족에 따른 생산성 저하 문제는 불가피하며 이에 따라 인적자원으로서 중·고령자의 중요성이 더욱 부각된다.

세 번째 특징으로는 한국의 문화적 특성에 기반을 두고 가족중심의 비공식적 형태로 이루어지던 노후소득보장이 점점 유효성을 상실하고 있는 가운데 이를 대체할 수 있는 공식적 노후소득보장 제도의 준비가 미흡하여 한국에서 고령화의 문제는 빈곤의 문제로 연결된다는 점이다. 즉, 유교적 영향력의 퇴색과 산업화에 의한 가족구조 및 기능의 변화로 인하여 장남의 노부모 부양이라는 전통적인 가족체제가 점차 소멸되고 있는데도 불구하고 고령자의 생계유지를 위한 소득원이 확보되지 않고 있는 상태다. 이러한 현상을 구체적으로 살펴보면 우선 부모와 동거하는 자식의 비율이 급속히 감소하고 있다는 점을 들 수 있다. 최근 10년 동안 고령자의 세대구성 변화를 살펴보면 고령자로만 구성된 1세대가구가 11.8%, 고령자 단독가구가 7.3% 증가한데 비하여 3세대이상가구는 18.8%로 대폭 감소하였다. 즉, 가족에 의한 직접적인 부양이 상당히 줄어들고 고령자 스스로에 의한 부양이 늘고 있음을 알 수 있다.

또한 노부모의 부양에 대한 사회 전반적인 의식 변화가 이러한 가족구조 변화를 촉진시키고 있다. 노부모 부양에 대한 견해 조사 결과에 따르면 1998년도에는 노부모 부양의 책임을 가족으로 보는 의견이 89.9%에 달했지만 불과 4년 뒤인 2002년도 조사에서는 70.7%로 19.2%나 떨어졌다(통계청, 1998; 통계청, 2002). 물론 수치상으로 볼 때 아직까지 노부모 부양에 대한 책임을 가족으로 인

<표 3-3> 65세 인구의 세대구성별 분포

단위: %

	1990년도	2000년도			
			65~69세	70~79세	80세이상
계	100.0	100.0	100.0	100.0	100.0
1세대가구	16.9	28.7	35.5	27.5	12.8
2세대가구	23.4	23.9	27.3	19.9	26.5
3세대이상가구	49.6	30.8	23.2	33.3	45.1
1인가구	8.9	16.2	13.7	18.9	15.0
비혈연가구	1.2	0.4	0.4	0.5	0.5

자료 : 통계청(2004). 2004 고령자 통계. 서울: 통계청. p. 14.

식하는 것이 지배적인 가치로 작동하고 있지만 가치관의 변화 속도를 고려하면 고령자 부양에 있어 가족 기능에 대한 의존도를 낮추어야 할 필요성이 강력하게 제기되고 있음을 알 수 있다. 특히 고령자의 세대구성 분포에서 알 수 있듯이 한국에서는 70세 이상의 후기 고령자들이 자식과 동거하는 비율이 높다는 점에 주목해야 한다. 가족에 의한 부양책임 의식은 약화되는 가운데 육체적·정신적 능력이 급격하게 쇠락하는 후기 고령자들의 부양이 아직까지 가족 의존적으로 이루어지고 있다는 것은 앞으로 잠재적인 사회 부담 요소가 될 가능성을 내포하고 있다.

한편 이미 가족에 의한 경제적 부담에 의존하기보다 고령자 스스로 부담하는 비율이 높지만 고령자들은 안정된 소득원을 확보하지 못하고 있음을 다음의 조사 결과를 통하여 알 수 있다. 즉, 고령자들이 생계유지를 위한 지출 비용을 스스로(또는 배우자) 마련하는 비율이 55.9%로 자녀나 친척에 의존하는 비율(40.1%)보다 높다. 그러나 연령이 높을수록 가족이 주요 소득원으로 등장하고 있고, 고령자 가구의 경우 소모적인 「이전소득」에 대한 의존도가 높아서 안정적인 소득원을 확보하지 못하고 있는 실정이다. 즉, 가족에 의한 경제적 의존도 또는 부양 기대는 낮아지고 있는데 반하여 고

<표 3-4> 60세 이상의 생계유지 비용 획득 방법

	60세 이상 인구	본인 및 배우자				자녀, 친척			정부 및 사회단체	기 타
			근로소득 사업소득	재산소득	연금		동거	비 동거		
전체	100.0	55.9	38.6	10.7	6.5	40.1	20.9	19.2	3.8	0.2
남자	100.0	72.1	50.4	12.4	9.3	25.0	11.0	14.0	2.6	0.2
여자	100.0	44.2	30.2	9.5	4.5	51.0	28.0	23.0	4.7	0.1
60~64세	100.0	79.1	59.2	11.6	8.3	19.0	9.1	9.9	1.8	0.2
65~69세	100.0	62.1	43.0	11.5	7.7	34.4	16.0	18.4	3.2	0.2
70~79세	100.0	35.4	20.6	10.0	4.8	58.7	30.3	28.4	5.7	0.2
80세이상	100.0	14.7	6.2	7.4	1.1	77.8	51.1	26.7	7.6	-

자료 : 통계청(2002). 2002년 사회통계조사보고서. p. 108.

<표 3-5> 고령 세대주 가구의 소득원 분포

단위: %

구분	60세 이상 1인가구(2000년)	65세 이상 2인가구(2004년)
근로소득	19.8	10.7
사업소득	10.0	9.0
이전소득	47.4	53.8
기타	22.8	26.4

자료 : 통계청(2004). 2004 고령자 통계. 대전: 통계청. pp. 21~22. 재구성.

령자들이 경제적으로 자립할 수 있는 안정적인 소득원을 확보하지 못한 상태에서 평균 수명의 증가로 고령기간은 확대되고 있어 고령자 빈곤의 문제는 후기 고령기로 갈수록 심각해질 것으로 예상된다.

이러한 가족중심의 비공식적 노인 부양체제의 해체 현상을 중・고령자의 고용가능성과 연관지어 살펴보면 중・고령자의 고용가능성을 증진시키기 위한 제반 노력이 개인적 차원의 과제가 아니라 국가적 차원의 과제임을 인식할 수 있다. 또한 고령자의 빈곤 문제를 사전에 차단하고 고령자의 경제적 자립 기간을 연장시킴으로써 사회적 부담을 줄일 수 있는 합리적 대안으로 중・고령자의 고용가능성 향상이 반드시 수반되어야 하는 당위성을 확보할 수 있다. 이러한 고령화 현상이 중・고령자의 고용가능성에 미치는 영향을 도식화하면 다음과 같다.

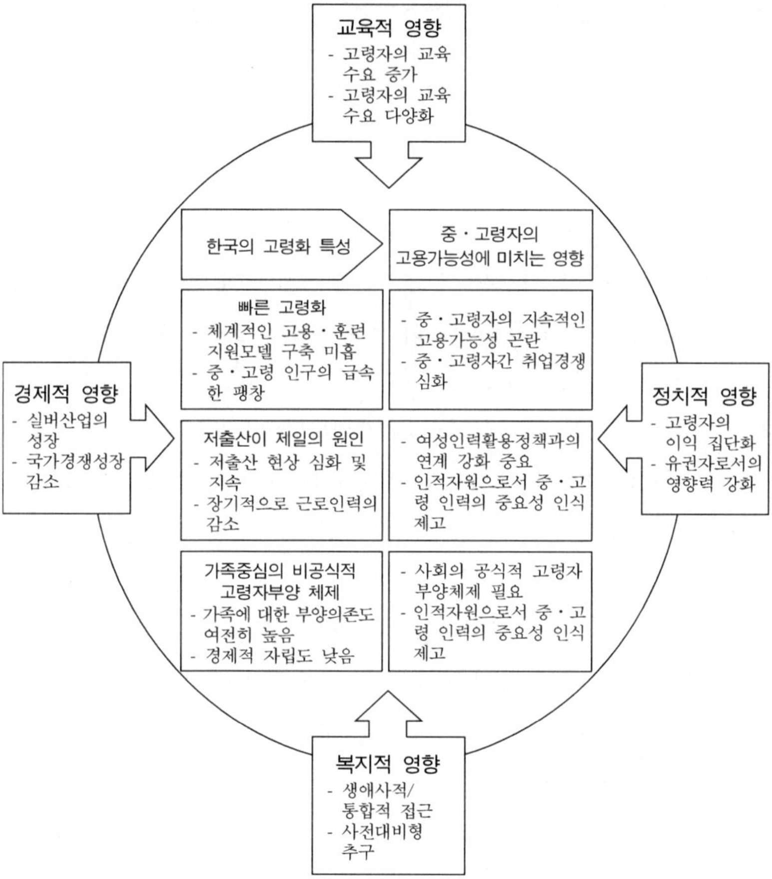

[그림 3-3] 고령화 현상이 중·고령자의 고용가능성에 미치는 영향

CHAPTER 04

산업계의 변화: 기업의 패러다임 변화와 노동시장변화

1997년 외환위기는 한국 기업들로 하여금 인적자원을 관리하고 활용하는데 있어서 새로운 패러다임을 도입하게 하는 극적인 전환점이 되었다. 경제위기 속에서의 생존 전략으로서 시도되었던 변화들은 점진적인 개선이라기보다는 혁신적인 변화를 추구하였고, 이것이 과거 한국의 전통적 문화와 가치에 기반을 두었던 기업의 인적자원 패러다임을 근본적으로 변화시켰다. 따라서 새로운 패러다임에 기초하여 도입된 인사제도들은 위기 극복을 위하여 일시적으로 대두되었다 소멸되는 것이 아니라 상시적・구조적 현상으로 자리 잡게 되었다. 이에 패러다임 변화의 방향성을 점검하고, 변화된 패러다임에 기초하여 도입된 대표적인 제도에는 어떤 것이 있으며, 나아가서 이것이 중・고령자의 고용가능성에 어떤 영향을 미치는지에 대하여 논의하고자 한다.

우선 외환위기를 전후로 하여 한국 기업의 인적자원관리 패러다임이 변화하고 있는 방향에 대하여 박우성 외(2001)는 선행연구를 기초로 하여 다음과 같이 정리하고 있다. 첫째, 연공주의에서 능력 및 성과주의로 전환되고 있다. 최근까지 한국 기업에서의 연령은 고용안정 추구적인 평생직장 개념을 바탕으로 조직에서의 위계서

열, 그리고 임금수준과 뚜렷한 비례관계를 지녔다. 이러한 연공서열제는 기업특수적인 인적자본의 형성, 근속기간-직무훈련-생산성 사이의 정적 상관관계, 기업에 대한 근로자의 지속적 헌신을 유도하는 장치, 그리고 생애소비패턴에서 발견되는 연령과 생계비 사이의 정적 관계 등으로 정당화되어왔다(장지연, 2003). 그러나 한국기업에서는 생산성과 연령 사이의 정적 상관관계에 준하지 않고 순수하게 연령에 따른 임금 프리미엄이 존재하고 있다는 의견이 지적되면서 보상과 생산성간의 괴리 현상이 문제점으로 제기되었다(허재준, 전병유, 1998). 이러한 문제점이 외환위기를 맞이하면서 강력하게 부각되었고 기업은 효과적인 대안으로서 「연령」을 대체할 수 있는 합리적인 보상의 준거로서 「능력」이 제안되고 있고, 가시적인 제도로서 연봉제와 인센티브제도가 일반화되어가고 있다.

둘째, 전인주의로부터 전문주의로 바뀌고 있다. 전통적인 한국기업에서는 직급제도가 우선시되었고, 전문직의 경우에도 별도의 경력개발제도가 운영되지 않았는데, 신유근(1992)은 그 이유를 한국 기업들이 표준형 인재(generalist)를 선호하는 경향이 있기 때문으로 해석하였다. 그러나 IT산업의 발전과 맞물려 외환위기 이후 벤처기업 열풍이 불면서 연구기술직 분야에서 이직률이 높아지고, 평생직장의 개념이 해체되면서 능력있는 핵심인재를 중심으로 자발적인 조기퇴직 현상이 현저해짐에 따라 기업 내에 전문주의에 기반한 제도적 변화의 필요성이 제기되었다. 이에 대표적인 제도로서 외부 전문인력 충원정책, 전문인력에 대한 인센티브제도 등의 도입이 확대되고 있다.

셋째, 온정주의로부터 계약주의로의 변화이다. 전통적으로 한국 기업들은 가부장적 경영스타일을 가지고 온정주의적 노사관계를 유지해왔다. 즉, 경영층이 가장이고 종업원을 가족의 일원으로 간주하였기 때문에 그 관계는 일시적인 것이 아니라 근로생애 전체, 즉 평생고용을 의미하였다. 또한 종업원(가족)은 경영층(가장)의 불합리한 명령이나 소속 기업에 대한 충성(loyalty)을 당연시하였고 경영층도 경영사정의 악화 등과 같은 어려운 상황에서도 한 배를 타고 있는 종업원을 내보낼 수 없는 암묵적인 약속이 있었다. 그러나 외환위기는 기업 전반에 걸쳐 강력한 구조조정과 고용조정을 수반하게 되면서 온정주의의 대표적 구성요소인 고용안정을 기업이 포기함으로써 이를 대체할 수 있는 개념 즉, 문서상의 계약에 기초를 둔 계약주의가 대두되게 되었다. 이러한 현상을 대표하는 제도로서 비자발적 인력감축과 비정규직의 확산을 들 수 있다.

끝으로 수직적 관계를 우선시하는 권위주의로부터 수평적 관계에 초점을 맞춘 민주주의로 변화하고 있다. 이는 직급이 단축되고 조직이 수평화되어 종업원 개인이 자신의 의견을 표현하고 자율성을 가지고 업무를 할 수 있는 권한위임이 확대되는 것으로 경영참가제도 등을 대표적 제도로 들 수 있다.

여기서 한 가지 간과할 수 없는 것은 전술한 바와 같은 패러다임의 변화, 그리고 그에 따른 인사제도의 변화가 개별적이 아니라 동시다발적으로 추진된다는 사실이다. 즉, 연공적 보상제도를 유지하면서 평범한 인재를 중시하는 문화를 유지할 수 없으며 계약중심의 고용 관계를 도입할 수 없는 것이다. 이를 환언하면 능력 및 성과주의-전문주의-계약주의-민주주의라는 패러다임은 독립적으로 존재하는 것이 아니라 각각의 패러다임이 동시적으로 작용하여 기업과 개인의 고용관계, 노동시장에 대하여 새로운 문화와 특성을 창출하고 이를 보편화시키고 있다. 그렇다면 이러한 일련의 패러다임적 변화는 기업과 개인의 고용관계, 노동시장에 어떤 변화를 야기시키며 이것이 중・고령자의 고용가능성에 어떻게 영향을 미치는가?

첫째, 기업의 구조조정 체제가 상시화되었다. 이것의 노동시장에 대한 영향을 살펴보면 불확실성과 유동성을 증가시키고, 장기고용

〈표 4-1〉 중・고령자의 퇴직 사유

단위: %

퇴직사유	퇴직 후 재취업		완전 은퇴	
	남성	여성	남성	여성
파산・폐업・정리해고・명예퇴직 등	26.5	8.3	15.4	8.4
정년퇴직 혹은 계약 만료	11.6	1.4	19.6	1.9
소득・일거리부족・장래성・적성・근로환경 등	29.6	34.7	13.8	13.6
자기 사업을 하려고	5.8	4.2	3.5	0.5
건강, 고령 등의 이유	11.1	18.1	36.1	49.9
결혼, 육아, 가사 등의 이유	0.5	6.9	0.3	11.6
회사 혹은 본인의 이사	1.6	11.1	1.5	4.4
기타	13.2	15.3	9.7	9.7

자료 : 이상호(2004). "고령자의 재취업실태", 『KLIPS Research Brief』, No.9/2004. p. 5.

관행이 축소되면서 고용형태가 다양해짐에 따라 외부노동시장의 유연성을 촉진시켰다. 실제로 외환위기 이후 상용직 근로자 수는 1997년 7,282명에서 2002년 6,862명으로 감소한데 비하여 임시직·일용직 근로자는 1997년 1,197명에서 2002년 7,319명으로 크게 증가하였다(우천식, 2004).

이를 중·고령자의 고용가능성이라는 측면에서 살펴보면 노동시장이 유연해지고 고용형태가 다양화되는 현상은 상대적으로 적은 부담의 근로를 선호하는 고령자의 한정적인 취업 특성을 고려할 때 긍정적이라 할 수 있지만 다음과 같은 부정적인 면을 지적할 수 있다. ① 비정규직의 근로 성격을 고려할 때 불안정한 고용상태와 일자리 조건이 악화될 가능성을 배제할 수 없다. ② 평생직장의 개념이 지배적이었던 1960~70년대를 전후하여 근로경력을 시작했던 중·고령자들은 변화에 대한 적응과 준비도라는 측면에서 다른 연령층에 비하여 상대적으로 취약할 수밖에 없다. ③ 가장(家長) 의존적인 경제 기반이 보편적인 세대구성과 생애주기에 따른 소비패턴을 고려할 때, 중·고령자의 실직은 가정의 해체를 초래할 가능성이 커서 사회적 부담을 증가시킬 잠재적 요소가 된다. ④ 연공 임금체계가 아직 잔존하고 있는 상황에서 중·고령자들이 기업 부담으로 간주되어 퇴출대상이 될 가능성이 높다. 실제로 국내 임금근로자들의 절반 이상이 50세가 되기 전에 퇴직하는 것으로 나타나고 있고(우천식, 2004), 50세 이상의 퇴직자를 대상으로 한 퇴직 사유를 보면 소득·일거리 부족·장래성·적성·근로환경이나 파산·폐업·정리해고 등과 같은 비자발적 실업이 많다.

둘째, 평생직장 개념이 평생직업의 개념으로 변화되고 있다. 이에 따라 기업 내부노동시장의 기반이 약해지고 외부 인력 조달 비중이 커져서 능력개발을 위한 교육·훈련이 기업주도형에서 개인주도형으로 이전될 것으로 예견된다. 그러나 아직까지 한국의 성인들은 평생교육에 참여하는 비율이 높지 않고 특히 중·고령자들의 참여율은 저조하기 때문에 개인주도적 능력개발에 적극적이지 않아, 이러한 변화에 적극적으로 대응하지 못하고 있다. 따라서 기업의 경력개발관리에 대한 의존성을 줄이고 자발적으로 경력개발계획을 세우고, 이를 실현해 나갈 수 있도록 평생학습으로의 접근 가능성을 높여야 할 것이다.

또한 평생직업의 획득이 능력과 전문성의 유무로 결정되는데 반하여 기존의 전인적 조직 문화 속에서 표준적 인재형의 경력경로

〈표 4-2〉 연령에 따른 평생학습 참여 실태

단위: %

구 분	평생학습 참여자	직장연수 참여자	학원수강 참여자	교양강좌 참여자	직업훈련 참여자	TV, 라디오강좌 청취	기타 참여자
20~29세	26.5	13.4	10.0	2.6	2.0	4.3	0.5
30~39세	22.8	11.2	4.3	5.0	1.5	5.5	0.6
40~49세	17.5	8.0	2.1	3.8	2.3	4.2	0.5
50~59세	11.6	4.4	1.0	2.5	2.8	2.4	0.4
60세 이상	5.8	0.7	0.3	1.8	2.4	1.3	0.1

자료 : 우천식(2004). "새로운 경제사회환경 하의 평생교육체제 구축 방향과 과제: 중장년층 인력 문제를 중심으로", 『노동시장 변화와 성인교육의 과제』 한국성인교육학회 2004년 봄 학술대회발표집. p. 17.

※ 위 자료는 2000년 기준임

를 통하여 성장해 온 중·고령자들이 전문 능력을 갖추는 데는 어려움이 따른다. 실제로 허재준과 전병유(1998)의 연구에 따르면 50대 전후의 관리직과 40대 후반의 사무직·생산직 등에서 임금과 생산성간의 괴리가 큰 것으로 나타나고 있다. 즉, 중·고령자가 전문성을 강조하는 평생직업의 획득에 실패하거나, 외부 전문인력의 충원에 따른 직무상 갈등을 경험하거나 전직·이직·재취업 등에서 어려움을 겪을 가능성이 크다는 것을 의미한다.

셋째, 능력 및 성과에 의한 선발과 보상체제가 기업에서 확산되고 있지만 연령에 의한 제한성은 여전히 존재하고 있다. 즉, 직장 내 평가 기준이 과거의 학력이나 학벌 중심에서 벗어나 자격증, 정보화 능력, 외국어 능력 중심으로 변화하고 있고 학력·전공·학점 등이 아닌 심성·기본자질·학습능력 등 비정형적 기준에 의한 신규 임용이 증가하고 있는 추세이다. 그러나 채용 및 고용조정에 있어서 연령에 의한 제한 현상은 아직도 현저하다. 장지연(2003)의 연구에 따르면 신규직 채용시 연령제한을 두는 사업체의 비율은 49.9%이고, 경력직의 경우 24.3%를 두는 것으로 나타났고, 인력을 선발할 때 58%에 달하는 사업체가 고령자를 기피하는 것으로 나타났다.

한편 고용조정에 있어서도 연령을 기준으로 삼는 관행이 여전히 존재하고 있다. 고용조정의 대표적인 형태로서 명예퇴직자를 선정함에 있어서도 근속년수를 기준으로 하는 기업체가 68.4%, 연령을 기준으로 삼는 기업체가 55.5%에 달하였다. 이때 기준 연령으로 50세 이상인 경우가 25%로 가장 많았고, 그 뒤를 이어 40세 이상

<표 4-3> 인력선발시 고령자 기피정도

단위: %

구 분	규 모					산 업		전 체
	50인 이하	51~ 150인	151~ 300인	301인 이상	규모 미확인	비 제조업	제조업	
전혀 그렇지 않음	9.9	7.0	7.6	5.1	7.1	11.2	2.9	7.2
그렇지 않은 편	19.7	16.1	13.3	12.7	18.6	15.3	16.3	15.8
중 립	16.9	17.8	13.8	23.1	18.6	18.9	17.9	18.4
다소 그런 편	36.3	44.1	47.6	42.3	37.2	37.5	46.8	42.0
매우 그런 편	17.3	14.9	17.6	16.9	18.6	17.1	16.1	16.6

자료 : 장지연(2003). 고령화시대의 노동시장과 고용정책 I . 서울: 한국노동연구원. p. 96.[1)]

(12.6%), 55세 이상(10.2%)의 순이었다. 또한 정리해고 시에도 근속년수와 연령이 중요한 기준으로 작용하고 있을 뿐만 아니라 50세 이상을 기준으로 한경우가 30.4%로 가장 많았고 40세에서 55세 사이에 주로 분포되어 있는 것으로 나타났다(장지연, 2003).

즉, 중·고령자의 고용가능성을 향상 또는 유지시키기 위해서는 직업능력을 개발하는 측면 이외에 중·고령자를 포함한 모든 인적 자원의 능력을 제대로 측정하고 평가할 수 있는 평가도구의 개발및 평가시스템의 구축이 선행되어야 함을 알 수 있다. 물론 중·고령자를 중심으로 연령프리미엄 현상이 발견되고 있고, 지식기반사회 보다는 산업사회에 적합한 업무 능력을 갖추고 있으며, 전문적 능력 개발보다는 표준적 인재 개발 경력경로를 경험하는 등 중·고령자

1) 한국노동연구원이 2002년 5월부터 2개월간 실시한 것으로 총 1,433개의 사업체가 조사된 결과임.

<표 4-4> 명예퇴직자 및 정리해고 대상자 선정 기준

단위: %

구 분		규 모					산 업		전 체
		50인 이하	51-150인	151-300인	301인 이상	규모 미확인	비 제조업	제조업	
명예퇴직	근속년수	72.0	74.5	65.9	65.9	76.5	73.2	62.1	68.4
	연령	61.5	56.9	50.0	53.9	70.6	53.6	58.1	55.5
	성별	26.1	30.0	21.4	16.9	37.5	22.4	21.1	21.9
정리해고	근속년수	29.5	39.5	58.0	50.8	69.2	45.0	46.7	45.9
	연령	43.2	43.4	62.0	56.5	69.2	48.6	54.4	51.8
	성별	18.2	32.0	30.0	32.8	46.2	31.5	28.9	30.0
	부양가족수	27.3	30.3	42.0	40.3	61.5	37.6	35.3	36.3
	인사고과	58.1	48.0	80.0	71.0	75.0	66.7	61.2	63.6
	징계 경험	59.1	59.2	80.0	67.7	83.3	72.2	62.5	66.8

자료 : 장지연(2003). 고령화시대의 노동시장과 고용정책Ⅰ. 서울: 한국노동연구원. p. 98.[2)]

가 고용가능성을 유지・향상시키는데 있어 불리한 조건에 있는 것은 명백하다. 그러나 급속하게 고령화가 추진되면 근로 인력에서의 고령화도 본격화되고 있는 오늘날 채용과 고용조정에 있어 연령이 중요한 기준으로 작용하는 것은 그 자체로 합리적이지 않다. 뿐만 아니라 그 기저에 중・고령자를 주변적 인적자원으로 한계를 정하고, '고령화'와 '무능력화'를 당연하게 등식화하는 사회적 인식이 있다는 점이 더욱 큰 문제점이다. 전술한 기업 패러다임의 변화에 따

2) 한국노동연구원이 2002년 5월부터 2개월간 실시한 것으로 총 1,433개의 사업체가 조사된 결과임.

른 노동시장의 변화, 그리고 이러한 변화들이 중・고령자의 고용가능성에 미치는 영향에 대하여 도식화하면 다음과 같다.

<table>
<tr><th>인적자원 패러다임의 변화</th><th>노동시장의 변화</th><th>중・고령자의 고용가능성에 미치는 영향</th></tr>
<tr><td rowspan="3">연공주의로부터 능력(성과)주의로의 변화

전인주의로부터 전문주의로의 변화

온정주의로부터 계약주의로의 변화

권위주의를 탈피하여 민주주의로의 변화</td><td>기업 구조조정의 상시화
• 고용의 불확실성 증가
• 장기고용 관행의 축소
• 고용형태의 다양화
• 노동의 유동성 증가</td><td>• 고용형태의 다양화로 선택의 범위가 다양해짐
• 불안정한 고용상태 지속
• 근로조건의 악화
• 환경변화에 대한 적응력과 준비도 미약
• 중・고령자의 실직 부담은 사회적 부담과 직결
• 주요 퇴출대상</td></tr>
<tr><td>평생직장에서 평생직업으로
• 기업 내부노동시장 기반의 약화
• 외부인력충원 확대
• 기업주도적 교육훈련 축소</td><td>• 중・고령자의 개인주도적 학습 문화 정착 미진하여 자발적 직업능력개발에 뒤쳐짐
• 표준적 인재개발 경력경로에 익숙하여 전문 능력을 미처 갖추지 못함
• 전문성 위주의 평생직업획득이 어려움
• 전직/이직/재취업에 어려움</td></tr>
<tr><td>연령에 의한 차별적 고용문화
• 연령에 의한 선발 제한
• 고용조정의 주요 준거로서 연령
• '고령화' = '무능력화'로 인식하는 문화</td><td>• 직업능력에 대한 정확한 측정/평가 없이 연령에 의하여 차별적 위치를 점하고 있음</td></tr>
</table>

[그림 4-1] 기업의 인적자원 패러다임과 노동시장의 변화가 중・고령자의 고용가능성에 미치는 영향

제2부

한국의 중 · 고령자 지원정책

2부

제5장~제7장에 걸쳐 한국에서 시행되고 있는 중·고령자의 고용가능성을 유지하거나 향상시키기 위한 법적, 정책적 지원들의 현황을 살펴보고자 한다. 따라서 노동부와 보건복지부, 교육인적자원부에서 각각 발표한 정부 자료들을 중심으로 그 지원체계의 현황에 대해 어떻게 시행되고 있는지에 초점을 두어 살펴본다. 이를 통해, 한국의 중·고령자의 고용가능성 유지 및 향상을 위한 지원체계는 어떠한지에 대한 이해를 확보할 수 있으며, 이러한 현황분석 자료를 기반으로 하여 이어지는 장에서 일본 및 미국의 비교국가 사례를 통해 시사점을 도출하고자 한다.

CHAPTER 05

노동행정부처의 중 · 고령자 고용가능성 유지 · 향상을 위한 지원

노동부를 중심으로 중 · 고령자의 고용가능성 유지와 향상을 위해 지원되는 법적 체계와 정책적 내용을 살펴보면 다음과 같다. 해당 내용은 노동부 홈페이지에 공시된 정부 문서 및 백서, 정책연구자료 등을 토대로 분류하였다.

1. 법적 지원

1) 고용정책기본법

고용정책기본법(일부개정 2001.8.14 법률 제6510호)은 국가가 고용에 관한 정책을 종합적으로 수립 · 시행하여 국민 개개인이 그 능력을 최대한 개발하고 발휘할 수 있도록 법적 지원체계를 마련한 것 중의 하나이다. 이 법은 노동시장의 효율성 제고와 인력 수급 균형을 도모하여 고용 안정과 근로자의 경제적 · 사회적 지위 향상, 국가경제와 사회의 고른 발전에 기여하는 것을 목적으로 한다. 고용정책기본법에 기초하여 파생된 법령으로, 노동시장에서의 중 ·

고령자 고용촉진을 위한 관련 법안이 마련되어 있다. 즉, 고용정책 기본법 제16조는 고령자 등의 고용촉진지원에 대해 명시하고 있다. 국가는 고령자 등 기타 노동시장의 통상적인 조건 하에서 취직이 곤란한 자의 고용을 촉진하기 위하여 그 취직에 적합한 직종의 개발, 직업능력개발 기회의 확대와 고용을 비롯한 기타 필요한 조치를 취해야 한다. 또한 국가는 사업주 및 관계자에 대해 고령자 등의 고용기회를 확대하도록 고무하고, 작업환경 및 업무의 개선을 촉진하기 위하여 관련자료를 제공하는 등의 필요한 지원을 실시하여야 하며, 고령자 촉진에 관한 필요한 사항은 따로 법률로 정할 것을 규정하는 등, 중・고령자의 고용촉진을 위한 법적 지원을 제공하고 있다.

2) 고령자고용촉진법

다음으로 노동부를 중심으로 이행되는 중・고령자 관련 법안에는 고령자고용촉진법(일부개정 2002.12.30 법률 제06849호)이 있다. 이는 고령자가 보유한 능력에 3적합한 직업에 취업하는 것을 지원하고 촉진하여 고령자의 고용안정과 국민경제의 발전에 기여하는 것을 목적으로 한다. 고령자의 취업 지원을 위한 정부와 사업주의 책무에 대해 명시하고 있을 뿐만 아니라, ① 고령자에 대한 직업능력 훈련, ② 고령자의 취업알선, ③ 고령자 고용 노력을 위한 사업주의 고령자 기준 고용률 이행, ④ 고령자 고용 촉진을 위한 세제 지원과 장려금 지원, ⑤ 고령자 우선고용직종의 선정, ⑥ 정년 및 정년 퇴직자 재고용 등과 같은 내용을 포함하고 있다.

우선 고령자고용촉진법은 제6조 고령자에 대한 직업능력개발훈련과 관련해서 노동부 장관이 고용을 촉진하기 위해서 필요하다고 인정하는 때에는 고령자에게 직업능력개발훈련을 실시하도록 조치하여야 한다고 명시하고 있다. 또한 고령자가 작업 환경에 쉽게 적응하도록 하기 위해 필요하다면 취업 전에 안전 및 보건에 관한 내용을 포함하여 노동부령이 정하는 적응훈련을 실시하도록 조치하여야 한다.

다음으로 취업알선과 관련한 조항은 제9조, 제10조, 제11조로, 고령자의 취업알선 기능강화, 고령자 고용정보센터의 운영, 고령자 인재은행의 지정 등이 이에 포함된다. 법률에 의하면 정부는 고령자가 그 능력에 맞는 직업에 취업할 수 있도록 고령자에 대한 직업상담, 직업적성검사 등 적절한 직업지도와 취업알선 등을 이행하여야 한다. 노동부 장관은 고령자의 직업지도와 취업알선 등의 업무를 효율적으로 수행하기 위해 필요한 지역에 고령자고용정보센터를 운영할 수 있다. 또한 직업안정법 제18조의 규정에 의해 무료직업소개사업을 하는 비영리법인 또는 공인단체 중·고령자의 직업지도와 취업알선 등에 필요한 전문인력과 시설을 갖춘 단체를 고령자인재은행으로 지정할 수 있다.

셋째, 고령자고용촉진법은 제12조와 제13조에 사업주의 고령자 고용 노력의무와 사업주의 고령자기준고용률 이행계획의 수립 등을 명기하고 있다. '고령자기준고용률'은 '사업장에서 상시 사용하는 근로자를 기준으로 하여 사업자가 고령자의 고용촉진을 위하여 고용하여야 할 고령자의 비율'로, 제조업은 그 사업장의 상시 근로자 수의 2%, 운수업, 부동산 및 임대업은 그 사업장의 상시 근로자 수의 6%, 그 외의 산업은 그 사업장의 상시근로자 수의 3%로 정하고 있다. 따라서 사업장의 상시 300인 이상의 근로자를 사용하는 사업주는 기준고용률 이상의 고령자를 고용해야 한다.

넷째, 고령자고용촉진법은 고령자 고용촉진을 위한 세제지원 및 고용지원금 지급(제14조) 등을 포함한다. 즉, 사업주가 기준고용률을 초과하여 고령자를 추가로 고용하는 경우에는 조세를 감면하며, 노동부장관은 사업주에게 초과 고용 고령자수에 비례하여 예산(고용보험법에 의한 고용보험기금 포함) 범위 내에서 일정기간 고용지원금을 지급할 수 있다.

다섯째, 고령자고용촉진법은 고령자 우선고용직종의 선정과 고용(제15조, 제16조)에 대한 법적 근거를 제공한다. 노동부장관은 우선고용직종을 선정하고 국가 및 지방자치단체, 정부투자기관관리기본법에 의한 정부투자기관, 정부출연기관, 정부출자 및 위탁기관의 장은 그 기관의 우선고용직종에 따라 고령자와 준고령자를 우선적으로 고용하여야 한다. 또 그 외의 사업주 또한 우선고용직종에 고령자와 준고령자를 우선적으로 고용하도록 노력하여야 한다.

마지막으로, 고령자고용촉진법은 정년과 정년 퇴직자의 재고용 및 정년연장에 대한 지원(제19조, 제21조, 제22조)에 대해 명기하고 있다. 이 조항에서는 사업주가 근로자의 정년을 정하는 경우, 그 정년이 60세 이상이 되도록 해야 함이 권고되어 있다. 그리고 노동부 장관은 정년퇴직자를 재고용하거나 그 밖의 정년퇴직자의 고용안정에 필요한 조치를 하는 사업주에 대해 장려금 지급 등의 필요한 지원을 할 수 있다는 조항도 포함되어 있다. 또한 노동부장관은 정년연장에 따른 사업체의 인사 및 임금 등에 대하여 상담·자문 기타 필요한 협조와 지원을 하여야 한다.

그러나 이러한 고령자고용촉진법은 대부분이 강제 조항이 아닌 "노력해야 한다"의 권고형 어미로 기술되어 법적 효과성에 의문이 제기된다. 따라서 고령화 사회 진입에 따라 고령자 관련 법 제도 역시 강제조항으로 개정되어 법이 그 효력을 발휘할 필요가 있다.

3) 근로자직업훈련촉진법과 직업교육훈련촉진법

근로자직업훈련촉진법(일부개정 2001.3.28 법률 제6455호)은 근로자의 직업능력개발을 위한 훈련 등을 통하여 근로자가 직업능력을 최대한 개발·발휘하도록 함으로써 근로자의 고용증진 및 지위향상과 기업의 생산성향상을 도모하고 경제·사회발전에 이바지함을 목적으로 하는 법률이다. 이 법의 제3조 직업능력개발훈련의 기본원칙에서는 고령자를 직업능력개발훈련에서 중요하게 다루어야 할 대상자로 고령자를 포함시키고 있다. 또한, 제18조 특별훈련과정 등의 설치에서, 공공직업능력개발훈련시설의 장은 고령자 등에 대한 직업능력개발훈련의 기회를 확대하기 위하여 특별훈련과정을 설치·운영할 수 있다고 기술되어 있다. 근로자직업훈련촉진법시행령(일부개정 2001.7.30 대통령령 제17327호)의 제14조에서는 고령자를 위한 직업능력개발훈련과정시행에 관하여 언급하고 있으며, 동법 시행령 제18조 제1항은 고령자 등 취업이 어려운 자를 위한 직업능력개발훈련 과정을 공공직업능력개발 훈련시설의 장이 설치·운영할 수 있도록 명시하고 있다.

한편, 직업교육훈련촉진법시행령(일부개정 2002.5.27 대통령령 제17613호) 제10조는 직업교육훈련기관의 장은 정원의 100분의 30의 범위 안에서 고령자고용촉진법 제 2조 2항의 규정에 의한 고령자로서 노동부 장관이 추천하는 자를 우선 선발하여 직업교육훈련을 실시하도록 규정하고 있다.

4) 고용보험법

고용보험법(일부개정 2002.12.30 법률 제06850호)은 고용보험의 시행을 통해 실업예방과 고용촉진 및 근로자 직업능력개발의 향상을 도모하고, 국가의 직업지도 및 직업소개기능을 강화하며, 근로자가 실업을 한 경우 생활에 필요한 급여를 제공함으로써 근로자의 생활 안정과 구직활동을 촉진하여 경제·사회발전에 이바지함을 목적으로 하고 있다. 고용보험법 제18조에는 고령자 등의 고용촉진이 명시되어 있으며, 노동부장관은 고령자 등 통상적인 노동시장의 조건 하에서 취업이 곤란한 자의 고용을 촉진하기 위하여 고령자 등을 새로이 고용하거나 기타 이들의 고용 안정에 필요한 조치를 취하는 사업주에 대해 대통령령이 정하는 바에 따라 필요한 지원을 할 수 있음을 명시하고 있다.

고용보험법시행령(일부개정 2002.12.30 대통령령 제17853호)의 제22조에서는 고령자고용촉진장려금을 수급받을 수 있는 사업주의 요건에 대해 명시하고 있으며, 제26조에서는 고령자고용촉진장려금을 포함한 다른 장려금들이 고용유지지원금과 함께 지급되지 못함을 규정하고 있다. 또한, 제45조에서는 60세 이상의 고령자중 실업 안정의 특례를 신청할 경우 고용보험의 혜택을 받을 수 있음을 제시하고 있다. 구체적으로 고용보험법시행규칙 제31조는 고용보험시행령 제22조 제1항 제1호에서 노동부령이 정하는 고령자고용비율을 100분의 6으로 규정하고 있다. 또한, 제32조는 노동부령이 정하는 퇴직한 자를 구체적으로 명시하고 있으며, 제32조 제4항은 고령자재고용지원 대상 제외 근로자에 대해 명시하고 있다. 이와 더불어 제35조와 제49에서는 고령자 고용촉진장려금의 지급, 고령자 실업특례신청 통보에 관한 사항을 명시하고 있다.

2. 정책적 지원

1) 중앙정부

(1) 고령자 고용지원기금: 고령자고용촉진장려금

고령자고용촉진장려금은 일할 능력을 보유·발휘하고 있음에도 불구하고 취업 또는 전직의 기회를 갖지 못하는 고령자를 일정수준

이상 고용하거나 신규 고용 또는 재고용하는 사업주에 대해 장려금을 지원하는 제도이다. 이 장려금은 수급요건과 지원 수준에 따라 고령자 다수고용장려금, 고령자 신규고용장려금, 정년퇴직자 계속고용장려금의 세 가지로 구분된다. 다수고용 장려금의 지원요건은 고용기간 1년 이상인 55세 이상 고령자를 매분기 월평균 근로자수의 업종별 지원 기준 이상을 고용하는 것이다. 제조업은 4%, 부동산업은 42%, 사업지원서비스업은 17%, 기타업종은 7%이다. 지원수준은 지원 기준을 초과하는 고령자 1인당 분기별로 15만원씩 5년간 지원한다. 매 분기당 근로자수의 15% 한도 내에서 지원되며 대규모 기업은 10% 한도이다. 신규고용장려금은 고용지원센터 등에 구직 신청 후 실업기간이 3개월을 초과하거나 고용지원센터에 구직 신청 후 실업기간이 1개월을 초과하고 제조업에 채용되거나 동행면접에 의해 채용되는 경우 등에 해당하는 중·고령자를 피보험자로 새로 고용할 때 지급된다. 지원수준은 신규고용 1인당 월 30만원을 6개월간 지급하며 500인 이하 제조업은 12개월간 지원한다. 정년퇴직자계속고용 장려금은 정년을 57세 이상으로 정한 사업장의 당해 사업주에게 고용되어 18개월 이상 계속 근무한 후 정년이 도래한 자를 퇴직시키지 않거나 정년퇴직 후 3개월 이내에 재고용시에 지급된다. 다만 계속 고용기간이 1년 이하인 경우나 계속 고용 전 3년 이내에 정년을 단축하는 경우 등은 제외된다. 지원수준은 계속고용 1인당 월 30만원을 6개월간 지급하고 500인 이하 제조업은 12개월간 지원한다.

고령자고용촉진을 활성화하기 위해, 고령자를 일정비율 이상 고용하면 지원하는 고령자 다수고용장려금의 지원액을 2001년부터 종전 분기 1인당 9만원에서 15만원으로 상향조정하였다. 고령자를 신규 채용하는 경우 지원하는 고령자 신규고용장려금은 종전 임금의 1/3~1/4를 6월간 지원하던 것을 2001년부터는 정액화하여 월 25만원씩 6월간 지원하다가 2003년부터는 지급단가를 28만원으로 상향조정하였으며, 경영상의 이유 등으로 퇴직한 고령자를 재고용하는 경우 지원하는 고령자재고용장려금은 1인당 80~160만원을 1회에 한해 지원하던 것을 2002년에는 월30만원을, 2003년에는 월33만원씩 6개월간 지원하도록 하였다. 이러한 이유 등으로 지원실적이 전년에 비해 15.6%가 증가하였다(노동부, 2004).

<표 5-1> 고령자고용촉진장려금의 사업 내용

구 분	지 원 요 건	지 원 수 준
다수 고용	고용기간 1년 이상인 55세 이상 고령자를 매분기 월평균 근로자수의 업종별 지원기준 이상 고용	지원 기준을 초과 고령자 1인당 분기 15만원씩 5년간 지원
신규 고용	준고령자 또는 고령자를 피보험자로 새로이 고용	신규고용 1인당 월 30만원을 6개월간 지급
재고용	정년을 57세 이상으로 정한 사업장의 당해 사업주에게 고용되어 18개월 이상 계속 근무한 후 정년이 도래한 자를 퇴직 시키지 않거나 정년퇴직 후 3개월 이내 재고용	계속 고용 1인당 월 30만원을 6개월간 지급

<표 5-2> 고령자고용촉진장려금 연도별 지원실적

단위: 개소, 명, 백만원

구 분	'97	'98	'99	'00	'01	'02	'03
사업장수	2,134	9,604	35,753	50,466	61,790	66,565	70,793
인 원	96,334	113,520	189,146	225,711	251,870	270,902	308,874
금 액	8,999	12,173	25,450	36,758	41,620	39,980	46,236

자료 : 2004 노동백서

(2) 고령자 고용률 확대: 고령자기준고용률 개선

2002년 12월 고령자고용촉진법이 개정됨에 따라 동법 시행령 개정이 이어졌다. 주요 내용으로는 300인 이상의 근로자를 고용하는 사업주에 대하여 일정수준 이상의 고령자를 고용토록 노력의무를 부여하는 기준고용률을 변경하여 기존의 업종에 관계없이 3%로 획일적으로 규정되었던 고령자 기준고용률을 제조업 2%, 운수업・부동산 및 임대업 6%, 기타산업 3% 등 업종별로 차등화 하여 고령자 고용정책이 보다 실효성 있게 집행될 수 있도록 기반을 조성하였다.

고령자고용촉진법은 300인 이상 사업주로 하여금 기준고용률이상의 고령자를 고용하고 정년은 60세 이상이 되도록 노력하도록 규정하고 있다. 노동부는 이에 따라 2001년부터 고령자고용 및 정년현황을 파악, 미이행사업장에 대해 행정지도를 실시하여 왔으며, 2003년도에는 300인 이상 사업장 1,502개소에 대해 조사를 실시

('02.12.31 기준)하고 기준고용률 이행 또는 정년연장에 관한 계획을 제출토록 하는 등 조치를 취하였다. 노동부의 2004년도 자체 조사결과를 개괄적으로 살펴보면, 고령자 평균고용률은 3.70%로 전체적으로는 기준고용률 3%를 초과하고 있으나 업종별로는 편차가 크다는 것을 확인할 수 있다.

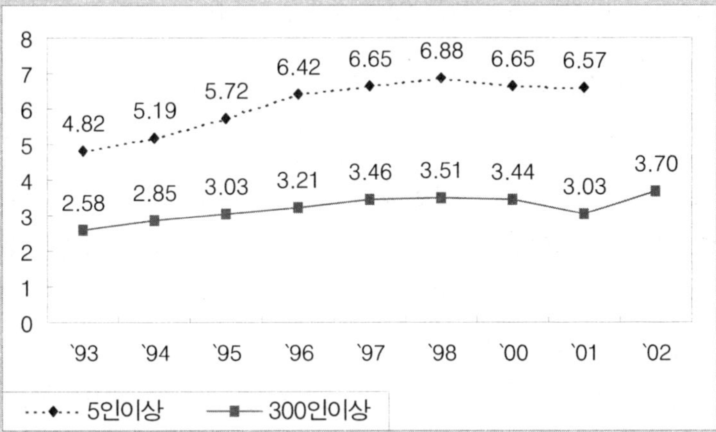

자료 : 2004 노동백서

※ 단위: %

※ '98년까지 사업체노동실태조사표

※ '00년 이후 5인이상 고용현황임금구조기본통계조사, 300인 이상 고용현황: 노동부 자체 조사

[그림 5-1] 연도별 고령자 고용률 추이

업종별로는 제조업(1.58%), 도소매업(1.52%) 등의 직종은 기준고용률(3%)에 미달한 반면, 전통적으로 고령자가 많이 취업하는 건

설업(5.36%), 운수업(8.01%), 부동산임대업(8.39%), 기타서비스업(8.19%) 등은 기준고용률을 초과하였다. 또한 사업장별로는 조사대상(1,502개소)중 기준고용률 미달 사업장이 952개소(63.4%)에 달했다. 한편, 조사대상 1,502개소 사업장 중 1,453개소(96.7%)가 정년제를 도입하고 있으며, 정년유형은 단일정년이 70.2%, 직급별정년이 13.0% 등으로 단일정년의 평균은 56.6세로 전년과 유사('01년 56.7세)한 것으로 나타났다(노동부, 2004).

(3) 고령자고용정보시스템: 취업알선 인프라 구축

고령자 취업지원을 위하여 노동부는 이와 같이 「고용지원센터」, 「고령자인재은행」 등의 공공취업지원기관을 운영한다. 그러나 이러한 기관들이 규모적으로 영세하고 전문성이 부족하여 취업알선 기능이 다소 취약하며, 관련기관간 연계가 부족하여 취업알선 정보의 공동 활용이 미흡하다는 지적이 빈번하다. 고용지원센터는 고령자 직업상담을 위한 전문인력이 확보되지 않아 업무 특화를 실현하지 못하고 있으며, 고령자인재은행은 대도시에 편중되어 있고 지원수준이 낮으며, 이로 인해 구인·구직 관련 취업실적이 저조한 편이다(노동부, 2004).

노동부에서는 이러한 현황 문제들을 해결하기 위한 대안으로 노동부 소관으로 운영되고 있는 워크넷(worknet)을 개편하여 고령자에 특화된 고용정보를 제공하는 '시니어넷'을 설치 및 운영할 계획에 있다고 밝힌 바 있다. 그러나 아직 이러한 노인인력 풀의 형성 및 취업알선과 지원에 대한 가시적인 정책적 노력의 결과는 보여지

<표 5-3> 고령자 인재은행 취업알선 실적

단위 : 개소, 명

구 분	인재은행 수	구 인	구 직	알 선	취 업
'01	36	34,253	37,626	44,272	27,688
'02	36	37,896	39,402	46,587	26,935
'03	44	35,261	38,469	40,129	24,746

자료 : 2004 노동백서

지 않고 있는 실태이다.

한편, 고령자 취업알선인프라를 구축 및 운영하는 것과 관련하여 노동부에서는 1993년부터 YWCA 등 무료직업소개사업을 수행하는 민간단체(비영리법인 및 공익단체)를 고령자인재은행으로 지정하여 고령자 취업알선 서비스 제공하도록 하고, 운영비의 일부를 지원하고 있다. 2003년에는 44개의 인재은행을 지정하여 매월 66만원의 운영비를 지원한 바 있으며, 또한 퇴직한 고급・중견경력인력에 대한 인재풀을 형성하고 이들에 대한 전문적인 취업알선과 상담・자문 등의 활동을 지원하기 위해 한국경영자총협회에 고급인력정보센터를 설치하여 운영비의 일부를 지원하고 있다(노동부, 2004). 그러나 이러한 민간기관에 대한 지원은 소규모의 운영비를 지원하는 수준에 그쳐 실질적인 고령자 취업알선인프라 구축 및 운영과 관련된 정책적 결과물을 도출하고 있다고 말하기에는 한계가 따른다.

(4) 고령자 고용촉진사업: 고령자 우선고용직종 선정과 고용

정부에서는 고령자고용촉진법 제15조와 제16조를 근거로 고령자에게 적합한 직종을 선정하여 공표한 바 있다. 이를 근거로 국가 및 지방자치단체 등 공공부문은 해당 직종으로 인력을 채용할 시에는 중·고령자를 우선 고용하도록 하고, 민간기업의 경우에는 우선 고용하도록 노력할 의무를 부여하고 있다. 2002년 말의 고령자고용촉진법 개정에 따라 고령자에 대한 '적합직종'은 '우선고용직종'으로 명칭이 변경되었는데, 공공부문의 적용 범위도 기존의 국가, 지자체, 정부투자·출연 기관이외에 정부출자 및 위탁기관까지 포함된다. 한국고용정보원에서는 취업알선현황 통계, 구인·구직자 수요조사, 기업과 근로자 수요 조사 등을 통하여 공공부문 72개 직종, 민간부문 114개 직종을 선정하였다.

선정대상 직종은 실제 취업 알선기관에서 고령자 구인·구직, 취업이 많은 직종과 노동시장 진입 가능성, 육체적 활동 가능성, 환경조건, 위험 가능성 등을 종합적으로 평가하여 적합한 직종을 선정하였다(노동부, 2004). 또한 취업자·실업자를 대상으로 설문조사 및 전문가 회의 결과 선정된 직종들이다. 이후 동 선정직종을 관계 전문가회의를 거쳐 공공부문과 민간부문은 고용 직종이 다르고, 법적인 의무가 다르다는 점에서 대상 직종을 구분하고, 유사직종의 통폐합, 일부직종은 추가 또는 삭제하여 공공부문 70개 직종, 민간부문 90개 직종을 선정하였다.

〈표 5-4〉 공공기관 적용 우선고용직종: 70개 직종

구 분	직 종 명
기술·기능분야	공학기술자문가, 전기시설관리인, 내장기수리조작원, 운전원, 보일러조작원, 건물보수원 (6개직종)
경영·사무분야	인사노무관리자, 경영컨설턴트, 법률 및 세무회계관련자문가, 채권추심원, 사무보조원, 컴퓨터자료입력원, 우편물접수 및 발송원, 설문조사원, 교통량조사원, 지가조사원 (10개직종)
교육·문화분야	사회교육강사, 기숙사사감, 도서정리원, 문화재보존원 (4개직종)
의료·복지분야	사회복지보조요원, 상담사, 시설보육사 (3개직종)
서비스·판매분야	데스크안내원, 시설 및 견학안내원, 화랑 및 박물관안내원, 관광안내원, 주차안내원, 접수예약사무원, 민원상담원, 매표·검표원, 주차요금정산원, 통행료정산원, 주방보조원, 조리사, 구내매점원 (13개직종)
농림·어업분야	농림어업관련자문가, 조경관리원, 식물재배원 (3개직종)
단순노무분야	경비원, 공원관리인, 주차장관리인, 건물관리인, 운동장관리인, 묘지관리인, 식물원관리인, 쓰레기매립장관리인, 문화재관리인, 배수지관리인, 건널목관리인, 환경미화원, 노견정리인, 재활용품분류원, 소독·방역원, 계기검침원, 안전점검원, 수금원, 화물접수원, 물품보관 및 정리원, 교통정리원, 주정차위반단속원, 버스전용차선단속원, 포장원, 상표부착원, 제품단순검사원, 산림보호원, 수렵감시원, 조류보호구역감시원, 하천감시원, 안전순찰감시원 (31개직종)

자료 : 2004 노동백서

<표 5-5> 민간부문 적용 우선고용직종: 90개 직종

구 분	직 종 명
기술·기능분야	공학기술자문가, 가전제품수리원, 전기시설관리인, 재단사, 재봉사, 의복 및 관련제품수선원, 운전원, 전통건물건축원, 도배원, 배관공, 미장공, 생산관리기술자, 품질관리기술자, 주택관리사, 기계설비 및 설비관리원, 냉장기수리조작원, 리프트조작원, 보일러조작원, 건물보수원 (19개직종)
경영·사무분야	인사노무관리자, 경영컨설턴트, 창업지원컨설턴트, 법률 및 세무회계관련자문가, ISO인증심사원, 채권추심원, 해외영업원, 무역사무원, 부동산대리인, 분양 및 임대사무원, 배차사무원, 사무보조원, 설문조사원, 영업관리사무원, 기술영업원, 일반영업원 (16개직종)
교육·문화분야	사회교육강사, 기숙사사감, 사서, 기록관리사, 문화재보존원, 번역가 (6개직종)
의료·복지분야	간병인, 산후조리종사원, 사회복지보조요원, 상담사, 시설보육사 (5개직종)
서비스·판매분야	데스크안내원, 시설 및 견학안내원, 화랑 및 박물관안내원, 관광안내원, 주차안내원, 질서유지원, 계산대수납원, 접수예약사무원, 매표·검표원, 주차요금정산원, 통행료정산원, 장례지도사, 결혼상담원, 주방보조원, 홀서빙원, 조리사, 텔레마케터, 구내매점원, 매장감시원 (19개직종)
농림·어업분야	농림어업관련자문가, 조경관리원, 식물재배원 (3개직종)
단순노무분야	음식료품가공원, 창고관리인, 검수원, 경비원, 교구관리인, 공원관리인, 주차장관리인, 건물관리인, 가정도우미, 세차원, 환경미화원, 배달원, 계기검침원, 안전점검원, 수금원, 화물접수원, 물품보관 및 정리원, 전단지배포 및 벽보원, 주유원 및 가스충전원, 포장원, 상표부착원, 제품단순조립원 (22개직종)

(5) 고용기회 확대 추진

노동부는 실효성 있는 중 · 고령자 고용기회 확대를 꾀하고자 연령에 따른 고용차별 금지, 고령자 기준고용률 개선을 추진하고 있다. 우선 고령자임을 이유로 고용에 있어 차별을 받는 문제를 개선하고자 연령에 따른 차별 금지 조항을 신설하는 고령자고용촉진법 개정안을 제출하였다. 이를 위해서 국가기관 · 지방자치단체의 연령차별 금지에 대한 선도적 역할이 필요하므로 공무원 임용시 채용연령 상한제의 폐지를 추진하되 1차적으로 고령자 우선고용직종에 적용하고 단계적으로 확대하는 방안을 검토하여 다른 부처들과 협의 중에 있다. 또한 2004년 이후에는 근로자 모집과 채용시에 상한연령 철폐 등 전반적인 연령차별 금지 제도 도입을 추진할 계획에 있음을 밝힌 바 있다(노동부, 2004). 또 고령자에 대한 취업기회를 확대하기 위해, 전 업종에 일률적으로 적용되는 고령자 기준고용률(3%)을 업종별로 차등화 및 상향조정하는 개선방안을 추진하였다. 이는 업종의 특성 및 경기의 특성을 반영하여 이루어졌다. 한편, 고령자 고용촉진 장려금 지원 제도 개선을 위한 노력도 펼치고 있다. 고령자 다수고용장려금 지원기준을 고령자고용촉진법에서 정하는 업종별 기준고용률과 연계하여 차등화하고, 고령자 신규고용장려금의 지원대상을 65세 이상까지로 확대하며, 정년퇴직자 재고용시 장려금 지원제도를 도입하여 확대시행하고자 하는 정책계획상의 노력을 보이고 있다. 그러나 이러한 정책계획상의 노력은 지속되는 경기불황과 산업계의 적극적인 몰입 부족 등의 여러 가지 이유로 인해 가시적인 실행력을 보이고 있지는 못하다.

2) 지방정부와 지역사회

(1) 고령자고용촉진사업: 고령자 취업알선 사업

고령자고용촉진법은 고령자 고용정보센터의 운영과 고령자 인재은행의 지정 등을 명시하고 있다. 노동부 장관은 고령자의 직업지도와 취업알선 등의 업무를 효율적으로 수행하기 위해서 필요한 지역에 고령자고용정보센터를 운영할 수 있고 무료직업소개사업을 하는 전문인력과 시설을 갖춘 단체를 고령자인재은행으로 지정할 수 있다.

〈표 5-6〉 고령자 인재은행 현황

연번	관할관서	기 관 명
1	서울청(중부센터)	대한주부클럽연합회
2	서울청(성북센터)	생명의전화종합복지관
3	서울동부(강동센터)	강동종합사회복지관
4	서울서부(서대문센터)	이화여대종합사회복지관
5	서울서부(마포센터)	산업인력공단서울경인본부 1
6	서울서부(마포센터)	대한은퇴자협회
7	서울남부(영등포센터)	(사)노정회
8	서울북부(노원센터)	북부종합사회복지관
9	서울북부(노원센터)	노원일일무료취업알선센터
10	서울관악(사당센터)	동작종합사회복지관
11	서울관악(구로센터)	한국산업단지공단경인본부 2
12	춘천(춘천)	춘천YWCA
13	원주(원주)	원주YWCA
14	부산청(남부산)	산업인력공단영남본부 3
15	부산동래(해운대)	(사)노정회 부산지회

<표 5-6> 고령자 인재은행 현황(계속)

연번	관할관서	기관명
16	부산동래(해운대)	부산YWCA
17	울산(울산)	울산YWCA
18	울산(울산중부)	울산사회복지연대
19	창원(창원)	대한노인회경남연합회
20	대구남부(대구남부)	대한노인회경북연합회
21	포항(포항)	포항YWCA
22	경인청(경인센터)	대한노인회인천연합회
23	경인청(경인센터)	인천경영자협회
24	경인청(경인센터)	산업인력공단인천사무소
25	수원(북부)	수원고령자인재은행
26	의정부(의정부)	의정부YWCA
27	안양(군포)	(사)성민원
28	성남(성남)	성남YWCA
29	광주청(광주)	대한노인회광주연합회
30	전주(서부)	전주YWCA
31	여수(여수)	여수YWCA
32	목포(목포)	목포YWCA
33	제주(서귀포)	서귀포YWCA
34	제주(제주)	제주여성인력센터
35	대전청(연기센터)	조치원YWCA
36	청주(청주종합)	대한노인회충북연합회
37	천안(천안)	천안YWCA
38	천안(아산)	아산사회복지관
39	광주청(광주)	광주여성인력개발센터
40	안동(안동)	안동YMCA
41	진주(진주)	진주YWCA
42	강릉(강릉)	강릉YWCA
43	태백(태백)	장애인무료직업소개소

※ 위 자료는 2004년 1월 1일 기준임.

고령자고용정보센터는 고령자에 대한 구인·구직등록, 직업지도 및 취업 알선, 고령자에 대한 직장 적응훈련 및 교육, 정년 연장과 고령자 고용에 관한 인사·노무관리와 작업환경 개선 등에 관한 기술적 상담·교육 및 지도, 고령자 고용촉진을 위한 홍보 등의 업무를 수행한다. 고령자인재은행은 또한 고령자에 대한 구인·구직등록, 직업지도 및 취업알선, 취업희망 고령자에 대한 직업 상담 및 정년 퇴직자의 재취업 상담, 기타 고령자고용촉진에 필요하다고 인정하여 노동부 장관이 정하는 사업을 수행한다. 전국의 고령자인재은행 현황은 2004년 1월 1일 현재 43개소로 〈표 5-6〉과 같다. 그리고 노동부는 이러한 사업의 효과성을 높이기 위해서 노동부 소관 워크넷을 개편하여 운영하고 있으며, 직업 상담과 관련해서는 전국 360개 이상의 취업 알선 기관에 대한 자료를 제공하고 있다(노동부, 2004).

2003년도 워크넷 연령별 취업 알선 통계를 살펴보면, 연령별로 50세 이상의 남, 여 구직, 구인 현황과 취업 알선 건수와 실제 취업 건수에 대해 알 수 있다. 이러한 유효구인인원과 유효구직자수를 비교해보면 구직자수의 5%에도 못 미치는 수에만 구인이 이루어지고 있음을 확인할 수 있다. 즉, 직업을 찾고자 하는 중·고령자의 수에 비해 중·고령자를 고용하기 위한 수요는 매우 적었다. 더욱이 65세 이상의 경우에는 구인인원이 270명으로 구직자수 20,685명의 약 1%에 그친다. 이는 우리 산업계가 취업알선에 있어 취업을 원하는 개인은 많으나, 지역의 산업계에서는 중·고령자를 기피하거나 선호하지 않는다는 것을 단적으로 확인할 수 있는 대목이다. 따라서 지방정부와 지역사회에서는 중·고령자의 개인들에게 취업알선 기구에 구직신청을 하고 상담을 해 주는 것도 중요하지만, 무엇보다도 지역에 중·고령자들이 일할 수 있는 일자리를 확보하는 데에 중점적인 노력을 기울여야 할 것이다. 즉, 지역정부와 지역사회에 있는 산업계가 중·고령자 인력을 구인할 수 있도록, 산업을 활성화하는 데에 정책적으로 노력을 기울이거나, 인센티브를 제공하는 등의 노력을 펼쳐야 할 것으로 보인다.

<표 5-7> 연령별 취업알선 통계

구분		신규	유효	신규	유효	알선건수	취업건수
		구인인원	구인인원	구직자수	구직자수		
50~54세	계	15,379	9,147	130,495	261,313	108,871	45,922
	남	-	-	65,673	128,354	68,043	23,473
	여	-	-	64,822	132,959	40,828	22,449
55~59세	계	13,075	8,292	145,121	318,089	116,128	42,835
	남	-	-	75,840	163,358	80,517	22,899
	여	-	-	69,281	154,731	35,611	19,936
60~64세	계	4,653	3,059	82,163	173,649	72,614	25,027
	남	-	-	48,449	98,648	57,003	15,873
	여	-	-	33,714	75,001	15,611	9,154
65세 이상	계	272	270	12,066	20,685	11,748	4,879
	남	-	-	9,188	15,024	10,155	3,946
	여	-	-	2,878	5,661	1,593	933

자료 : 2004 노동백서

※ 위 자료는 2003년 기준임.

더욱이 알선건수와 취업건수 역시, 실제 취업을 하는 중·고령자의 수는 알선 건수의 절반에도 미치지 못하고 있다. 50~54세의 취업건수는 알선건수의 42%, 55~59세는 알선건수의 37%, 60~64세는 알선건수의 34%, 65세 이상은 42% 정도이다. 이는 구직자수의 절반도 안 되는 사람들이 취업알선을 지원받고 있는 데, 그 중 실제 취업한 수도 절반에 미치지 못한다는 것은, 많은 수의 중·고령자들이 일자리를 원하고 있으나 알선과 취업에는 사실상 문제가 존재함을 확인할 수 있는 부분이다. 따라서 앞서 지적한 바와 같이, 중·고령자의 취업알선 및 고용지원을 위해서는 지역사회 및 지방정부가 합심하여 보다 정책적 노력을 펼쳐야 함을 알 수 있다. 지역사회의 산업계가 필요로 하는 지식과 기술을 중·고령자들이 체득할 수 있도록 직업재훈련의 기회를 열어두거나, 그들에게 적합한 우선고용직종 분야에 대해 취업을 촉진하고, 산업계에 인센티브를 주며, 중·고령자 인력들의 노동가능성과 잠재적 능력에 대해 홍보하는 등의 실질적인 노력이 필요할 것이다.

(2) 고령자직업훈련

지방정부와 지역사회를 중심으로 펼쳐지고 있는 중·고령자 직업훈련은 고령자고용촉진법에 근거하고 있다. 중·고령자에 대한 직업능력개발훈련에서 고령자의 고용을 촉진하기 위하여 필요하다고 인정하는 때에 직업능력개발훈련을 실시하도록 되어 있는데, 이에 따라 각 지역단위의 직업훈련원을 중심으로 다양한 프로그램들이 시행되고 있다. 특히 고용촉진훈련은 각 지방자치단체의 저소득층에게 직업 훈련 기회를 제공하고 이들에 대한 직업안정성을 제고하기 위해, 1993년부터 매년 10억원 내외의 예산으로 실시되고 있다.

한국산업인력공단에서는 이러한 고용촉진훈련의 일환으로, 취업에 있어 취약계층이라 할 수 있는 가정주부 및 중 · 고령자를 대상으로 이들에게 적합한 훈련을 제공하여 취업을 지원하고, 생활 안정을 도모하고자 하는 목적으로 고용촉진단기적응훈련프로그램을 시행하고 있다. 이와 같은 훈련은 한국산업인력공단이 매년 선정한 훈련실시기관이나 사회복지법인 또는 비영리기관이나 단체 등을 통해 실시되고, 교육내용은 직장인으로서 기본적으로 갖추어야 할 최소한의 단순기초 기능이며, 1일 4시간(1주 20시간)으로 1개월 이내 기간 동안 교육한다. 즉, 취업취약 계층을 중심으로 기초적이고 기본적인 직무기술을 중심으로 펼쳐지고 있는 것이다. 사랑의 전화복지재단 등 전국 121개 기관에서 실시하고 있는 고용촉진 단기적응훈련의 훈련과정 및 훈련직종은 교육과정 기간에 따라 〈표 5-8〉과 같이 구분된다(노동부, 2004). 수강료는 전액무료이고 수료 후에는 취업알선도 지원된다.

한편, 한국직업능력개발원에서는 중 · 고령자의 직업능력개발과 관련하여 중 · 고령자 채용계획 기업체와 취업 희망 중 · 고령자의 요구를 조사 및 분석하고 직업훈련 프로그램 개발하여 훈련을 실시하는 등의 노력을 하고 있다. 이는 지역사회의 경제 및 산업 특성과 노동인구의 특성에 기반한 자료들을 토대로 하기에, 지역사회와 지방정부의 정책적 노력이 가미된다면 중 · 고령자를 위한 실질적인 지원방책이 될 것으로 전망된다.

〈표 5-8〉 고용촉진단기적응훈련 훈련과정

훈련과정	훈 련 직 종
1주과정	가사보조원, 경비원, 실버퀵, 안전순찰감시원, 문화재관리원, 주례, 식당종사원, 실내환경미화원, 토탈크리닝
2주과정	간병인, 산모와 신생아 돌보는 이, 세차원, 육아 돌보는 이, 반찬관리사, 호스피스, 종합병원도우미, 호텔객실정비원, 애완동물관리사
3주과정	상품포장, 조리보조원, 텔레마케터
4주과정	김치제조사, 도배보조원, 독서지도사, 미용보조원, 봉제보조원, 전산세무보조원, 식물재배원, 영유아생활지도, 웨딩서비스, 의류수선원, 제과보조원, 제빵보조원, 전통혼례음식조리사, 개호복지사, 메이크업, 장례지도사보조원, 컴퓨터자료입력원, 양봉

자료 : 2004 노동백서

앞서 지적한 바와 같이, 지역사회를 중심으로 해당 지역산업에서 필요로 하는 직업훈련 능력들을 기초로 직업훈련원에서 중・고령자를 대상으로 하는 직업능력훈련이 실시되고 있기는 하나, 이 역시 전반적으로 우리 사회가 안고 있는 문제점을 배태하기는 마찬가지이다. 즉, 중・고령자에 대한 구인기피현상은 지속적으로 존재하며, 실질적으로 도움이 되고 효과를 발하는 취업 알선 및 상담 정책 등은 미흡한 실정이다. 더욱이 지역경제가 활성화되지 못한 지역일수록 중・고령자에 대한 직업훈련시설 역시 충분하지 못한 실정이어서 중・고령자들의 고용가능성을 높이는 데에는 한계를 지니고 있다.

3) 기업

중・고령자의 고용가능성을 제고하고 취업을 지원하기 위한 노력은 산업계에서 실질적이면서도 다양하게 펼쳐지고 있다. IMF사태 이후 '사오정'이나 '오륙도'라는 말이 유행할 만큼 중・고령자들의 실직이 대거 발생하였으나, 기업들은 이러한 '퇴직'의 문제가 단순히 개인의 문제가 아니라 기업과 조직 및 사회의 문제임을 인식하고 퇴직관리 및 전직지원 시스템을 도입하여 활용하는 사례가 증가하고 있는 추세에 있다. 또한 일부 기업과 산업에서는 성실성과 목표의식, 저비용 등의 큰 장점을 지니는 50대 근로자에 더욱 주목하며, 사회적 경력이 우수한 퇴직자들을 선호하는 경향이 증가하고 있다.

기업들의 중・고령 인적자원에 대한 강점의 발견과 일할 능력과 가치가 충분히 있는 중・고령자들의 이와 같은 노력을 지원하기 위해, 정부에서는 전직지원장려금제도를 마련하여 두고 있다. 이제 구조조정은 불가피한 경제적 현상이기에 고용조정에 따른 퇴직자의 신속한 재취업을 지원하기 위하여 2001년 7월 7일 고용보험 시행령을 개정하여 불가피하게 퇴직(예정)하는 근로자를 대상으로 전직지원서비스를 제공하는 사업주에게 비용의 일부를 고용보험기금에서 지급하는 전직지원장려금제도를 신설, 2001년 7월 23일부터 시행하고 있는 것이다(노동부, 2004).

이에 따르면 사업주가 경영상의 이유로 이직할 예정이거나, 이직한 근로자를 위한 재취업 지원계획을 근로자대표와 합의・수립하고, 그 계획에 따라 자체적 또는 외부기관에 위탁하여 재취업에 필요한 시설과 서비스를 제공하는 경우 중소기업은 1인당 최고 100만원, 대규모기업은 75만원을 최대한 6개월간 지원하는 것으로 되어 있다.

<표 5-9> 전직지원장려금 제도 지원 요건 및 지원내용

	내 용
지원 목적 및 대상	• 목적: 전직지원장려금 제도는 2001년 고용보험법 조항에 신설된 것으로 고용조정으로 부득이하게 이직하거나 이직할 예정인 근로자가 신속하게 재취업할 수 있도록 사업주가 근로자에게 전직지원서비스를 제공하는 경우 소요비용의 일부를 지원하는 제도이다. 여기에서 전직지원서비스란 이직예정자에게 전문상담, 고용정보 제공, 취업알선, 훈련 등을 지원하는 제반활동을 의미한다. • 지원대상: 대상 전직지원서비스를 제공하는 사업주
지원 요건	① 고용조정이 불가피한 사업주일 것. 고용조정이 불가피한 경우는 재고량 증가, 매출액 및 생산량의 감소, 기타 지방노동관서장이 인정하는 경우 등으로 판단 ② 고용조정으로 이직예정자이거나 이직한 근로자를 대상으로 할 것. 경영상 필요에 의한 해고, 희망퇴직, 권고사직 등의 이직자를 대상으로 함(자발적 이직, 정년퇴직, 징계해고 등은 제외) ③ 노사합의 있을 것. 근로자의 과반수로 조직된 노동조합이 있는 경우 그 노동조합과 합의. 노동조합이 없는 경우 근로자의 과반수를 대표하는 자와 합의 ④ 전직지원계획을 수립하고, 그 계획에 따라 실시할 것. 지원대상 인원, 지원방법, 지원기간 등 전직지원계획을 수립하여 사전에 신고하고, 그 계획에 따라 실시하는 경우에 지원 ⑤ 전직지원서비스를 제공할 것. 사업주가 별도의 시설(전직지원센터)을 갖추고 전직지원서비스를 직접 실시하거나 외부기관에 전직지원서비스 제공을 위탁하여 실시할 경우 지원

〈표 5-9〉 전직지원장려금 제도 지원 요건 및 지원내용(계속)

	내 용
지원 내용 (장려금 지급 대상이 되는 비용)	① 전직지원센터 운영비 • 지원센터 시설 및 사무기기 임차료(시설관리비 포함) • 지원·관리인력 인건비 • 프로그램 운영비: 전문가 상담, 취업알선, 취업정보제공 비용 등 • 교육·훈련비 ※ 고용보험법 제4장의 규정에 의하여 지원이 가능한 경우는 제외 ② 전직컨설팅사 위탁비용 • 전직지원프로그램의 개발 및 운영을 전문컨설팅사에 위탁한 경우 그 비용 • 지원수준 - 소용비용의 1/2(대규모기업 1/3) 지원 - 1인당 지원한도액: 100만원(대규모기업 75만원) • 지원절차: - 계획서제출 ⇒ 승인 ⇒ 프로그램 실시 ⇒ 장려금신청 ⇒ 지급

자료 : 노동부 http://www.molab.go.kr/

한편, 기업들을 중심으로 진행된 구조조정으로 인한 한국의 퇴직관리 현황 및 특징은 다음과 같이 정리할 수 있다(삼성경제연구소, 2001). 첫째, IMF 이후 기업구조조정의 일환으로 대규모 인력감축이 이루어지면서 퇴직관리에 대한 관심이 증대되었다. 둘째, 회사주도로 단기적 관점에서 실시되는 구조조정형 퇴직관리가 본격화되면서 인력구조조정의 후유증이 심각하게 나타났다. 셋째, 퇴직관리의 필요성은 인식하였으나, 문제의 최소화를 위한 '사후대응형' 퇴직관리에 국한되어 있어 퇴직자에 대한 실질적인 도움을 주지 못하였다. 넷째, 퇴직관리 과정을 공식화하고, 퇴직관리를 효과적인 인력운영 전략차원에서 활용한 경우는 일부 외국자본 계열의 기업을 제외하고는 그 사례가 드물었다. 기업을 중심으로 펼쳐지는 중·고령자 대상의 퇴직관리에는 전직지원프로그램이 함께 이행되는데, 사실상 한국의 경우 매우 단기간 내에 이러한 현상들이 발생하다 보니, 효과적인 퇴직 및 경력관리가 이루어지고 있다고 말하기에는 매우 한계가 따른다. 즉, 한국의 기업들은 대체적으로 단기적이고 사후대책 위주의 일시적인 구조조정형 퇴직관리가 대부분이며, 더욱이 근로자들의 참여가 미흡한 회사주도로 퇴직관리가 이루어졌다(삼성경제연구소, 2001).

따라서 이 과정에서 중·고령 인적자원들의 실업이 가속화되는 가운데 경제적 손실이 크게 발생하였다. 더욱이 사회전반에 조기퇴직에 대한 부정적 인식이 만연해 있어, 구조조정으로 인해 퇴출된 중·고령자가 마치 능력이 부족하거나 혹은 조직에 부적응한 사람들로 인식되기도 하는 경향이 없지 않았다. 이러한 문제들을 해결하기 위한 대안으로 일부 기업에서는 퇴직 및 전직 관리를 위한 구체적인 교육프로그램이나 상담과 같은 서비스들이 시행하고 있다.

한편, 기업체에서의 중·고령자 취업알선 및 지원에 관한 노력들은 고급인력들을 중심으로 활발히 전개되고 있다. 국내 유일의 고급 및 중견 경력인력 재취업 알선창구라고 할 수 있는 한국경영자총협회 고급인력정보센터(이하 '경총 고급인력정보센터')의 경우, 96년 6월 개설 이후 2000년 3월까지 800여명의 고급 및 중견인력에 대하여 새로운 일자리를 연결하는 등 IMF 경제한파를 극복하는데 커다란 기여를 한 바 있다. 경총 고급인력정보센터는 대법원 예규에 의한 공식 법정관리인 추천기관으로, 부실기업의 조기 정상화를 위한 전문 경영인 배출 창구로서의 역할을 다하고 있다. 또한 벤처기업 전문경영인 풀을 구축하여, 일반기업 및 정부기관에서 상당한 경영노하우를 축적한 인사를 대상으로 벤처기업의 전문경영인 구인요청시 추천하고 있다. 이러한 경총 고급인력정보센터의 등록 자격은 ① 기업의 과장이상 재직기간이 5년 이상, ② 금융기관의 과장이상 재직기간이 3년 이상, ③ 정부투자기관의 3급 이상 재직기간이 3년 이상, ④ 벤처기업 창업을 준비하고 있는 자 또는 벤처기업 경영자, 기타 상기요건에 준하는 자 등으로, 고급 중・고령자들의 전직 및 재취업에 실질적인 도움을 주고 있다.

경총 고급인력정보센터는 기업이 필요로 하는 사외이사의 원활한 공급을 위하여 '사외이사 풀'을 구축하여 운영하고, 재취업 알선 업무뿐 아니라 사회 각 분야에서 경륜과 전문지식을 축적한 인사들의 사회봉사활동을 지원하기 위한 '전문인사 클럽'을 구성하여 운영하고 있다. 이와 같이 경총 고급인력정보센터의 다양한 프로그램과 서비스를 통한 활동들은 능력있는 중・고령 인력들을 효과적이고 효율적으로 활용할 수 있는 지원 기능을 한다는 점에서 그 의의가 크다. 그러나 고위직 이하의 일반적인 경력을 가진 중・고령자에 대한 취업 지원 및 알선에 있어서는 실효를 발휘하지 못해 한계가 있다고 하겠다. 즉, 기업을 중심으로 펼쳐지는 중・고령자의 고용가능성 제고 전략들은 중견 및 고위직과 전문직을 대상으로 행해지는 경우가 많기에, 중앙정부나 지방정부 및 지역사회에서는 여기에서 소외되고 있는 일반인들을 대상으로 하는 취업 및 전직지원 서비스에 주력해야 함을 확인할 수 있다.

<표 5-10> 고급인력정보센터 구직등록 자격기준

	대 상 자 기 준
고급인력	관리직 1. 상장기업의 임원 이상 재직기간이 2년 이상인 자 2. 금융기관의 임원 이상 재직기간이 2년 이상인 자 3. 정부투자기관의 이사 이상 재직기간이 2년 이상인 자 4. 정부기관의 3급 이상 재직기간이 2년 이상인 자 5. 각 군의 준장 이상 재직기간이 2년 이상인 자 6. 기타 상기요건에 준하는 직급의 재직기간이 2년 이상인 자
	전문직 1. 관리직의 1항에서 6항에 상당하는 자격이 있다고 인정되는 자로서 동일 또는 관련 직무분야에서 20년 이상 근무한 경력자 2. 박사학위를 소지한 자로서 취업을 희망하는 자 3. 기술사 자격증을 소지한 자로서 취업을 희망하는 자
중견인력	관리직 1. 상장기업의 부장 이상 재직기간이 3년 이상인 자 2. 30대그룹의 과장 이상 재직기간이 5년 이상인 자 3. 금융기관의 과장 이상 재직기간이 5년 이상인 자 4. 정부투자기관의 1급 이상 재직기간이 3년 이상인 자 5. 정부기관의 5급 이상 재직기간이 3년 이상인 자 6. 각 군의 중령 이상 재직기간이 3년 이상인 자 7. 기타 상기요건에 준하는 직급의 재직기간이 3년 이상인 자
	전문직 1. 관리직의 상기 1항에서 7항에 상당하는 자격이 있다고 인정되는 자로서 동일 또는 유사한 직무분야에서 15년 이상 근무한 경력자 2. 석사학위를 소지한 자로서 취업을 희망하는 자

자료 : 한국경영자총연합회 인재은행

CHAPTER 06

복지행정부처의 중 · 고령자 고용가능성 유지 · 향상을 위한 지원

노동부의 중 · 고령자 대상 정책이 직무능력의 강화 및 일자리 확보에 대한 것으로 초점이 맞추어져 있다면, 보건복지부의 중 · 고령자 대상 법적 및 정책적 지원들은 삶의 질을 향상시킨다는 복지의 기본 개념에 근거하여 추진되는 성격이 강하다. 그러나 이러한 복지적 시각은 고령화사회라는 시대적 요청으로 인해 노동과 학습에 관련된 사항들을 함께 포괄하고자 한다. 즉, 최근 보건복지부는 고령화사회에 대비한 대책으로, 노인인력운영센터를 통해 노인을 위한 사회적 일자리 창출 및 소득 보장을 위한 방안들을 구사하고 있다. 또한 재가 및 중증 노인대상자들을 위한 공적 노인요양보장제도 도입을 통해 치매, 중풍 등 장기요양 수요에 대비하고자 하며, 대책의 종합적 추진을 위해 고령화사회 대비 추진위원회인 고령화 및 미래사회위원회(http://www.cafs.go.kr/)를 운영 추진하는 데에 주도적인 노력을 기울이고 있다.

1. 법적 지원

1) 노인복지법

보건복지부의 중·고령자 지원에 대한 법적 근거는 노인복지법에서 찾을 수 있다. 이중 제3장 보건·복지조치에 관한 법령 제23조에, 국가 또는 지방자치단체는 노인의 사회참여 확대를 위하여 노인의 지역봉사활동기회를 넓히고 노인에게 적합한 직종의 개발과 그 보급을 위한 시책을 강구하며 근로능력이 있는 노인에게 일할 기회를 우선적으로 제공하도록 노력하여야 한다고 명시하고 있다. 또한 국가 또는 지방자치단체는 노인의 지역봉사 활동 및 취업의 활성화를 기하기 위하여 노인지역봉사기관, 노인취업알선기관 등 노인복지관계기관에 대하여 필요한 지원을 할 수 있다고 명시하고 있다. 한편, 25조에서는 생업지원과 관련하여, 국가 또는 지방자치단체 기타 공공 단체가 설치·운영하는 공공시설 안에 식료품·사무용품·신문 등 일상생활용품의 판매를 위한 매점이나 자동판매기의 설치를 허가 또는 위탁할 때에는 65세 이상자의 신청이 있는 경우 이를 우선적으로 반영하도록 한다는 조항을 두고 있다.

노인사회참여와 관련된 노인복지법의 내용에는 노인의 봉사활동에 대해서도 다루고 있다. 해당 법 제24조에서는 국가 또는 지방자치단체는 사회적 신망과 경험이 있는 노인으로서 지역봉사를 희망하는 경우에는 이를 지역봉사 지도원으로 위촉할 수 있다고 규정하고 있으며, 지역봉사 지도원의 업무는 국가 또는 지방자치단체가 행하는 업무 중 민원인에 대한 상담 및 조언, 도로의 교통정리, 주 · 정차단속의 보조, 자연보호 및 환경침해 행위단속의 보조와 청소년 선도, 충효사상, 전통의례 등 전통문화의 전수교육, 문화재의 보호 및 안내, 기타 대통령령이 정하는 업무로 규정하고 있다.

이와 같이 기본적인 노인복지법은 중 · 고령자의 사회활동을 경제적 활동보다는 비경제적 활동에 주로 초점을 두어 다루고 있는데, 이는 복지의 대상으로서의 노인은 노동생산성이 있는 중 · 고령자이기보다는 사회적 지지와 보조가 필요한 취약계층으로 정의하였기 때문이다. 그러나 이러한 일반적인 인식은 고령화사회로 진입하면서 큰 반향을 일으켰다. 지금의 노인은 보호받아야 할 대상이라기보다는 그 생산성을 더욱 발휘할 수 있도록 장려해 주어야 할 대상이기 때문이다. 이와 같은 맥락에서 제정된 노인복지대책위원회규정 제1조 목적에서 보면, 고령화 사회에 대비하여 노인의 보건복지증진에 관한 사항을 종합적으로 검토하기 위하여 국무총리 소속 하에 노인보건복지대책위원회설치를 규정하고 있고, 노인보건복지대책위원회에서는 노인의 고용촉진 및 능력개발에 관한 사항을 검토할 것을 명시하고 있다. 동 규정 제6조 노인보건복지대책위원회의 업무수행을 효율적으로 지원하기 위하여 위원회에 노인보건복지대책실무기획단을 두며, 기획단의 업무를 전문적으로 수행하기 위하여 기획단에 노인소득연구팀 · 노인건강연구팀 및 노인교육문화연구팀을 두도록 정하고 있다.

이와 같은 노인복지법을 기반으로 추진되고 있는 노인보건복지정책 사업으로는 국민연금제도, 경로연금제도 등이 있다. 그러나 앞서 지적한 바와 같이 노인복지법의 시각은 소극적인 면을 담고 있는 측면이 없지 않기에, 중·고령자의 고용가능성 제고와 관련된 보다 적극적인 내용들을 포함한 법적 근거를 마련할 필요가 있다. 즉, 노인복지법은 노인이 그 능력에 따라 적당한 일에 종사하고 사회적 활동에 참여할 기회를 보장받는다는 것을 기본이념의 하나로 정하고 있다. 그래서 노인복지사업에서의 핵심과제는 노인에 맞는 일자리를 제공하는 것이다. 그래서 노인복지법 제23조에 국가 또는 지방자치단체는 노인의 사회참여 확대를 위하여 노인의 지역봉사 활동기회를 넓히고 노인에게 적합한 직종의 개발과 그 보급을 위한 시책을 강구하며 근로능력이 있는 노인에게 일할 기회를 우선적으로 제공하도록 노력해야 한다고 명시하고 있다. 그러나 일자리 규정은 사회참여의 수단으로만 제시하고 일자리 사업을 위한 시설의 설치 등에 관한 근거 규정은 없으며 취업알선기관 등에 대한 지원 규정만 있는 실정이다(보건복지부, 2004). 더욱이, 사실상 노인에 맞는 일자리 모형으로 자원봉사를 주로 거론하고 있어, 새로이 추진되고 있는 노인일자리 마련 사업의 법적 근거가 미흡한 상황이다.

2. 정책적 지원

1) 중앙정부

'고령사회에 대비한 노인보건복지종합대책 실행계획안'에 따르면 노인보건복지정책은 '건강하고 활력 있는 노후 생활'을 비전으로 사회적 통합, 생산적 복지이념 구현, 자립적 · 인간적 노후 생활보장을 추진방향으로 한다. 정책분야는 크게 소득지원 및 고용촉진, 건강보장, 교육 및 문화 · 여가 기회 확대, 실버산업 활성화의 네 부분으로 나뉜다. 본 연구에서는 소득지원 및 고용촉진 정책과 관련된 정책과제에 대해서 살펴보기로 한다.

우선, 보건복지부는 2004년을 기점으로 노인일자리 사업을 적극 추진하고 있다. 노인일자리 사업은 급속한 고령화에 따라 건강하고 능력 있는 노인인력이 증가하고 있고, 일할 의사와 능력이 있는 노인들에게 일자리를 제공할 필요성 때문에 시작된 사업이다(보건복지부, 2004). 또한 기존 노동시장 체계로는 노인들의 일자리 마련이 어려워짐에 따라 노인 일자리 창출의 필요성이 대두되어 2007년까지 노인 일자리 30만개 창출을 목표로 하였다. 그리고 노인일자리 사업 추진의 체계적 기반 마련을 위해 노인인력전담기구의 설치가 필요해서 2004년 1월 29일 '노인인력운영센터'를 설치해서 운영하고 있다(http://www.mohw.go.kr). 이와 같이 정부를 중심으로 추진되는 정책적 사업들은 고령화 및 미래사회위원회(http://www.cafs.go.kr)의 로드맵과 연계되어 타부처 및 기관과의 협력을 통해 구현되고 있다. 이러한 정책적 노력들의 효과성은 시간이 흘러야 평가를 통해 구체적으로 논의될 수 있겠지만, 우선적으로 이와 같은 노인일자리 창출을 위한 적극적인 정책적 노력들이 개입되고 있다는 것은 매우 고무적인 현상으로 파악할 수 있다.

한편, 보건복지부 차원에서 추진되고 있는 고령인구자들의 고용관련 정책에는 국민연금제도가 있다. 국민연금제도는 가입자인 국민이 노령, 폐질 또는 사망으로 소득능력이 상실 또는 감퇴된 경우 본인이나 그 유족에게 일정액의 급부를 행하여 안정된 생활을 할 수 있도록 국가가 운영하는 장기적인 소득보장 제도로 건강보험제도와 함께 한국 사회보장제도의 양대 지주이다. 이 제도는 국가가 국민의 생활안정과 복지증진을 위하여 보험의 원리를 도입하여 만든 사회보험의 일종으로 가입자, 사용자 및 국가로부터 일정한 보험료를 받고 이를 재원으로 여러 가지 정형화된 보험금을 지급한다. 이 제도는 노령인구의 증가, 노인부양의식의 약화, 사회적 위험의 증대 등에 대비해 생계 안정 대책을 미리 준비하는 차원에서 그 필요성이 제기되어 시행되고 있다(보건복지부, 2004).

현재 국민연금제도는 노인의 안정적 생활을 위한 공적 소득보장 제도인 공적 연금, 기초 생활보장 및 경로연금에 대하여 장기적으로 고령자 근로유인을 확대하고, 노후 생활 보장을 위한 공적 연금 제도 확충 및 저소득층 소득 지원 프로그램 내실화를 필요로 한다. 국민연금제도는 우선, 노인소득의 안정적 보장을 위해 국민연금이 1차 사회안전망으로서의 역할을 수행할 수 있도록 납부 예외자 및 보험료 미납자를 최소화하여 연금수급자격을 취득할 수 있도록 유도한다. 국민연금제도의 보강을 통해 중 · 고령자의 생활 안정을 기하고자 하는 한편, 보건복지부는 경로연금제도의 내실화를 추진하고 있다. 경로연금은 노인에 대한 특별소득보장 대책을 마련하고자 도입되었는데, 기초생활보장 수급 노인(65세 이상)과 연령상의 이유로 국민연금에 가입할 수 없는 저소득 노인들에게 경로연금을 지원하여 노후생활의 안정을 도모하는 것을 주된 목적으로 하고 있다. 그러나 이와 같은 경로연금제도는 생산가능성 및 고용가능성이 있는 노인들의 일자리 창출과는 다소 거리가 있는 정책들이다. 따라서 고령화로 인한 재정부담가중 및 근로의욕 저하 등 복지국가 부작용 방지를 위해 고령화 사회의 노동인구 구조 변화 등을 감안하여 노동력이 오래 고용상태를 유지하도록 근로유인을 제고하는 방향으로 연금제도를 개혁할 필요가 있다. 즉, 고령인구가 계속적으로 증가하는 추세에 있기 때문에 지속가능한 연금제도의 마련 및 전 국민의 노후생활 보장을 위해서는 단순히 경로연금을 지급하는 수준을 넘어서서 경로연금에 대한 새로운 역할의 모색이 필요하다. 즉, 단순히 연령에 기초하여 연금을 지급하기 보다는 노동가능성이나 고용가능성 등을 고려하여 취업을 알선하거나 재훈련기회를 제공하도록 하고, 건강상의 이유나 기초생활이 어려운 사람들에게 우선적으로 비용을 지불하는 방식을 취해야 할 것이다. 더욱이 재산기준과 도시 및 농촌 지역의 차별적 특성을 인정하여 해당 제도를 구현하여야 할 것으로 간주된다.

한편, 보건복지부는 노인복지 행정조직 기능강화 및 연계체제 구축과 고령사회대책기본법 제정 등을 통해 정책 추진체계를 구축해 나가고 있다(보건복지부, 2004). 우선, 노인복지 관련 행정조직의 기능강화를 위해, 노인정책 관련 총괄기구를 조성할 계획을 가지고 있다. 노인정책업무는 특성상 여러 부처로 분산되어 운영되고 있으나, 이들 업무를 유기적으로 연계 및 조정할 수 있는 기구가 없어 실질적인 역할을 이행하기에 난점이 존재한다. 이는 고령인구가 폭발적으로 증가하고 있는 우리의 현실에 비추어보았을 때 반드시 개선해야 할 문제이기도 하다. 즉, 노인복지정책을 총괄하고 조정할 기구를 마련하여 전문인력을 배치하고 체계적인 서비스를 지원하고 정책을 수행하기 위한 기구가 필요한 것이다.

또한 이와 관련하여 요구되는 것은 중앙과 지방자치단체간 연계체제의 강화이다. 노인복지업무와 예산측면에서 중앙과 지방간의 유기적인 기능연계가 미흡하며, 전반적인 예산 부족과 지역별 재정편차가 예산배정에 미반영 되어 급증하는 노인복지수요에 대응하기에는 일반예산으로는 부족한 실정이다(보건복지부, 2004). 이에 따라 보건복지부는 중앙과 지방간 기능적 연계 강화를 위하여 중앙고령사회대책위원회에 연계하는 지방고령사회대책위원회 설치, 일반예산의 한계를 보완하고 지역별 재정편차의 탄력적 조정 등을 위한 적정 수준의 지방노인복지기금 재정확보 방안 및 활용방안 강구, 사업 분야별 전담 및 국가·지방자치단체 협조 사항 등 사업을 추진하고 있다(보건복지부, 2004).

보건복지부에서는 고령화사회를 대비하여 복지시책을 넘어서서 적극적인 서비스를 지원하기 위한 근간으로서 고령사회대책기본법을 추진하고 있다. 현행 노인복지법은 경로연금, 노인복지시설 설치운영 등 저소득층의 현재 노인을 대상으로 하는 데에만 중점을 두고 있어 미래대비의 관점에서 조망하면 개선의 여지가 있다. 따라서 고령화의 문제는 단순히 현재의 노인뿐만이 아니라, 국민 모두에게 해당된 사안이라는 점을 인식하고 소득보장, 고용촉진, 보건의료, 주거, 교육·문화 등 다양한 분야에 걸친 정책적 노력을 펼쳐나갈 필요가 있는 것이다. 이러한 고령사회대책기본법은 종합적이고 다양한 노인정책에 대한 모범적 성격으로 현재의 노인 뿐만 아니라 앞으로 노인이 될 현역세대까지를 포함한 국민 누구나가 행복한 노후 생활을 영위할 수 있도록 유도·지원하는 법제를 목적으로 한다(보건복지부 관계부처 합동, 2002).

한편, 지난 2001년 9월부터 2003년 6월까지 국무조정실에 설치·운영된 노인보건복지대책위원회가 2002년 7월 발표한 노인보건복지종합대책에 따르면 노인복지대책은 물론이고 고령화 사회에 따른 제반문제를 해소하기 위하여 고령사회대책위원회의 설치를 제안하였다. 이로써 2004년부터는 고령화 및 미래사회위원회가 설치 및 운영되고 있다. 고령화 및 미래사회위원회(http://www.cafs.go.kr)는 '저출산·고령사회대비 국가실천전략'의 추진계획을 보완·발전시켜 나가는 한편, 고령사회 대비를 제도적으로 보장하기 위하여 고령사회대책기본법과 같은 법적·제도적 장치를 마련하는 것이 필요하다는 합의에 의해 출발된 것이다. 이 위원회가 출범하기까지, 정부는 고령사회의 문제가 배태하고 있는 시급성이나 중요성을 인식하고 대통령직속기구로 이에 대한 대책을 강구하는 것이 필요하다는 인식 하에 2003년 10월 2일 제7회 노인의 날 기념식에서 사회통합기획단 내에 인구고령사회대책팀의 설치 대책이 마련되었고, 같은 달 24일 설치되었다(보건복지부, 2004). 인구고령사회대책팀에는 보건복지부, 노동부, 여성부, 재정경제부, 기획예산처 등의 중앙행정기관이 참여하고 한국보건사회연구원 등으로부터 대책수립을 위한 실무전문인력이 파견되는 등 10명 수준의 상근인력이 참여하여 고령사회대책 마련에 들어가게 되었다. 이러한 인구고령사회대책팀에서 '저출산 및 고령사회 대응을 위한 국가실천전략'(2004년 1월 15일)이 수립되었으며, 해당 전략은 4대 분야 20개 과제로 구성되어 있다. 이로써 현재 출범하여 운영되고 있는 고령화 및 미래사회위원회는 로드맵을 수정해가며 여러 가지 대안들을 제시하고 있고 이 중에는 중·고령자의 고용가능성을 제고하기 위한 정책적 방안들이 함께 포괄되어, 기존에 산발적으로 진행되고 있던 것들이 다소 맥락을 지니고 일관되게 운영될 수 있을 것이라는 기대를 낳고 있다.

2) 지방정부와 지역사회

(1) 지역사회시니어클럽 육성

많은 수의 고령자들이 지역 사회 내에서 적합한 일을 찾아 제 역할을 하거나 소득기회를 찾지 못하고 있을 뿐만 아니라, 구조조정 과정에서 퇴직 및 퇴출된 중·고령자들의 사회적 역할 재정립에 대한 요구가 급증하면서 저소득 노인 위주의 노인복지 정책들은 한계를 인정하고, 새로운 정책적 대안을 탐색하기 시작하였다. 이러한 과정에서 2001년부터 생산적인 노인복지정책의 일환으로써 지역사회시니어클럽(Community Senior Club: CSC)이 추진되었다. 지역사회시니어클럽은 고령화 시대를 맞이하여 노인들의 경험을 활용한 경제 및 사회 활동의 참여를 확대하고 활기찬 노년 생활을 보장하기 위한 것이다. 이는 본격적 고령화 사회에 부응할 수 있는 생산적인 노인 복지 사업의 대안으로써, 일반 노인의 복지 요구도 수렴

할 수 있는 새로운 패러다임이 절실하게 필요하다는 요청에 의해 출발하였다고 볼 수 있다(장명희 외, 2003).

이렇게 시작된 지역사회시니어클럽은, 65세 이상의 노인뿐만 아니라 50세 이상의 퇴직자도 참가하여 노후를 준비할 수 있도록 하였으며, 부분적으로 청장년의 참가를 가능하게 그 활로를 열어두었다. 또한 노인과 고령층 대상의 자활후견기관 지원사업 형태로 운영하되, 저소득층 뿐 아니라 일반노인도 참여하도록 하였다(보건복지부, 2004). 지역사회시니어클럽은 노인의 경륜을 살릴 수 있는 업종 및 봉사영역을 적극 개발하고, 특별한 기능이나 능력을 가진 노인을 수요처와 연결시키는 역할을 수행하여 노인의 능력과 역할에 대한 사회적 인식을 제고하고자 하는 의도도 포함하고 있다. 더욱이, 사회적 인지도를 높이고 많은 수의 중・고령자들이 쉽게 참여할 수 있도록 종교단체나 직능단체 등의 참여를 유도하였다. 지역사회시니어클럽은 위치해 있는 장소에 따라 대도시형, 중소도시형, 농어촌형의 시니어클럽으로 구분이 가능하고 각각의 시니어클럽들은 지역 특색에 맞는 세부사업단으로 구성되어 있다. 사업단별로는 개인창업지원사업, 노인자조협동조합형 소득창출사업, 사회적 일자리 창출사업, 자원봉사형 사회참여 등 네 가지 유형의 사업형태로 구분이 가능하다(보건복지부, 2004).

그러나 생산적 복지의 시각에서 추진된 지역사회시니어클럽은 아직 한계를 지니고 있다. 즉, 중・고령자를 위한 일자리의 제공과 창업지원 등 경제적, 사회적 참여를 지원하는 기구로서 각광받아 왔지만, 실제로는 인프라가 미흡할 뿐만 아니라 법적 근거가 없어

<표 6-1> 지역사회시니어클럽(CSC) 운영 현황

시도	명 칭	운 영 기 관	주 요 사 업	지정일자
서울	종로 시니어클럽	성공회유지재단 대학로교회	• 간이 판매점 • 숲 기행모임, 역사기행모임 등	01.6.8
	남부 시니어클럽	서울시립 남부노인종합복지관	• 택배사업 • 도시락배달사업, 유지보수	02.7.30
	강남 시니어클럽	사회복지법인 자광재단	• 문화재지킴이 양성사업	02.11.22
경기	부천 시니어클럽	법인 부천 YMCA	• 종합용역서비스(경비, 주유, 주차관리, 간병인파견), 열린공부방	01.6.8
부산	범어사 시니어클럽	사회복지법인 범어사	• 두부 가공·판매 • 유기농작물 재배	02.7.30
	내원 시니어클럽	사회복지법인 내원	• 떡공장 운영 및 판매 • 영농사업	02.7.30
대구	대구 시니어클럽	(재)운경재단	• 용역사업(주유소, 락카룸, 간병인) • 창업컨설팅, 환경봉사단, 무공해제품판매	01.6.8
	햇빛 시니어클럽	사회복지법인 불교사회복지법인	• 간병사업, 영아·산모 케어 산업	02.7.30
광주	광주 시니어클럽	동신대학교종합사회복지관&광주·전남한국노인의전화	• 제과·제빵사업 • 주차관리, 민원대행사업	02.7.30
	한울 시니어클럽	사단법인한울복지회	• 전통문화 계승발전 • 렌지후드 조립	02.11.22
대전	대전 시니어클럽	사회복지법인대한불교조계종사회복지재단	• 유기농 재배, 실버운전단 • 자연화장품 사업	02.11.22

<표 6-1> 지역사회시니어클럽(CSC) 운영 현황(계속)

시도	명 칭	운 영 기 관	주 요 사 업	지정일자
강원	동해 시니어클럽	동해시노인복지회관	• 한과제조 및 판매 • 수산물가공	01.6.8
	춘천 시니어클럽	사회복지법인대한불교 천태종사회복지재단	• 콩나물ㆍ화훼재배 및 유통 • 취업알선센터 운영	02.11.22
충북	충주 시니어클럽	충주종합사회복지관	• 청정유기농작물 재배 및 판매, 세차 • 어르신봉사팀(어린이안전 등)	01.6.8
	청주 시니어클럽	사단법인 충청노인복지개발회	• 실버전문인력은행 • 세차사업, 공동작업장	02.11.22
전남	우암학원 시니어클럽	학교법인우암학원	• 도자기생산ㆍ판매, 자생화 재배 • 기능성화기 생산ㆍ판매	02.7.30
경북	구미시 시니어클럽	대한성공회유지재단 구미요한선교센터	• 간병인사업, 컵세척기 생산ㆍ판매 • 컴퓨터 재활용사업	02.7.30
	신라시 시니어클럽	신라문화원	• 문화유산 도우미 사업 • 스팀손세차, 문화인력파견	02.11.22
	경산 시니어클럽	사회복지법인 전석복지재단	• 전통식품 및 반찬 가공 • 특수작목반, 어르신간병단	02.11.22
경남	곰메시 시니어클럽	재단법인마산교구 천주교유지재단	• 카페테리아운영, 출장세차, 공원관리 • 콩나물ㆍ두부ㆍ녹즙생산 판매	02.11.22
계	20개소			

자료 : 장명희, 주인중, 박윤희(2003). 준고령자 취업능력 제고를 위한 교육훈련 프로그램 개발. 한국직업능력개발원. p. 41.

난항을 겪고 있다. 이에 대해 해당 부처는 노인들이 틈새시장 활동을 통한 소득창출 목표를 달성하기 위해서는 노인의 경험을 활용하고, 한국적 실정에 적합한 사회참여 및 고용 등 프로그램의 개발이 요구된다고 파악하고 있다(보건복지부 관계부처 합동, 2002).

이러한 지역사회시니어클럽에서는 일자리창출을 위한 지원책으로써 직업능력개발훈련을 제공하고 있다. 보건복지부는 2002년 4월 노인 일자리 마련을 위하여 경륜 있는 노인들이 소정의 교육을 이수한 후 전문주례로 활동할 수 있도록 교육을 실시했다. 교육 대상자는 대한노인회를 통해 모집하고 16회에 걸쳐 총 640명을 교육시켜 전국 혼인예식업소 및 무료 실버예식장 등에 명단을 제공하여 서민들의 편의 제공과 노인 일거리 제공효과를 목적으로 사업을 추진하였다(보건복지부, 2004). 또한 2001년에는 충주시니어클럽을 비롯한 5개 지역사회시니어클럽에서 청정 유기농작물 재배・판매, 용역 서비스업, 한과 제조 판매업 등의 사업을 전개하면서 관련 교육 프로그램을 자체적으로 개발・운영하였다. 그리고 종로시니어클럽에서는 '숲생태 해설사' 양성 과정을 개설하여 초・중・고등학교를 대상으로 체험형 환경교육을 실시하는 사회 참여형 비정규 종사 범위를 넓혀가고 있다(보건복지부, 2004). 이와 같이 지역사회시니어클럽은 기존에 소극적 복지로 노인에 대한 관점을 일관하던 정책적 방향성에 큰 획을 그으며 생산적이고 적극적인 복지의 정책적 노력으로 구현된 데에 그 의의가 있다. 그러나 앞서 지적했듯이 이렇다 할 만한 인프라가 구축되어 있지 않아 지역사회시니어클럽은 그 현황 파악이 어려울 뿐만이 아니라, 시행되고 있는 교육 및 취업지원 프로그램의 타당성이나 효과성 등을 평가하는 데에 무리가 따른다. 하지만 지역사회시니어클럽이 활성화 가도를 달리고 있는 이상, 지방자치단체가 주력하고 있는 중·고령자 일자리 창출 관련 우선직종에 대한 취업가능성을 높이고 효과적인 교육훈련을 실시하는 것은, 그 인프라만 충분히 갖추어지면 더욱 효과를 발할 수 있을 것으로 기대된다.

(2) 노인일자리사업

지방자치단체, 노인인력지원기관, 노인복지관 등을 중심으로 수행되는 또 다른 정책으로는 노인일자리사업이 있다. 보건복지부가 주관하는 2004년도 노인일자리 사업은 노인의 능력과 적성에 맞는 사회적 일자리 창출과 노인의 긍정적 사회 참여 및 삶의 질 향상, 노인도 일할 수 있다는 사회 분위기 확산을 기본 목표로 하고 있다(보건복지부, 2004). 노인인력활용에 대한 사회적 인식의 긍정적 전환, 2007년까지 노인일자리 30만개 창출, 노인일자리 사업의 지방자치단체이양 및 민간위탁확대, 효율적 노인인력활용을 위한 인프라 구축 확대 등을 중·장기 추진방향으로 하고 있으며 특히 2004년 중점추진과제는 노인인력활용에 대한 사회적 인식 제고, 노인에게 적합한 일자리 2만개 창출, 공공부문의 사회적 일자리 우선 발굴, 지역사회자원과의 유기적 연계망 구축, 노인인력 정보체계 기반 구축을 위한 업무표준화 등이다(보건복지부, 2004).

노인일자리사업은 노인복지법 제23조의 노인 적합직종개발 및 보급시책강구와, 근로 능력이 있는 노인에게 일할 기회를 우선 제공하도록 노력하는 것, 노인 취업알선 기관 등에 필요한 지원 등을 그 근거로 한다. 노인일자리 사업의 기본방침은 크게 4가지로 구분된다. 첫째, 2004년도 노인일자리 창출 사업은 지방자치단체, 노인인력기관(CSC), 노인복지관 중심으로 사업이 추진된다. 둘째, 노인일자리 사업기반이 미흡한 점을 감안하여 공공 참여형 일자리는 지방 자치단체에서 직접 수행하되 여건에 따라 민간위탁도 가능하다. 셋째, 사회참여형 및 시장참여형은 민간과 위탁계약을 체결하되 지방자치단체에서 직접 수행도 가능하다. 사회참여형은 노인복지관 및 노인인력지원기관(CSC)에 사업을 우선 위탁한다. 시장참여형은 노인인력기관(CSC) 중심으로 사업이 추진된다. 넷째, 효율적인 사업운영을 위하여 사업단이나 팀을 구성·운영함으로써 참여 노인

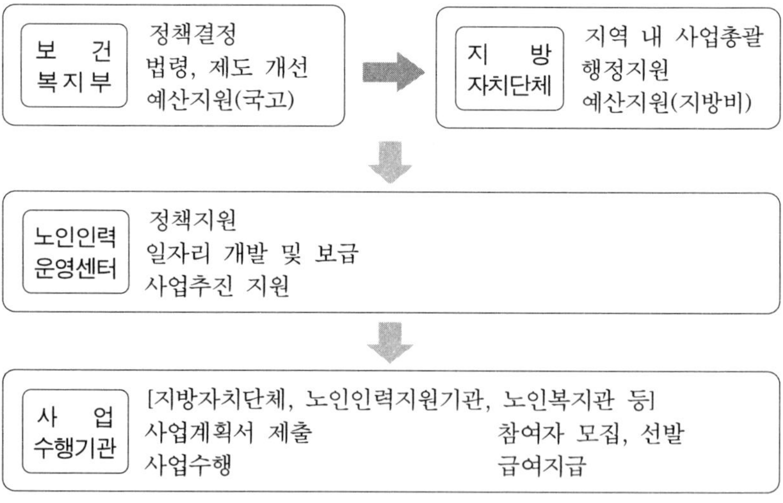

[그림 6-1] 노인일자리사업 사업추진체계도

<표 6-2> 노인일자리 사업 유형구분

구 분		정 의	일자리 예시
공 공 참여형		• 지방지치단체의 고유사업(환경, 행정, 복지) 중 노인에게 적합한 일자리를 창출·제공함으로써 공공의 이익 도모 * 지방자치단체의 사업중 노인에게 적합한 일자리는 노인인력이 전담하도록 추진	• 노인지킴이사업·자연환경정비, 거리환경개선, 교통질서지도, 방범순찰, 취약계층지원, 행정기관 보조 • 공원관리원, 매표원, 화장실청소원, 주차관리원, 교내 학습장 관리 등
사회참여형	공익강사형	• 특정분야 전문지식·경험 소유자가 복지시설 및 교육기관 등에서 강의 • 교육훈련비 및 보수(일정기간) 지원	• 숲생태 및 문화재 해설사 사업 • 교육강사 파견사업(1·3세대연계) 복지시설 및 교육기관 등
	인력파견형	• 지역사회내 수요처를 발굴하고, 맞춤형 교육을 실시, 인력풀(Pool)을 구성·파견 • 보수는 수요처에서 부담	• 주유원, 판매원, 운전원, 급식지도원, 주례, 가사도우미 등
시 장 참여형		• 시장지향형의 소규모 사업을 공동으로 운영하거나, 기업을 공동으로 창업하여 운영하는 사업단 형태 • 시장에서 경쟁을 통한 수익창출을 지향(취업알선 포함)	• 지하철 택배, 세탁방, 도시락 사업, 재활용품점, 번역·통역 사업단, 유기농사업, 주말농장운영, 실버용품 샵 운영, 실버대리운전 등

자료 : 보건복지부(2004). 2004년도 노인 일자리 사업 기본계획. p. 5.

의 적극성 유발 및 독립적으로 사업을 운영하는 기반을 조성한다(보건복지부, 2004).

노인일자리 사업의 참여 대상은 65세 이상인 자로, 생계유지를 위해 일자리가 필요한 자를 우선 선발한다. 교육은 일자리 유형별로 사업수행기관에서 사정에 따라 자율적으로 실시하며, 사회참여형은 관련기관 협회를 중점적으로 활용하고 공공참여형은 지방자치단체에서 자체 담당한다. 필요한 경우에는 전문교육기관에 위탁 실시도 가능하며, 교육내용은 공공참여형의 경우 기본 소양 및 직무교육을 8시간 이상 실시하고 사회참여형은 기본 소양 및 전문교육을 실시한다(보건복지부, 2004).

(3) 노인취업알선센터

보건복지부의 지원을 받아 지역사회를 중심으로 노인취업 알선 업무를 하고 있는 곳이 있는데, 이는 대한노인회 산하의 노인취업알선센터이다. 노인취업알선센터가 생겨나기 이전에는 노인인력은행이 운영되었는데, 이는 사단법인 대한노인회를 통하여 1981년부터 1996년까지 60개소의 규모로, 노인취업상담 및 알선을 통하여 노인들에게 소득을 올릴 수 있는 기회를 부여하는 기관이었다. 그러나 그 동안 소규모로 운영되고 전문성이 부족하여 활성화되지 못했던 점을 감안하여, 기존의 노인인력은행을 1997년부터 노인취업알선센터로 개편하여 고령자 취업알선을 전담하는 역할을 하며, 2003년 현재에는 70개소가 운영되고 있다(보건복지부, 2004).

(4) 노인공동작업장 설치·운영

노인의 적성과 능력에 맞는 일거리를 마련하여 여가선용 및 소득

기회를 제공함으로써 보람있는 노후생활을 보장하고자 1986년부터 노인공동작업장을 설치·운영하고 있다. 경로당 또는 노인복지시설로서 작업장 설치가 가능한 시설을 우선 활용하여 특별한 기술이 필요하지 않고 노인의 적성과 능력에 적합한 일거리를 선정, 노인에게 제공하고 있는데, 2003년 말까지 경로당, 노인복지회관 등에 약 650개소의 노인공동작업장이 설치·운영되고 있으며, 추후 지역적 특성 및 노인의 능력에 맞는 다양한 일거리 제공을 위한 체계적 기반을 마련하여 노인의 자립생활을 유도해 나가도록 하는 방향으로 노인공동작업장은 활용될 계획이다(보건복지부, 2004).

CHAPTER 07

교육행정부처의 중·고령자 고용가능성 유지·향상을 위한 지원

노동부와 보건복지부 외에 중·고령자의 평생학습을 위한 지원 정책을 실시하는 부처들로는 교육인적자원부(현재 교육과학기술부)와 행정자치부(현재 행정안전부), 여성부가 있다. 이들 부처에서는 노인 평생교육 기반 마련, 대중매체 등을 통한 노인이해교육 강화, 노인자원봉사활동 활성화 등을 통해 중·고령자의 평생학습을 지원하고 있다.

1. 법적 지원

1) 평생교육법

중·고령자의 고용가능성 제고를 위한 부처별 법적 근거로서, 교육인적자원부와 관련된 것의 근거는 평생교육법(1999년 제정, 2002년 5월 13일 개정)에서 찾을 수 있다. 해당 법의 평생교육에 대한 정의는 협의의 정의를 채택하여, '학교교육을 제외한 모든 형태의 조직적인 교육활동'이라 하고 있다. 이외에도 교육기본법, 고등교육법, 산업교육진흥법, 직업교육훈련촉진법 등에서 중·고령자의 평생학습과 관련된 행·재정적 내용들이 언급되어 있다. 즉, 이러한 법률들을 근거로 중·고령자에 대한 계속교육이 이행되는 것이다. 그러나 많은 경우 법적 조항들은 의무가 아닌 권고사항이라서 실효를 거두기에는 한계가 있다는 것이 자주 지적되어 오고 있다. 특히, 중·고령자의 고용가능성 제고와 관련하여 해당 법률은 적극적인 조항들을 두고 있지 못하다. 즉, 중·고령자에게 평생학습기회를 제공하는 것은 단순한 권고사항에 그치고 있어, 그것이 현장에서의 실천으로 이어지지 못하고 있다는 데에서 한계를 찾을 수 있다.

다시 말해, 국가 및 지방자치단체들이라든가 기업체·평생교육기관 등이 평생교육 활동을 체계적으로 지원하는 데 필요한 제반 조치를 이행함에 있어서 '마땅히 그러해야 한다'는 강제조항에 기반을 둔 것이 아니라 그들 기관의 편의에 따라서 '노력해야 한다 혹은 그렇게 할 수도 있다'는 임의조항이 다수 존재하는 것이다. 이러한 법적 조항은, 중·고령자에 대한 평생교육기회의 지원이 아무리 필요하고 바람직하다고 하더라도, 재정 및 시설 등의 문제로 그 활동을 기피하거나 유기할 수 있는 여지를 남겨놓는 것이다. 또한 국가 및 지방자치단체의 임무를 언급한 평생교육법 제9조 "국가 및 지방자치단체가 그 소관에 속하는 단체·시설·사업장 등의 설치자에 대하여 평생교육의 실시를 적극 권장할 수 있다"는 조항과 경비보조에 관한 법 조항 제11조 "국가 및 지방자치단체는 평생교육의 진흥에 필요한 경비를 보조할 수 있다" 그리고 "경비보조는 학습자에게 직접 지원을 원칙으로 한다"고 되어 있어, 실질적으로 기금 조성이 어려운 상태에서는 중 · 고령자에 대한 평생교육기회의 제공은 단지 선언적인 것으로만 끝날 수 있다는 지적을 받고 있다.

한편, 평생학습법으로써 일터에서 근무하고 있는 사람들의 훈련과 계속교육에 대한 근거를 찾을 수 있지만, 직업능력개발사업과 관련한 법인 '근로자직업훈련촉진법'과 중복되는 부분이 있는 등 타 법령의 법률에 따라 설치 · 운영되고 있는 지원제도들이 분산되어 있어, 상호연계적인 정책적 운영을 기대하기 어렵다는 난점이 있다. 즉, 노동부는 고용정책기본법, 고용보험법, 고령자고용촉진에 의거하여 교육훈련비를 보조하고 있으며, 또한 보건복지부는 노인복지법 및 고령사회대책기본법에 근거하여 지원을 실시하고 있다. 그러나 교육인적자원부의 경우, 인적자원개발과 평생교육에 관한 주관 부처임에도 불구하고 성인학습자, 특히 중 · 고령자의 학습 및 훈련 지원을 위한 실효성 있고 재무적 지원을 실시하는 정책적 근거는 미흡한 실정이다. 즉, 이와 같이 중 · 고령자가 평생교육 기회에 참여하는 것을 촉진하도록 교육훈련비에 대해 보조하거나, 우수한 평생교육프로그램에 대한 인증의 노력을 통해 유인책을 제공하는 것, 기금조성을 통해 저소득 및 고령의 성인들에게 고용가능성 제고를 위한 학습기회와 풍토를 조성하는 것 등의 다양한 시도들이 법적 기반을 근거로 추진될 필요가 있을 것이다.

2. 정책적 지원

1) 중앙정부

교육인적자원부는 중 · 고령자의 평생학습기회를 확대하기 위해 성인을 주 대상으로 하는 고등교육시설을 활용하거나, 금빛평생학습봉사단을 조성하여 지원하고, 방송 등을 통해 노인관련 교육을 시행하며 노인교육 DB를 구축하는 등의 정책적 노력을 펼쳐나가고 있다. '평생학습진흥종합계획' 5개 영역 중 '사회적 통합 증진을 위한 평생학습 지원 강화'라는 항목은 고령화사회를 대비하여 중 · 고령자를 대상으로 이행해야 할 과제에 대해 제시하고 있다. 즉, '고령화 사회에 대비한 노인교육 활성화'와 '퇴직자를 중심으로 한 자원봉사운동의 전개'가 그것이다(교육인적자원부, 2002).

우선 고령화 사회에 대비한 노인교육 활성화의 과제를 실천하기 위해, 교육인적자원부는 고령자 층의 교육요구에 합리적으로 부응할 수 있는 제도적 기반을 조성하는 한편, 복지적 시각에서보다는 오히려 생산적이고 예방적인 관점에서 고령자에 대한 접근방식을 취해 교육프로그램 등을 시행하며 선진국형 노인정책으로의 전환을 꾀하고 있다. 이를 위한 핵심 추진과제로서, 교육인적자원부는 7가지의 세부과제를 제시하고 있다(교육인적자원부, 2002). 첫째, 관계 법령 정비 및 보완이다. 둘째, 지역단위 노인교육협력 체제 구성이다. 셋째, 다양한 노인교육 자료를 개발하고 보급하는 등 노인교육 DB를 구축한다. 넷째, 각급 학교 등을 통한 노인교육기회의 확대이다. 이를 위해 노인교육 담당자를 양성하고, 전문대학이나 대학의 평생교육원에 중 · 고령자가 들을 수 있는 과정을 개설하도록 하는 한편, 노인관련 교육과정을 확대 개설하도록 유도하고 있으며, 이러한 사항을 대학재정지원 평가에 반영하기도 한다. 또한 초 · 중 · 고등학교에서의 지역 노인 대상 평생교육기회도 확대해 나가고 있다. 다섯째, 사회적응력 향상을 위한 노인교육의 다양화이다. 여기에는 정보 격차(digital divide)의 해소를 위한 노인정보화교육의 확대, 퇴직전 노후준비 및 퇴직후 사회적응교육과정의 개설 등이 포함된다. 여섯째, 고령인적자원의 사회참여 확대이다. 퇴직자들을 지역사회 자원봉사요원으로 활용하고, 고령자에게 적합한 직업교육프로그램을 개발 · 운영한다. 일곱째, 세대간 교류확대를 통한 노인이해 교육 강화이다. 시설간 연계를 통해 세대간 함께 하는 기회를 제공하고, 노인과 젊은 세대가 함께 하는 자원봉사 프로그램을 운영하며, 초 · 중 · 고 학생들에게 노인 및 노화에 대한 교육을 실시하고, 교육방송을 통하여 노인을 위한 방송 및 노인에 대한 이해를 높이는 방송을 실시한다.

다음으로 퇴직자를 중심으로 한 자원봉사운동 전개를 위해 수행하고 있는 과제의 기본 방향은, '참 배움 참 나눔'의 학습문화 창출을 위한 평생학습자원봉사 운동 전개와, 전문직 퇴직자들을 활용한 평생학습 자원봉사 활성화, '교육 + 복지 + 자원봉사'의 결합을 통한 자발적 평생학습활동의 촉진 등이다. 이를 위한 세부추진 과제로는 다음과 같은 세 가지가 있다. 첫째, 평생교육과 자원봉사활동과의 연계 모형 및 프로그램 개발이다. 둘째, '금빛평생교육봉사단'사업 추진이다. 이는 16개 시·도교육청 및 지역평생교육정보센터를 통해 추진되고 있다. 셋째, 전국평생교육자원봉사 축제 개최이다.

이상과 같이, 교육인적자원부는 고령화사회에서의 노인교육에 대한 중요성을 인식하고 시·도교육청 및 지역평생교육정보센터와 연계하여, 퇴직자를 평생교육 자원봉사자로 활용하는 퇴직자 인적자원 활용과 평생교육의 실천, 노인의 자원봉사 활성화라고 하는 새로운 연계 모형을 도입한 금빛평생교육봉사단 사업 등을 실시해오고 있다.

이 중 우선 중앙정부를 중심으로 계획되어 추진되는 정책으로 노인교육과정 시범운영지원사업을 살펴볼 수 있다. 다수의 고령자들이 단순히 보호받아야 할 대상이 아니라, 건강하고 일할 능력과 의욕이 충분이 있다는 전제 하에, 고령자들의 능력 유지와 활용을 지원하여 생산적이고 활력이 넘치는 고령화사회를 조성하기 위한 것이 이 사업의 목적이다. 또한 많은 수의 고령자가 실업상태로 방치되어 고령근로자들의 숙련된 지식과 경험 및 기술이 사장되는 일이 없도록 하여 사회적 낭비를 줄이는 효과도 기대할 수 있다. 이러한 노인교육과정 시범운영지원사업은 대학과 같은 고등교육기관을 중심으로 펼쳐지고 있다. 교육인적자원부는 노인을 위한 직업교육과정을 시행하기 위한 시범운영기관으로 대전대학교를 선정하였고, 이로써 노인을 위한 직업교육은 재취업관련 교육훈련을 제공하며, 동시에 고령자에 대한 자신감과 의욕을 새로이 고취시키는 기능을 하였다.

노인교육과정 시범운영사업은 이와 같이 직접적으로 노인교육과정을 개설하여 직무관련 역량을 습득하도록 하는 것은 물론, 세대간 이해를 증진시키기 위한 프로그램 개설 및 운영과도 연관되어 있다. 세대간 이해 및 통합의 노력이 필요한 것은 고령화사회에 대한 전반적인 사회구성원들의 바람직한 인식형성이 기반이 되어야 세대간 차별문화도 방지할 수 있으며, 국가가 가지고 있는 다양한 인적자원의 가치를 충분히 높일 수 있기 때문이다. 이를 위해 교육인적자원부는 세대간 이해증진 프로그램 시범운영기관으로 주성대학을 선정하였고, 여기에서는 유치원과 노인시설을 연계하여 음악·미술·예절교육 등을 공유하는 프로그램을 운영하고 있다. 이러한 지원 외에도, 교육인적자원부는 2002년 3월 고령자, 노인들이 대학부설 평생교육원의 평생교육프로그램을 수강할 경우, 수강료를 할인해 주는 전국 88개 대학과 해당 프로그램을 발표하였다. 또한 대학의 학부 강좌를 노인들에게 공개강좌형태로 개방하는 대학명예학생제도를 시범운영하여 노인들을 위한 고등교육 수준의 평생교육기회의 확대방안을 모색하고 있다(교육인적자원부, 2002). 이외에도 교육인적자원부 노인교육과정 시범운영사업의 일환으로 여러 대학이 선정되어 명예학생을 모집하고 선발된 노인 학생들이 일반 대학생들과 함께 수강하고 있다. 그러나 이와 같은 시범운영은 고등교육 수준의 교육기회를 노인에게 제공한다는 봉사적 의미가 강하며, 실질적으로 노인들의 고용가능성 제고에는 실효를 거두고 있다고 말하기 힘들다.

또한 교육인적자원부는 노인교육시설 종사자 연수와 노인교육 담당 전문인력 양성을 통한 노인교육활성화를 목적으로 2000년부터 해마다 10여 개의 대학을 선정하여 노인교육 담당자 및 전문가 양성과정을 지원해 오고 있다. 한편, 저소득자·저학력자·고령자·장애자 등 취약계층에 대해 자활기회를 부여하고, 삶의 질을 향상시키며, 사회적 통합을 증진하기 위한 목적으로, 교육인적자원부가 한국교육개발원 평생교육센터에 위탁하여 소외계층을 위한 평생교육프로그램을 공모·지원하고 있다(교육인적자원부·한국교육개발원, 2002). 퇴직예정교원들을 대상으로 하는 퇴직교육 프로그램도 각 시도교육청 산하 교원연수원에서 실시하고 있다. 그러나 이와 같이 교육인적자원부의 지원을 받아 시행되는 대부분의 노인관련 교육프로그램들을 살펴보면, 노인을 취약자로 규정하고 결핍된 것을 지원해주기 위한 수준의 개념에서 이행되고 있음을 알 수 있다. 즉, 중·고령자의 직업적 경험이나 능력의 사회적 활용이 충분히 이루어진다고 하기에는 미흡한 부분이 많다. 따라서 건강하고 생산성 있는 중·고령자들의 다양한 학습기회에 대한 지원을 실시하기 위한, 보다 다채로운 연구와 지원이 이행되어야 할 것으로 간주된다.

2) 지방정부와 지역사회

대부분의 교육은 지역의 교육기관을 중심으로 이행되며, 중앙정부에서는 이를 위한 지침과 지원을 실시하고 있다. 지역을 중심으로 펼쳐지고 있는 고령인적자원 활용 기제로는 금빛평생교육봉사단이 있다. 이러한 봉사활동 이외의 대부분의 교육활동은 지역의 다양한 교육기관에 대한 개관을 다루며 중·고령자 대상 교육프로그램에 대한 이해를 돕고자 한다.

(1) 금빛평생교육봉사단

고령화 사회의 도래로 퇴직교원 등 전문 능력을 가진 고령 인적자원이 양적으로 증가하고 있으나, 이들을 지역사회에서 활용할 수 있는 분야가 거의 없어 중·고령의 고급인적자원이 사장되는 경우가 많다. 이에 대비해 교육인적자원부에서는 고급 노인인력을 평생교육을 담당할 전문인력으로 활용하는 방안으로 금빛평생교육봉사단 제도를 마련, 지원하고 있다. 교원퇴직자를 평생교육 자원봉사자로 활용하여 평생학습사회를 가속화시키는 가운데 노인인구를

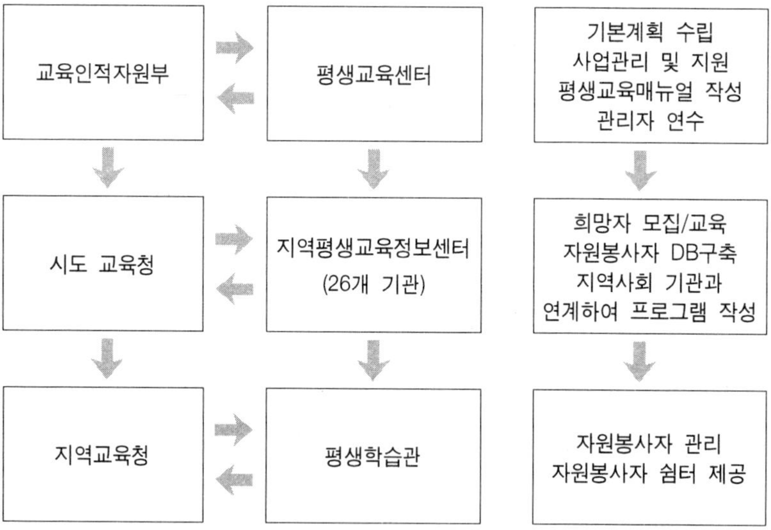

[그림 7-1] 금빛평생교육봉사단 흐름도

자료 : 한국교육개발원 평생학습센터 http://ncle.kedi.re.kr/

평생교육 및 복지서비스가 필요한 분야에 자원봉사자로 활용하는 것이다(한국교육개발원 평생학습센터, 2002).

금빛평생교육봉사단은 '퇴직자 인적자원 활용 + 평생교육 + 자원봉사'의 새로운 연계모형로, 2002년 5월 전국 1,500여명의 규모로 출범하였다. 이는 지역사회의 평생학습을 활성화하는 한편, 고급 고령인구의 인적자원개발과 활용에 많은 시사점을 제공한다. 금빛이란 전문직에서 종사하는 골드칼라를 의미하며, 금빛 평생교육 봉사단이란 전문직 퇴직자들이 교육분야에서 활동하는 봉사조직이다. 이러한 금빛평생교육봉사단은 지역사회와 국가를 위해 봉사하는 긍정적 퇴직자상을 정립할 수 있는 데에 도움이 될 뿐만 아니라, 지역사회의 제반지원을 활용하여 지역중심의 평생교육을 실시하고, 교육-자원봉사활동의 연계로 전문화된 평생교육 자원봉사자를 양성할 수 있다(http://ncle.kedi.re.kr).

금빛평생교육봉사단에 참여하는 전문적인 능력과 경험을 축적한 55세 이상의 퇴직자들은 주로 퇴직한 교원, 공무원, 민간 전문가 등으로 구성되며, 지역사회의 모든 사람들을 대상으로 도서관 · 박물관 · 구청 · 병원 등에서 노인을 위한 교육, 노인에 관한 교육이

<표 7-1> 2002년도 금빛평생교육봉사단 총인원 구성

모집인원	성별		연령대별		
	남	여	50대	60대	70대 이상
1,679 (100%)	1,222 (72%)	475 (28%)	382 (23%)	1,003 (59%)	312 (18%)

자료 : 교육인적자원부· 한국교육개발원(2002). 평생교육백서. p. 76.

<표 7-2> 금빛평생교육봉사단의 기관별 평생교육 봉사 활동 유형

구 분	평생교육 봉사내용
도서관	독서지도
박물관	박물관 안내 및 홍보
미술관	미술관 안내 및 홍보, 아동 미술지도
문화원/문화의집	문화원 안내 및 홍보, 각종 문화행사 지원 등
교육청(구청)	정업무(취학아동 명부열람 안내, 행사보조), 민원업무 자문(세무, 법률상담, 이해관계 민원조정위원회 참여), 문화행사 찬조출연, 건강교실 및 레크리에이션 및 주민자치단체 운영 프로그램 강사
보육원	육아관련 서비스
유치원/어린이집	동화구연, 레크리에이션, 부모역할 교육, 캠프지도 보조, 아동 미술지도
종합병원	치매가족 관리 교육
관광안내	관광통역가이드, 국내여행 안내인 과정, 외국어 통역 및 안내 봉사
교도소	레크리에이션, 재활교육
우체국	민원상담
구민회관	부모역할 교육, 강의보조
양로원	레크리에이션, 효과적인 대화기술 교육
노인교육기관 (노인대학, 복지회관)	가정한방 교육, 효과적인 대화기술 교육, 노인운동 지도보조, 노인학교 강사
청소년 교육기관 및 단체	어린이 컴퓨터 교육, 부모역할 교육, 캠프지도 보조
각종 평생교육기관	어린이 놀이학습장, 어린이 동작놀이센터 운영보조, 부모역할 교육

<표 7-2> 금빛평생교육봉사단의 기관별 평생교육 봉사 활동 유형(계속)

구 분	평생교육 봉사내용
시민단체	주민대상 교육(전문분야 기획강좌), 주민대상 현지상담 업무(청소년 문제, 교육문제, 환경문제 등), 행사 및 사업 관련한 실사 및 평가활동(옴부즈맨), 환경관리(환경오염 조사), 환경교육, 유해환경 퇴치 캠페인, 환경감시 운동, 소비자 보호운동 캠페인, 수년 유해환경 적발/시고/계도하기
상담기관	상담, 성폭력 재활교육
평생교육원	학습자 상담, 학습자 관리 프로그램 강사
전문대학 및 대학	시간관리 및 인생설계, 진학 및 취업정보 탐색, 진로지도
초/중등학교	정규수업보조(교육교재 및 부교재 만들기, 질서・예절 교양강좌, 체험강의, 직업소개 및 진로지도, 방과 후 학습부진아 보습활동), 특별활동 지도(방과 후 한문수업, 생활예절 수업, NIE지도), 과외활동 지도(거리질서 캠페인, 순회지도 보조, 체험학습 인솔, 여가문화활동 지도, 전통문화클럽 활동운영, 인성교육, 훈화지도), 행사활동 지도(현장체험학습 지도 및 보조, 행사시 질서지도 교육, 보조 및 안내요원, 학교행사 준비위원, 체육대회시 운동회 심판관, 답사현장에서의 안내 및 지도, 캠프지도 보조), 상담(정규상담, 생활상담, 성교육, 부적응아 상담 및 지도, 결손가정아 상담 및 생활지도, 문제아 상담 및 부모와의 상담, 심성계발 프로그램 운영), 교내생활 지도(방과 후 교내순찰, 학교주변 순찰, 등하교시 폭력학생으로부터 보호), 교직원 연수 및 상담, 교육교재나 교안 연구, 지도안 작성시 자문 및 조언, 진학 및 취업정보 탐색, 부모역할 교육, 효과적인 대화기술 교육

자료 : 한국교육개발원 평생교육센터 http://ncle.kedi.re.kr/

아니라 노인이 주체적으로 교육활동을 수행하는 노인에 의한 교육봉사이다. 이와 같은 금빛평생교육봉사단은 학습기회로부터 소외된 평생교육 사각지대에서 활발한 봉사활동을 펼치고 있다. 이러한 상담과 학습에 관련된 제반 봉사활동들을 통해 금빛평생교육봉사단은 능력있는 고령인적자원을 활용하여 학습기회의 재배분 및 사회통합성의 제고, 지역의 학습공동체 형성 등에 긍정적인 기여를 하고 있는 것으로 평가된다(http://ncle.kedi.re.kr).

그러나 이러한 자원봉사활동이 고령자의 사회참여욕구 충족과 소외감 방지, 가치로운 경험과 경륜의 사회 공유 등과 같은 긍정적 효과를 가지고 있음에도 불구하고 그 법적 정책적 근거가 미비하다는 한계가 지적되고 있다. 또한, 자원봉사에 참여한 고령자들에 대한 지원방책이 구체적으로 존재하지 않아 자원봉사자를 지속적으로 참여하도록 할 유인이 부족하다.

(2) 고령자 대상 교육의 제공

지역사회에는 고령자를 대상으로 하는 다양한 교육기관이 존재한다. 노인학교, 노인대학, 노인교실, 경로대학, 경로교실 등이 그와 같으며, 대학부설 평생교육기관은 물론, 초·중·고의 교육기관에서도 고령자가 참여할 수 있는 교육과정을 개설·운영하고 있다. 한국교육개발원(1999)의 평생교육기관 분류 자료에 의하면, 노인평생교육기관 및 단체는, 시·도 등록 노인교실 507개소, 대한노인회 노인학교 277개소, 종교단체 노인학교 174개소, 노인단체(한국노인복지시설협회, 한국경로복지회, 상록회 등) 30개 등이 존재한다. 이

중, 노인교실은 보건복지부의 지원을 받아 건전한 취미생활, 노인 건강 유지, 소득 보장 기타 일상생활과 관련한 학습프로그램을 제공함을 목적으로 한다. 또한 노인복지회관과 사회복지회관에서 운영하는 노인교육 프로그램 역시 보건복지부의 지원을 받아 시행되고 있다. 이러한 노인복지회관이나 사회복지회관의 경우, 노인교육을 담당하는 인력은 사회복지 전문인력으로서, 평생교육에 대한 전문성이 검증되지 않은 문제점이 지적되며, 고령자의 요구와 잠재력보다는 그들에게 결핍된 부분과 문제에 초점을 두는 복지적의 시각으로 접근이 주로 이루어지고 있다.

한편, 노인대학과 노인학교는 대한노인회의 지원으로 운영된다. 이들은 노인교육을 전담하는 시설이나, 대부분 재정적으로 매우 영세할 뿐만 아니라, 역시 전문적인 평생교육사나 노인교육전문가에 의해 교육이 이루어지고 있지 못하다. 대부분이 비전문적인 자원봉사자들에 의해 이루어지고 있는 형편이며, 운영의 영세성으로 인한 프로그램 부족과 강사확보의 어려움, 비전문적인 교육 시행 등의 난점이 존재한다.

다음으로, 전문대학이나 대학의 평생교육기관에도 고령자를 대상으로 하는 교육프로그램이 운영되고 있다. 이러한 대학부설 평생교육기관에서 운영되는 프로그램에는 노인이 학습자로 참여할 수 있는 교육과정뿐만 아니라, 노인관련 전문가를 양성하기 위한 교육과정도 제공하고 있다. 이러한 과정들은 최근 고령화사회로 진입하면서 실버산업에 대한 기대감으로 더욱 증가하고 있는 추세이다. 이 외에도 각종 종교단체나 민간기구들이 고령자를 대상으로 한 교육프로그램을 시행하고 있기도 하다. 이들에 대한 현황이나 자료는 구하기 어려운 상황이나, 상당수의 시설과 교육과정이 운영되고 있을 것으로 추측할 수 있다.

이상에서 한국에서 시행되고 있는 중 · 고령자와 관련된 정부부처별(노동부, 보건복지부, 교육인적자원부) 정책적 노력과 그 법적 근거에 대해 간단하게 살펴보았다. 우선, 노동부에서는 고용정책기본법과 고령자고용촉진법, 근로자직업훈련촉진법, 직업교육훈련촉진법, 고용보험법 등을 근거로 중 · 고령자의 고용가능성 제고를 위한 지원을 실시하고 있었다. 특히, 정부차원에서 고령자고용촉진장려금을 조성해 고령자 고용지원을 위한 기금을 확보하기 위한 노력을 펼치고 있었으며, 고령자기준고용률을 개선하고자 한다. 또한, 고령자 고용정보 시스템으로서 취업알선 인프라를 구축하며, 고령자 고용촉진사업으로서 고령자 우선고용직종을 선정하고 해당 직종에 고령자를 고용하도록 추진하고 있었다. 이러한 정책적 기반 속에서 지역사회와 지방정부는 고령자 고용정보센터와 고령자 인재은행을 운영하여 고령자고용을 촉진하기 위한 실행을 담당하고 있었으며, 지역의 직업훈련기관을 통해 고령자의 재취업 및 정보화 등에 관련된 직업훈련을 시행하고 있었다. 기업에서는 중 · 고령자들이 구조조정 이후 조직을 옮기거나 직종을 변경하는 데에 무리가 없도록 퇴직 및 전직지원 시스템을 도입하여 지원을 해야 할 필요성을 점차로 인식하고 있는 추세에 있었다.

한편, 보건복지부는 노인복지법과 고령사회대책기본법에 근거하여, 기존에 소극적인 복지의 관점에서만 시행해 오던 노인관련 사업을, 보다 예방적이고 적극적인 복지 관점으로 전환하여 노인일자리사업과 국민연금 등을 통해 노인의 생산가능성과 고용가능성을 증대시키기 위한 방향으로 정책적 노력을 기울여 나가고 있다. 그러나 이러한 노력들은 범정부부처적으로 이행되어야 함을 인식하고 최근 고령화 및 미래사회위원회를 조성하여 고령인적자원에 대한 다양한 시각과 정책들을 통합한 로드맵을 구성하고 있다. 보건복지부의 지원 하에 지역사회 및 지방정부를 중심으로 실행되는 것에는 지역사회시니어클럽과 노인일자리 사업, 노인취업알선센터 등을 거론할 수 있었다.

마지막으로, 교육인적자원부가 중 · 고령인적 자원과 관련하여 시행하고 있는 정책들의 법적 근거는 평생교육법에서 찾을 수 있었다. 평생학습 진흥을 위한 정부의 청사진에는 고령화 사회를 적극적으로 능동적으로 대처하기 위한 과제들이 포함되었는데, 여기에는 노인의 교육기회 확대와 노인교육 관련 DB의 구축, 노인인적자원의 봉사활동 극대화 등이 있다. 구체적으로 지역사회를 중심으로 실행되고 있는 정책에는 금빛평생교육봉사단이 있었으며, 이 외에도 각급 학교를 활용하여 고령자에 대한 교육기회를 확대 및 확보하기 위한 관심을 기울이고 있었다. 또한, 지역단위 노인교육협력 체제를 구성하거나, 노인을 위한 교육방송 및 노인에 대한 교육방송을 제작하여 고령자의 삶의 질은 물론 생산가능성 증대를 꾀하며, 동시에 고령자와 다른 세대간의 이해 풍토 조성을 통한 사회통합에 기여하고자 하였다. 또한 고령자를 대상으로 교육을 제공하고 있는 교육기관은 노인교실, 경로대학, 경로교실, 노인대학, 대학부설 평생교육기관 등 비교적 다양하였으나, 주관 부서가 상이하고 재정이 열악하며 취미교양과 같은 비전문적인 교육이 주로 행해지고 있다는 한계가 존재했다.

노동부, 보건복지부, 교육인적자원부를 중심으로 살펴본 중·고령자 관련 법적 및 정책적 지원 내용을 분석한 결과, 다음과 같은 몇 가지 문제점과 시사점을 도출할 수 있다.

첫째, 법적 지원의 효과성 및 명확성 문제이다. 중·고령자의 고용촉진 및 평생학습기회 확보에 대한 다수의 법적 조항들은 강제조항이 아닌 권고 조항이다. 중·고령자의 취업 및 자기개발의 책임이 1차적으로는 개인에게 있는 것은 당연하다고 할지라도, 고령화사회를 대비하며 국가·사회적으로 발생할 수 있는 위험요소들에 대해 사전적으로 대비하는 차원에서 보다 적극적인 법적 근거들을 마련해 둘 필요가 있을 것이다. 즉, 효율적인 지방정부 및 기업의 실행을 이끌어 내기 위해서라도 적합한 차원에서 명확한 법적 기준과 준거를 마련해 주는 일이 필요하다. 또한 국가의 중·고령자에 대한 고용 및 학습관련 역할과 책무성에 대해 법적으로 명확히 하고 구체화하는 노력들이 이루어져야 관련 정책들은 그 실효를 거둘 수 있을 것이다. 더욱이, 다수의 법이 고령자를 결핍이 존재하여 보호나 지원을 해 주어야 할 대상으로 잠재적으로 인식하고 복지적 시각에서 접근하려는 경향성을 보이는데, 중·고령 인적자원들의 경험의 풍부성과 생산가능성에 더욱 가치를 두어 그들의 고용가능성을 확대하고 지원하기 위한 적극적이고 예방적 차원의 법적 조항들이 조성되어야 할 것이다. 또한 실효성있는 정책들의 기반조성을 위해서는 중・고령자에 대한 명확한 법적 합의가 있어야 할 것이다. 즉, 부서별·정책별 대상에 대한 연령별 정의가 상이하여 일관성있는 정책을 시행하는 데에 난점이 있다. 예를 들어, 고령자 고용촉진법에서 고령자는 55세로 되어 있는 반면, 노인복지법에서는 65세 이상이 관련 시책에 대한 대상으로 정의된다. 또한 보건복지부의 노인취업관련 정책에서는 노인복지법에 근거한 65세 이상을 다루는 경우보다는, 55세 이상을 대상으로 하는 경우가 많다(이희진, 2001).

둘째, 중・고령자의 취업알선 및 지원을 위한 정책과 기구들의 통합이 필요하다. 부처별 정책 지원 현황 검토를 통해 노동부 관련 기관, 보건복지부 관련 기관 및 민간기관에서 지원하고 운영하는 취업알선 기관이 다양하게 존재함을 확인할 수 있었으나, 이들은 모두 기관간 통합적 네트워크가 구축되지 않아 영세적으로 운영되고 있었다. 즉, 기관간 정보의 통합이 이루어지지 않아 중・고령자 취업 및 교육훈련 등의 다양한 정보를 관리하고 활용하는 데에 한계가 존재하는 것이다. 이를 위해, 부처별로 흩어져있는 중・고령자에 대한 취업지원 시스템을 통합관리하는 시스템을 구축하여, 중・고령 인적자원을 효율적으로 활용하기 위한 부처별 기능할당과 업무분장을 실시하는 것이 바람직할 것이다. 사실상, 중・고령 인적자원과 관련된 문제는 단일 부처에서 관할하고 시행할 수 있는 것이 아니라, 교육인적자원부, 노동부, 보건복지부, 산업자원부, 각 지방자치단체 등 다양한 기관들이 연관되어 상호협력을 통해 조정되어야 하기 때문이다. 물론 현재 이러한 다양한 기능들의 통합적 로드맵을 통한 조정을 위해 고령화 및 미래사회위원회가 조성되어 있는데 이는 매우 바람직한 현상으로 간주되며, 앞으로 통합과 조정 기능을 원활히 수행하여 실효를 거두는 것에 대한 귀추가 주목된다.

셋째, 중·고령자의 고용가능성 제고를 위한 실질적이고 적극적인 정책적 노력이 필요하다. 현재 시행되고 있는 많은 정책들의 내용이 권고사항으로 부분적으로 이행되고 있거나, 혹은 복지적 측면에서만 시행되는 부분이 커서 소극적 측면에서의 지원에 많은 에너지를 투여하고 있는 실정이다. 즉, 중·고령자를 생산가능인구의 핵심적인 요소로 간주하고, 이들에 대한 적극적인 차원에서의 경력개발 및 상담, 취업 및 재취업 관련 훈련의 실시, 기업에 대한 매력적인 인센티브의 제공 등에 대한 노력을 보다 강화할 필요가 있다. 현실적으로 기업 및 고용주들은 중·고령자를 대상으로 한 퇴직 및 전직 지원 시스템을 구축하고 지원하는 데에 적극적이지 못하며, 국가 역시 중·고령자의 생산성 향상에 대해 구체적인 해법이나 명확한 인센티브를 제공하지 못하고 있는 실정이다.

이상과 같이 다양한 부처별로 다각적인 방법을 통해 한국에서도 중·고령자의 고용가능성 제고를 위한 법적·정책적 지원책을 구사하고 있으나, 한계가 존재함을 인지하고, 다음에서 미국과 일본의 사례를 통해, 중·고령자의 고용가능성 제고를 위한 평생학습모형개발의 시사점을 얻고자 한다.

제3부

미국과 일본의 중・고령자 지원정책

중·고령자를 포함하여 성인 근로자의 전직·실업·재취업 관련 문제를 접근함에 있어 주요 선진국을 중심으로 개인적 수준에서의 개별적 문제 해결에 의존하기보다는 국가(중앙정부·지방정부), 기업을 포함한 지역사회, 개인의 협조 체제를 구축하여 체계적으로 지원하고 있음을 알 수 있다. 예를 들어, 미국의 경우 1982년에 제정된 직업훈련협력법(JTPA: Job Training Partnership Act), 이후 이를 대체하는 법으로 1998년도에 제정된 인력투자법(WIA: Workforce Investment Act)을 근간으로 미노동부의 고용훈련기관(ETA: Employment and Training Administration)이 주축이 되어 취약계층의 고용가능성 제고를 위한 다양한 프로그램을 제공하고 있다.[1)]

이 밖에 독일연방정부가 1989년부터 2001년까지 한시적으로 장기실업자를 위한 특별 프로그램이나 국가적 수준에서 좀 더 구조화된 프로그램으로 개인이 일을 위해 준비한 것이나, 일자리를 찾는 동안 지역사회 내에 있는 일자리와 관련된 훈련과 기술을 습득하는데 도움을 주기 위한 맞춤식 서비스로서 영국의 뉴딜 정책도 대표적 사례라고 할 수 있다(오영훈 외, 1999). 최근 유럽의 노동시장의 동향 및 실업에 대한 각국의 노동시장정책 및 재훈련 프로그램의 특징을 보면 첫 번째 적극적 노동시장정책 및 재훈련 프로그램은 사회통합의 수단으로 간주되고 있고, 두 번째 공공 노동시장 프로그램은 특정 취약계층(예: 해고근로자) 등 보다 광범위한 인구집단을 대상으로 확대되고 있으며, 세 번째 대부분의 유럽국가에서 추구하는 사회보장을 통한 간접적인 방식으로 실업자 훈련이 실시되고 있고, 끝으로 전통적인

1) 이 책의 미국 사례 분석 내용(제8장~제10장)은 『권대봉, 노경란(2008). 고령인구의 고용가능성 제고를 위한 미국의 인적자원정책 사례분석. 인력개발연구 10(1). 한국인력개발학회. pp. 21~43』의 연구결과를 토대로 정리됨.

노동과 경영의 사회적 파트너십이 정부의 실업자 직업훈련 실시에 도움을 주고 있는 경향이 발견되었다(나영선, 이상준, 1999).

한편 고령화의 빠른 진척, 고용안정성 지향적인 인적자원관리제도 등 노동시장에 있어서 한국과 유사한 양상을 나타내고 있는 일본에서는 특히 중·고령자의 경제 활동을 위한 지원을 구체적으로 명시하고 있다. 예를 들어, 고령자의 고용·취업의 기회 확보의 측면에서 65세까지 일할 수 있는 사회를 목표로 「고연령자고용안정법(1971년 법률 제68호)」을 제정하고, 「고연령자취업안정대책기본방침(1995년 노동성 고시 제48호)」을 제시하여 계속고용의 추진, 재취업의 촉진, 정년퇴직 후의 임시·단기 취업 확보 등에 중점을 두는 등 고령자의 다양한 취업 요구를 수용하기 위해서 노력하고 있다(日本總務聽編, 1999). 이러한 사례들 중, 특히 중·고령자의 고용가능성 향상에 중점을 두고 정부 차원의 지원 프로그램을 운영하고 있는 미국과 일본의 사례에 대하여 제8장~제13장에 걸쳐 탐색해보고자 한다.

CHAPTER 08

미국의 중 · 고령자 특성

중 · 고령자의 고용가능성 제고를 위하여 미국의 국가적 수준에서 이루어지는 정책과 중 · 고령자의 직업능력개발을 위한 교육 훈련 및 전직 · 재취업을 지원하는 일련의 지원 체제를 살펴보고자 한다. 이를 위해서 우선 미국의 인구통계학적 변화와 노동시장의 변화에 초점을 맞춰 중 · 고령자의 특성을 파악하고, 다음으로 중 · 고령자의 고용가능성 제고를 위하여 국가적 수준에서 행하는 대표적인 정책과 이를 뒷받침하는 법적 지원, 구체적 사례 및 시사점에 대하여 조사한 결과 다음과 같다.

미국의 중 · 고령자 관련 논의에 있어서 주요 대상자는 제 2차 세계대전 종식 후 1946년에서 1964년 사이에 태어난 베이비 붐 세대로 한정된 기간동안 인구가 크게 증가하여 미국의 인구 특성 및 구조 변화에 많은 영향을 미치기 때문이다. 우선 양적 규모를 살펴보면 1995년도에 이 세대가 전체 인구에서 차지하는 비중이 41%였으며 2025년도까지 전체 인구의 25%정도를 차지할 것으로 예상된다. 즉, 이 세대가 장기간에 걸쳐 미국의 인구 특성을 결정짓는 주요 구성원으로 자리매김할 것이며, 따라서 미국의 정책 및 사회 전반적 체제가 이를 반영해야 할 것임을 알 수 있다(〈표 8-1〉 참조).

〈표 8-1〉 베이비 붐 세대의 연령 범위, 인구 규모, 전체 인구 대비 구성비

연도	연령 범위	인구 규모 (단위: 천명)	전체 인구 대비 구성비(단위: %)
1995	31~49세	82,488	41%
2005	41~59세	81,576	37%
2015	51~69세	75,305	31%
2025	61~79세	65,381	25%

자료 : Poulos, S., Nightingale, D. S.(1997). The aging baby boom: Implications for employment and training programs. Washington, D. C.: The Urban Institute. p. 10. 재구성.

따라서 이 세대의 고령화는 사회적 · 경제적 변화를 주도하는 변수로서 주목되고 있는데 장래인구변화에 대한 추계 자료를 기반으로 전후 베이비 붐 세대의 고령화 추이를 살펴보면, 이 세대는 2001년도에 미국에서 고령자(older individual)로 분류되는 연령인 55세에 최초로 진입하였고 2020년 이후에는 이 세대에 포함되는 전원이 고령자에 포함될 것으로 예측된다(〈표 8-2〉 참조). 앞서 살펴본 바와 같이 이 세대의 인구 규모가 차지하는 비중이 크기 때문에 이 세대의 고령화는 정년이나 고용과 관련된 정책을 포함하여 수많은 공공 정책의 변화를 시도해야 함을 의미한다. 사실상 이 세대가 고령자 그룹에 포함되기 이전부터 약 20여년 동안 정책 입안자, 사회과학자, 분석가들을 중심으로 베이비 붐 세대의 퇴직 후 지원 문제, 사회 보장 및 의료 시스템, 퇴직한 베이비 붐 세대를 대체할 노동력의 공급 등과 같은 문제에 대하여 심각하게 논의해 왔는데(Pifer & Bronte. eds., 1986), 이는 미국 사회가 이 세대의 고령화가 사회에

미칠 파장이 클 것이라는 예측하고 사전에 준비하여 왔음을 알려 준다.

<표 8-2> 종전 후 베이비 붐 세대의 연령 분포 변화(1995년~2030년)

	1995년	2000년	2005년	2010년	2015년	2020년	2025년	2030년
연령 분포	31 ~49세	36 ~54세	41 ~59세	46 ~64세	51 ~9세	56 ~4세	61 ~79세	66 ~84세

자료 : Poulos, S., Nightingale, D. S.(1997). The aging baby boom: Implications for employment and training programs. Washington, D. C.: The Urban Institute. p. 6.

그렇다면 노동인력으로서 미국의 중 · 고령자는 어떠한 특성을 나타내는가? 우선 베이비 붐 세대의 고령화에 초점을 맞춘 Poulos와 Nightingale(1997)의 연구를 살펴보면 의미 있는 특징을 몇 가지 발견할 수 있다. 첫째, 베이비 붐 세대에 의한 인구 증가는 전체 근로 인구의 증가를 초래했고 더불어 이들의 고령화는 전체 노동력의 평균 연령을 높이고 있음을 발견할 수 있다. 1962년도에 근로자의 평균 연령이 40.5세에 달했지만 꾸준하게 감소되다가 1980년대부터 다시 상승하기 시작하여 2008년도에는 40.7년으로 1962년도보다 약간 상회할 것으로 보인다(Fullerton, 1999). 이와 같이 근로자의 평균 연령이 높아지는 이유에는 베이비 붐 세대의 고령화 이외에도 연령에 따른 고용차별금지법(the Age Discrimination in Employment Act)이 일조한 결과라고 할 수 있다. 베이비 붐 세대가 주요 노동 인력으로 참여한 결과 이와 같이 근로자의 평균연령이 높아지는 추세는 계속될 것으로 예견된다. 둘째, 베이비 붐 세대는 다른 세대와 비교하여 오랜 기간 동안 경제활동에 참여하고 있음을 알 수 있다. 2008년도에 이르면 약 6천2백만 이상의 근로자가 45세가 넘을 것이고 그중 3천7백만이 45세에서 54세에 해당될 것으로 예측된다. 다시 말하여 천6백만의 근로자가 55세 이상이 될 것을 의미하고 이는 10년 전(1998년)과 비교하여 37% 증가한 수치이다. 셋째, 국가의 실업률이 현 상태를 유지한다고 할지라도 이 세대의 인구가 많다는 것은 고령 실직자의 수 또한 증가함을 의미한다. 그 이유는 크게 두 가지로 하나는 노동시장에서의 경쟁이 다른 세대에 비하여 한층 심하기 때문이며, 다른 하나는 높은 수준의 지식과 기술, 고등교육 등에 대한 사회 요구와의 불일치 때문으로 해석된다. 반면 평균 수명의 증가로 인하여 조기퇴직 현상과 맞물려 퇴직 후 생활이 1965년에 비하여 5년 이상 증가할 것으로 예견되고 있어(Grendell, 1998), 중·고령자들의 고용가능성 향상 문제는 중요한 이슈로 대두되고 있다.

한편, 중·고령 근로자의 전반적인 특성을 살펴보면 다음과 같다. 첫째, 55세 이상 중·고령자들의 경제활동 참여가 양적으로 증가하고 있고 이러한 추세는 적어도 앞으로 20여년 동안은 유지될 것으로 보인다. 〈표 8-3〉에 나타난 바와 같이 중·고령자의 경제활동 참여 비율은 1960년대 이후 계속 감소되다가 1990년대에 들어서면서부터 증가하기 시작하여 2025년에는 전체 노동력 중 20% 이상을 차지할 것으로 예측된다.

<표 8-3> 중·고령자(55세 이상)의 취업인구 및 전체 취업인구 중 비율

단위: 천 명

구 분	1950년	1960년	1970년	1980년	1990년	2000년	2015년	2025년
인 원	-	-	14,505	15,039	15,026	18,437	31,851	33,346
참여율	17.2	18.1	17.5%	14.1%	11.9%	13.1%	19.6%	20.1%

자료 : United States General Accounting Office(2001). Older workers-Demographic trends pose challenges for employers and workers. Washington, D. C.: U. S. Government Printing Office. p. 3.과 p. 8.의 그림을 표로 재구성.

둘째, 중·고령 근로자들은 다른 연령층에 비하여 실직의 비율은 적지만 재취업되는 비율이 낮고 평균적으로 실직 기간도 긴 특성을 나타낸다(〈표 8-4〉 참조). 25~54세 연령층의 실직 기간이 평균 5.2주인데 비하여 55세 이상의 경우 7.2주인 것으로 나타났다(Ryan Helwig, 2004). GAO(2001)에 따르면 중·고령 근로자들이 청년층에 비하여 전직의 시도를 적게 하는 경향이 있어 일자리로부터의 탈락이 상대적으로 적은 이유로 해석된다. 또한 실업 이유에 있어서는 연령별 큰 차이는 발견할 수 없지만 20~24세의 연령계층과 비교할 때 중·고령 근로자의 경우, 능력부족(insufficient work)으로 인한 실업은 현저하게 적고(20~24세 연령층: 49.8%, 55~64세 연령층: 20.1%, 65세 이상: 28.1%), 공장·기업의 폐쇄 또는 이전이 가장 큰 이유(20~24세 연령층: 45.4%, 55~64세 연령층: 50.7%, 65세 이상: 50.9%)로 나타났다(BLS, 2002: http://stats.bls.gov 2004. 7.22. 접속 결과).

〈표 8-4〉 미국의 연령에 따른 실업과 재취업 실패 비율

단위: %

구분	19~39세	40~54세	55~74세
과거 3년(1997~1999년)동안의 실업률	11.7	9.4	8.8
재취업 실패율(2000년 2월 기준)	15.7	19.0	38.7

자료 : United States General Accounting Office(2001). Older workers-Demographic trends pose challenges for employers and workers. Washington, D. C.: U. S. Government Printing Office. p. 20. 재구성.

※ 위 자료는 2000년도 기준임.

셋째, 미국 중·고령자들은 고위 관리직과 전문직을 포함하여 다양한 직업군에 광범위하게 분포되어 있다. 화이트칼라로 분류되는 임원·경영자·관리자, 영업, 경영지원, 전문직, 전문기술직 등에 종사하는 비율은 연령층에 따른 차이가 적었다. 다만 블루칼라직(생산·기능·수선, 농·임·수산업, 운송, 기계 조작·조립, 단순노무직 등)과 서비스직(가사, 요식업, 건강 등)의 경우 차이가 발견되는데 65세 이상의 고령자가 40세 이상 54미만의 연령층에 비하여 블루칼라에 포함되는 직업보다는 서비스직에 많이 종사하는 것으로 나타났다(〈표 8-5〉 참조). 이러한 미국 중·고령자의 취업 직종 특성은 중·고령자의 취업 직종이 블루칼라에 포함되는 직업과 서비스업에 치중되어 있는 한국의 상황과 대조적임을 알 수 있다.

넷째, 중·고령 근로자들의 직업 구성이 블루칼라 직종으로부터 화이트칼라 직종과 서비스 직종으로 이동하고 있다. 최근 10년간 중·고령 근로자의 직업 분포 변화를 살펴보면 임원·경영자·관리자이나 전문직과 같은 화이트칼라 직종과 서비스직의 종사 비율이 증가한 반면 생산·기능·수선이나 기계 조작·조립 등과 같은

블루칼라 직종의 종사 비율은 현저하게 감소하였다(〈표 8-5〉 참조). 이러한 중・고령 근로자의 취업 직종이 변화하는 ① 육체적 능력의 쇠락, ② 직종별 직업 유지 기간의 차이, ③ 베이비 붐 세대의 높은 교육 수준(CBO, 1993) 등에 기인하는 것으로 해석할 수 있다.

다섯째, 1989년부터 1999년의 기간동안 중・고령 근로자들의 평균 수입이 청년층과 비교하여 빠르게 증가하였다. 같은 기간동안

〈표 8-5〉 미국의 연령별 직업 분포 비교

단위: %

구분	30~39세	40~54세	55~64세	65~74세
임원・경영자・관리자	15.5	18.0	17.2	16.1
영업	10.6	10.7	11.6	15.5
경영지원	12.8	13.7	13.9	15.4
전문직	15.7	17.4	16.6	14.5
전문기술직	3.9	3.4	2.4	0.9
화이트칼라 소계	58.5	63.2	61.7	62.4
생산・기능・수선	12.5	11.7	9.9	6.5
농・임・수산업	2.1	2.1	2.8	5.8
운송	4.6	4.0	4.7	5.6
기계 조작・조립	6.2	5.6	5.0	3.1
단순노무직	3.7	2.8	2.7	2.2
블루칼라 소계	29.1	26.2	25.1	23.2
서비스 소계	12.5	10.8	13.2	14.5

자료 : United States General Accounting Office(2001). Older workers-Demographic trends pose challenges for employers and workers. Washington, D. C.: U. S. Government Printing Office. p. 11.

※ 위 자료는 2000년도 기준임.

40~54세에 해당하는 근로자의 평균 수입이 2%, 30~39세 근로자의 경우 4% 증가한 반면 55~64세의 근로자는 9%, 65~74세의 근로자는 19%의 수입 증가가 발견된다. 이는 앞서 살펴본 바와 같이 중 · 고령자의 취업 분포가 저소득의 블루칼라로부터 고소득의 화이트칼라로 이전하고 있고, 고용 형태도 비정규직(part-time)보다 정규직(full-time)의 비율이 1989년(57%)보다 6% 정도 늘어났기 때문으로 분석된다.

〈표 8-6〉 미국 중 · 고령 근로자의 직업 분포 변화

단위: %

구분	집단 I			집단 II		
	45~54세 (1990년도)	55~64세 (2000년도)	변동률	55~64세 (1990년도)	65~74세 (2000년도)	변동률
임원 · 경영자 · 관리자	15.9	17.2	+8.1	14.4	16.1	+11.8
전문직	14.6	16.6	+13.2	14.0	14.5	+3.6
경영지원	15.8	13.9	-12.0	15.3	15.4	+1.0
영업	11.4	11.6	+1.8	12.4	15.5	+25.0
전문기술직	2.9	2.4	-17.2	1.8	0.9	-50.0
생산 · 기능 · 수선	12.4	9.9	-20.1	11.2	6.5	-42.0
기계 조작 · 조립	6.5	5.0	-23.1	6.8	3.1	-51.5
운송	4.6	4.7	+2.2	4.5	5.6	+24.4
농 · 임 · 수산업	2.4	2.8	+16.7	3.9	5.8	+48.7
단순노무직	2.6	2.7	+3.8	2.7	2.2	-18.5
서비스직	10.9	13.2	+21.0	13.0	14.5	+11.5
합계	100.0	100.0		100.0	100.0	

자료 : United States General Accounting Office(2001). Older workers-Demographic trends pose challenges for employers and workers. Washington, D. C.: U. S. Government Printing Office. p. 15.

※ 위 자료는 1990년도부터 2000년까지의 것임.

미국 중 · 고령자의 특성을 정리해 보면, ① 종전 후 베이비 붐 세대의 고령화, 정년제도 및 사회 보장 제도의 변화 등으로 중 · 고령자의 경제활동 참여가 증가하고 있고, ② 실직 비율이 높지 않으나 실업 기간이 길고 재취업률이 낮으며, ③ 직업의 편중없이 다양한 직종에 광범위하게 분포되어 있으나, ④ 육체적 노화와 지식 기술의 숙련을 바탕으로 점차 화이트칼라와 서비스직종으로 이동하는 추세이며, ⑤ 이에 따라 평균 수입의 증가율도 높은 편이다. 미국의 경우, 사회적으로는 고령화의 진행이 한국과 비교할 때 상대적으로 완만하고 연구와 정책의 변화를 통하여 베이비 붐 세대의 고령화에 따른 충격을 완화시키는 준비를 꾸준히 추진하여 왔다. 또한 개인적으로는 베이비 붐 세대의 학력 수준이 높고 지식과 기술이 축적되어 지식기반사회로의 변화에 대처하기 용이하고 법적 지원(사례: 연령에 따른 고용차별 금지법; the Age Discrimination in Employment Act)이 뒷받침되어 직업 획득에 있어 중 · 고령자들이 상대적 취약계층에 있다고 단정 짓기 어려운 상황임을 알 수 있다. 또한 일반적으로 베이비 붐 세대가 전 세대에 비하여 경제적 풍요로움과 고등교육의 혜택을 입은 것도 사실이다. 그러나 베이비 붐 세대 내에서 비교하면 낙관적인 견해만 펼칠 수 없는 몇 가지 특성을 발견할 수 있다. 〈표 8-7〉를 보면 베이비 붐 세대를 전기 베이비 붐 세대(1946~1955년 출생)와 후기 베이비 붐 세대(1956~1964년)로 나누어 비교해 보면 전기 베이비 붐 세대가 경제적 수입 규모와 교육 수준에 따른 수입 증가에 있어서 유리한 위치에 있었음을 알 수 있다. 즉, 전기 베이비 붐 세대는 후기 베이비 붐 세대에 비하여 수입

창출 저해 요인으로서 저학력이 미치는 영향력이 적었고, 중등교육 이상의 혜택을 받았을 경우 쉽게 수입의 증가를 경험할 수 있었다. 또한 후기 베이비 붐 세대는 학력에 따른 소득 격차를 더 심하게 경험하고 있었다.

후기 베이비 붐 세대의 경우, 1970년대 중반 이후에 시작된 경기 불황으로 장기간 임금이 정체되었고, 경제활동인구의 양적 증가 등으로 경쟁이 치열해지면서 수입 규모가 줄어들었고, 학력 수준에 따라 수입 편차가 심해졌다. 2020년 이후에는 후기 베이비 붐 세대가 모두 중·고령자에 속하게 되고, 베이비 붐 세대 중 12~13%정도가 저소득의 중등교육수준을 이수하지 못했기 때문에 지금까지와는 다른 양상의 고령자 문제가 대두될 것으로 예측된다. 다시 말하여 중·고령자의 평생고용가능성 제고의 문제를 접근함에 있어서도 고령자의 소득수준과 학력 등의 특성에 따라 다분화해야 함을 의미

<표 8-7> 교육수준과 수입 변화: 베이비 붐 세대와 부모세대와의 비교

구분	교육수준	부모세대의 연평균 수입	베이비 붐 세대의 연평균 수입	차이
전기 베이비 붐 세대	중등교육 미만	$20,700	$20,800	0%
	중등교육 졸업	$57,500	$35,600	29%
	4년제 대학 졸업	$38,500	$53,400	39%
후기 베이비 붐 세대	중등교육 미만	$18,600	$16,300	-12%
	중등교육 졸업	$23,900	$29,000	21%
	4년제 대학 졸업	$29,200	$41,800	43%

자료 : Congressional Budget Office(1993). Baby boomers in retirement: An early perspective. Washington, D. C.: Congress of the United States, Congressional Budget Office. p. xi.

한다. 우선 고학력의 교육수준과 직업 경험을 통하여 높은 수준의 지식・기술을 획득한 중・고령자는 지식기반사회화 됨에 따라 이들에 대한 고용 수요도 많기 때문에 고용가능성도 높으나, 고령기에 대한 경제적 준비가 충실하기 때문에 빠른 은퇴를 선택하려는 경향이 있다. 반면 저학력의 저소득층에 속한 중・고령자의 경우 사회 부적응으로 인하여 고용가능성이 낮으나 고령기에 대한 경제적 준비의 부족으로 은퇴를 할 수 없는 상황에 직면하게 된다.

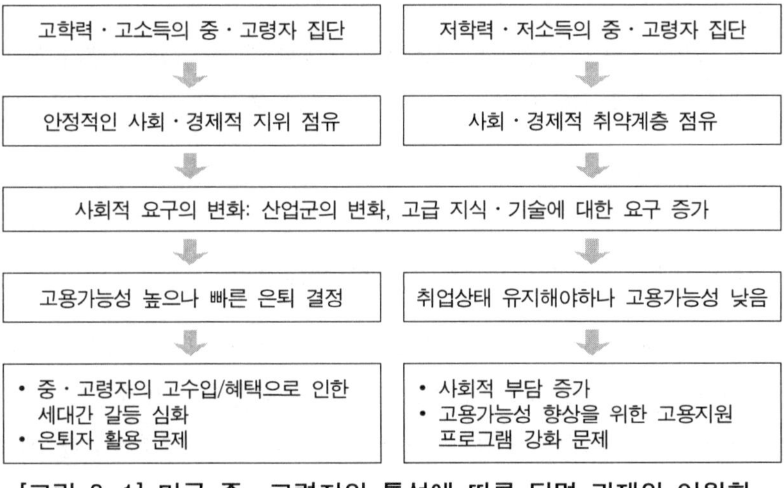

[그림 8-1] 미국 중・고령자의 특성에 따른 당면 과제의 이원화

이와 같은 미국 중・고령자의 특성으로부터 한국에 적용할 수 있는 시사점을 발견하기 위해서는 미국이 저학력・저소득 계층에 속하는 중・고령자의 고용가능성 증진을 위하여 진행하고 있는 법적 지원과 정책에 초점을 맞춰야 할 것이다.

CHAPTER 09

미국의 중 · 고령자 고용가능성 유지 및 향상을 위한 지원

1. 법적 지원

미국에서 중 · 고령자의 고용가능성 증진과 관련된 정책과 프로그램을 수행하는데 있어 기반이 되는 법적 장치를 살펴보면 다음과 같다.

1) 인력투자법(Workforce Investment Act)

1998년에 제정되어 현재 실행되고 있는 인력투자법(Public Law 105-220-Aug. 7, 1998)을 근간으로 인력투자법의 개요를 정리하고, 중 · 고령자의 고용가능성 향상이라는 측면에서 인력투자법을 살펴보고자 한다.

인력투자법은 지원 대상의 고용 및 고용 상태 유지, 수입 등을 향상시키고, 이를 통하여 경제적 성장을 지속적으로 발전시킬 수 있는 질 높은 인력을 양성하고, 인력의 생산성과 경쟁력을 증진시킴으로서 복지 의존도를 경감시키는데 그 목적이 있다(Department of Labor, Employment and Training Administration, 2000a). 이 법은 제1편

인력투자시스템(Workforce investment systems), 제2편 성인교육 및 문해(Adult education and literacy), 제3편 인력투자 관련 활동(Workforce investment-related activities), 제4편 1998년 개정 재건법(Rehabilitation act amendments of 1998), 제5편 일반조항(General provisions) 등 총 5개 부문으로 구성되어 있다. 이 법은 실행에 있어 중앙정부 차원에서 진행되고 있는 수많은 고용・훈련 프로그램들을 통합하여 능률적으로 운영할 수 있는 방안을 마련하고, 해당 지역의 노동시장 요구를 충족시킬 수 있는 지역인력개발 전략을 수립・감독할 수 있도록 지방정부의 자율성을 증진시킬 것을 강조하고 있다.

이 법이 제정되기 전까지 미국에서는 성인(중・고령자 포함)의 고용가능성 향상을 위하여 중앙정부 차원에서 JTPA-IIA, JTPA Section 204(d), JTPA-III, SCSEP(Senior Community Service Employment Program) 등을 운영해 왔는데 이러한 고용・훈련 프로그램들은 직업훈련협력법(JTPA: Job Training Partnership Act, 1982)과 미국노인법(Old Americans Act, 1965)에 근거하여 실행되어 왔다.

인력투자법이 제정되면서 직업훈련협력법은 폐지되었으며 미국노인법도 2000년도에 이 법에 준하여 개정되었다. 이 법이 직업훈련협력법과 두드러지게 다른 점은 직업훈련협력법 하에서는 저소득층, 중・고령자 등과 같은 취약계층을 위한 특별 지원 프로그램이 운영되었지만 이 법에서는 어떤 집단을 지정하여 특별히 지원하지 않는다는 것이다. 인력투자법에서는 인력투자체제가 특정 집단(취약계층) 중심으로부터 지역적 특성을 고려한 수요자 중심

<표 9-1> 직업훈련협력법 체제하의 중앙정부 지원 고용・훈련 프로그램

고용・훈련 프로그램	주요 대상 및 개요
JTPA-IIA	경제적으로 취약한 22세 이상의 성인을 위한 직업훈련 프로그램
JTPA-IIA의 Section 204(d)	경제적으로 어렵거나 취업에 어려움을 겪고 있는 55세 이상의 중・고령자를 위한 직업훈련 프로그램
JTPA-III	영구 실직자를 위한 직업훈련 프로그램
SCSEP	저소득, 실업상태이며 재취업 가능성이 낮은 55세 이상의 중・고령자에게 시간제 일자리 마련

(customer-focused)으로 개혁되어야 함이 일관되게 표명되어 있다. 즉, 특정인이 아닌 모든 미국인이 개인의 경력을 관리할 수 있고 기업들이 숙련된 인력을 용이하게 찾을 수 있도록 하는 높은 수준의 고용 서비스에 누구나 접근할 수 있어야 함을 강조한다. 인구구성 비중이 큰 전후 베이비 붐 세대의 고령화, 특히 이중 중등교육도 이수하지 못한 비율이 13%에 달하여 중・고령자 취약계층의 형성이 예견된다는 측면에서 이와 같은 인력투자체제의 개혁 방향성은 직업훈련협력법과 비교할 때 중・고령자에게 불리하게 작용할 수 있다. 다시 말하여 중・고령자와 같은 취약계층에 속한 인력의 요구와 일터에서 지배적인 위치에 있는 인력들의 요구를 동시에 수용할 수 있는가라는 의문이 제기되고, 모든 사람에게 적용할 수 있는 프로그램을 실행했던 전례가 없으며, 기존 체제에 익숙해져 있는 관계자(SCSEP 제공자, 지역인력투자위원회, 개인 등)들에게 혼란을 야기할 수 있기 때문이다. 한편 긍정적인 입장에서는 고령사

회를 목전에 두고 있는 상황에서 앞으로 노동력의 큰 부분이 중・고령자 집단에 속하게 될 것이기 때문에 중・고령자를 특화할 필요성이 감소할 것이라는 가정 하에 수요자 중심의 지원체제를 정당화하고 있다. 또한 미국의 경우, 중・고령 인구의 수, 경제활동인구, 건강 및 사회복지체제가 지역에 따라 편차가 크기 때문에 노동시장의 요구를 충족시키기 위해서는 지역에서 필요로 하는 인력을 수급할 수 있는 체제를 마련해야 하므로, 특정 집단(예: 중・고령자, 저소득층)을 무조건 주요 지원 대상으로 지정하는 것은 비합리적이라는 의견을 제시하고 있다(Kramer & Nighyingale, 2001).

인력투자법에서는 중앙정부가 지원하는 모든 고용・훈련 프로그램의 통합을 통하여 능률적으로 운영함으로써 과거 직업훈련협력법에서 문제로 제기 되었던 이중 혜택으로 인한 사회적 낭비나 혜택으로부터의 소외를 최소화하고 수요자 지향적인 서비스를 제공하여 지원 효과를 증진시키고자 한다. 이를 위하여 ① 지방정부의 재량권 확대와 탄력적 운영 권한의 부여를 통한 지역 노동시장의 요구수렴, ② 고용・훈련 프로그램/서비스의 제공자에 대한 실적 평가 강화, ③ 개인훈련계좌(ITA: Individual Training Accounts)의 운영을 통한 개인으로의 권한 위임 등을 인력투자법의 적용 원칙으로 제시하고 있다(Department of Labor, Employment and Training Administration, 2000). 보다 구체적으로 인력투자법에서 모든 구직자를 위하여 핵심 서비스(core service), 심화 서비스(intensive service), 훈련 서비스(training service) 등 3단계의 서비스를 보장하고 있는데 각 단계로 이전하기 위해서는 전 단계의 서비스를 필수적으로 거쳐야 한다(〈표 9-2〉 참조).

인력투자법에서 보장하는 이 서비스들은 지역에 설치된 원스톱 센터를 통하여 구직자들에게 전달되며, 기초 서비스와 심화 서비스만으로는 취업하는데 어려움을 겪는 구직자들에게는 훈련 서비스로 지원 범위가 확장된다. 수요자 중심의 인력투자체제를 지향하는 인력투자법에서는 교육훈련 서비스를 제공하는데 있어서 개인훈련

〈표 9-2〉 인력투자법이 보장하는 서비스 목록

핵심 서비스 (core service)	심화 서비스 (intensive service)	훈련 서비스 (training service)
• 개인의 수준에 따라 지원 유형 결정 • 개인 요구에 대한 기초조사 • 일자리 검색 지원 • 경력 상담 • 최근 노동시장에 대한 정보 • 훈련 프로그램과 제공자에 대한 정보 • 원스톱 경력센터(One-Stop Career Center)의 활동 소개 • 실직 수당 요청 관련 자료 • 고용가능성 증진을 위한 지원과 재정적 지원 • 후속(follow-up) 서비스	• 기술 수준 측정 • 개인 고용 계획 개발 • 집단 상담 • 개인 상담과 경력 계획 • 사례 관리 • 단기의 사전 직업 관련 서비스	• 추가 지원의 필요성 여부 결정, 기술 수준, 훈련 이수 후 필수 자격 획득 여부 등 • 훈련 서비스는 지역사회(또는 이전 지역)에서의 직업 획득과 직접적으로 연계되어야 함 • 훈련자금의 지원에 있어서 복지 혜택을 받고 있는 사람은 제한됨 • 훈련 제공자와 실적, 졸업생의 취업 등에 관한 정보 제공

계좌제(Individual Training Account system)와 적합 교육훈련기관 목록제(ETPL: Eligible Training Provider List)를 활용하고 있다. 개인훈련계좌제는 구직자에게 교육훈련기관의 실적, 제공되는 교육훈련 서비스의 종류 및 수준 등을 기초로 하여 참여할 교육기관을 스스로 선택할 수 있는 권한을 부여하는 제도이다. 이 제도를 원활하게 운영하기 위해서는 지역별로 기준을 설정하여 적합한 교육훈련 기관을 선정하고, 이에 대한 정보를 구직자들에게 충분하게 제공하는 절차가 전제되어야 한다. 이를 위하여 인력훈련법에서는 적합 교육훈련기관 선정 및 관리를 위하여 지방정부 및 각 지역위원회가 수행해야 할 업무에 대한 기본적인 지침을 다음과 같이 제시하고 있다.

〈표 9-3〉 적합 교육훈련기관 목록제 운영을 위한 지침

시행주체	지침
지방정부	• 적합 교육훈련기관 목록제 운영을 위한 제반 절차와 선정 기준 개발 • 교육훈련기관 적합성 여부 결정 • 지역위원회를 위한 지침 제공 • 관할 지방의 교육훈련기관 목록을 누적, 관리, 배부
지역위원회	• 교육훈련기관 신청 접수를 위한 절차 마련 • 지방정부에 교육훈련기관의 누적을 위한 시스템 개발 • 교육훈련기관의 적합성 결정을 위하여 지방정부와 합의 • 지역 특성에 따라 별도의 선정 기준 마련

자료 : Macro, B. et al.(2003). Creating partnerships for workforce investment: How services are povided under WIA. California: Berkeley Policy Associates. pp. 8~2.

2) 미국노인법(Old Americans Act)

미국노인법(2000년도 개정)은 SCSEP, 노인학대금지 활동, 신국가가족보호지원체제 등과 같이 고령자의 건강과 행복한 삶을 유지하기 위한 다수의 프로그램을 진행하기 위하여 자금을 보장하고, 고령자들에게 서비스를 제공하는 관련 기관을 지원하기 위하여 마련된 법이다. 전술한 인력투자법이 제정된 이후 ① 모든 고용 · 훈련 서비스의 통합적 제공, ② 지원 대상에 있어 특정 집단 중심체제로부터 수요자 중심체제로의 전환이 추진되면서 종전까지 미국노인법에 의하여 실행되어 왔던 중 · 고령자 대상의 고용 · 훈련 프로그램인 「SCSEP」와 관련된 조항의 수정이 요구되었다. 그 결과 인력투자법과의 연계를 위하여 2000년도에 미국노인법 내의 SCSEP 조항이 새롭게 설계되었는데 수정 내용에 대한 미국 노동부(U. S. Department of Labor, 2001)의 관련 자료를 정리하면 다음과 같다.

(1) 중 · 고령자 대상의 고용 · 훈련기회의 확대

중 · 고령자들이 보다 쉽게 고용 · 훈련 관련 서비스에 접근하기 위해서는 SCSEP와 인력투자법 간의 연계가 무엇보다도 강조되는데, 인력투자법에서는 원스톱 전달 체제(One-Stop delivery system)의 파트너로서 SCSEP를 포함시키는 일을 추진하고 있다. 원스톱 체제의 파트너로서 SCSEP의 프로그램들은 ① 원스톱 체제를 통하여 기초 서비스를 제공해야 하고, ② 원스톱 체제를 신설하거나 유지하기 위하여 기금의 일부를 사용해야 하며, ③ 원스톱 체제의 운영과 관련 있는 지역 위원회와 함께 이해각서(memorandum of understanding)에

동의해야 하고, ④ 원스톱 체제의 운영에 참여해야 한다. 또한 SCSEP 참여자들은 인력투자법의 지원을 받는 서비스에 참여할 때 기초 서비스 단계를 면제받고 바로 심화 서비스 또는 훈련 서비스를 받을 수 있다.

(2) 수행실적 책임 체제의 강화

미국노인법 개정안에서는 모든 SCSEP 프로젝트에 대하여 지속적인 발전을 도모하기 위하여 기대 목표에 대한 실적을 평가하는 수행실적 책임 체제(accountability system)를 신설하였다. ① 보조금 지급을 받지 않는 일자리에서 참가자의 배치 및 고용 유지, ② 등록자, 고용주, 중개기관 등의 고객 만족도, ③ 서비스 수혜자의 수, 특히 60세 이상의 고령자, 취업에 어려움을 겪는 자, 경제적 또는 사회적 도움을 필요로 하는 자 등, ④ 제공된 지역사회 서비스 등이 필수 평가 항목이다. 실적이 기대에 미치지 못한 수행 기관에 제공되던 자금은 경쟁에 붙여져 타기관에 제공된다.

(3) 협력 향상

지방정부의 장은 해당 지방 정부 관할 하에서 이루어지는 SCSEP 서비스의 발전 및 계획에 있어서 중요한 역할을 담당한다. 우선 매년 「고령자 고용 서비스 협력안」을 제출해야 하며 각 프로그램에 대하여 균등하게 자원을 배분해야 하며, 주요 서비스 수혜자를 결정하고 인력투자법 활동과 SCSEP의 활동을 조정하는 역할을 담당해야 한다.

(4) 행정적 절차 강화

우선 14개의 시험을 거쳐 실시 가능한 기관을 선정하고 프로그램에 대한 표준적 정의 및 행정 비용을 설정하였으며, 중앙정부가 지원하는 자금의 75% 이상을 급여 등의 형태로 프로그램 참여자들이 직접 받을 수 있도록 법제화하는 등, 미국노인법 개정안은 SCSEP의 행정적 절차를 강화하였다. 한편 프로그램 실시 기관들은 실적을 관리하고 SCSEP 활동에 관한 보고서를 중앙정부(노동부)에 보고해야 한다.

상기 제시된 바와 같이 인력투자법의 제정에 따라 SCSEP 조항을 중심으로 개정된 미국노인법의 수정 방향성을 분석해보면, 첫째 미국노인법의 지원을 받는 SCSEP가 인력투자법제 하에서 일종의 파트너로 자리매김하면서 특정 집단(중・고령자)을 위한 지원이 아니라 호혜적인 지원이라는 인력투자법의 원칙이 그대로 적용되고 있다. 즉, 과거 SCSEP 활동을 지원해왔던 직업훈련협력법의 204(d) 조항이 폐지됨에 따라 활동 자금이 줄어든 SCSEP 기관에서는 원스톱 체제로의 편입을 통하여 인력투자법과의 연계를 공고히 하기 위한 방안을 모색하고 있음을 알 수 있다. 둘째, SCSEP 활동 기관에 대한 평가 기준을 강화하고 활동 실적에 관한 상부 기관으로의 보고 기능을 의무화하였으며, 행정적 절차를 표준화한 것으로 볼 때, 중・고령자를 위한 법적 지원도 실적 중심으로 이전하고 있음을 알 수 있다.

2. 정책적 지원

미국에서 중·고령자의 고용가능성 증진을 위하여 실시되고 있는 대표적인 프로그램들을 실행 주체의 수준별로 분석하였다. 우선 미국에서 중·고령자로 특화한 고용·훈련 프로그램으로 유일하게 중앙정부가 지원하는 프로그램으로서 SCSEP, 인력투자법의 제정 이후 지방정부의 자유재량권이 강조되면서 지방정부 및 지역사회를 중심으로 운영·관리되고 있는 원스톱 센터, 고용창출에 기여하는 대표적 기관으로서 기업의 지원 사례에 대하여 살펴본 결과는 다음과 같다.

1) 중앙정부: SCSEP를 중심으로

(1) SCSEP 개요

회계연도 2002년을 기준으로 미국의 중앙정부는 총 44개의 고용·훈련 프로그램을 운영하였고(〈표 9-4〉 참조), 이를 위하여 약 306억 달러의 예산을 소요하였으며 약 3천5십만명이 서비스에 참여하였다(United States General Accounting Office, 2003a). 이중 중·고령자만을 위하여 실행된 프로그램으로는 SCSEP(Senior Community Service Employment Program)가 유일하며 이를 위하여 소요된 예산은 4억4천만 달러로 전체 예산의 약 1% 정도에 해당되며, 프로그램에 참여한 인원이 10만7천명으로 전체 44개 프로그램의 참가 인원 대비 약 0.3% 정도 해당된다.

〈표 9-4〉 미국의 중앙정부가 지원하는 고용·훈련 프로그램

정부부처	프로그램
Dep. of Labor (Total 17)	1) Disabled Veterans Outreach Program 2) Employment Service 3) Homeless Veterans' Reintegration Program 4) H-1B Technical Skills Training 5) Job Corps 6) Local Veterans' Employment Representative Program 7) Migrant and Seasonal Farm Workers 8) Native American Employment and Training Programs 9) Registered Apprenticeship Training 10) Responsible Reintegration of Youth Offenders 11) Senior Community Service Employment Program 12) Trade Adjustment Assistance and NAFTA-Transitional Adjustment Assistance 13) Veterans' Workforce Investment Program 14~16) Workforce Investment Act(Adults, Dislocated workers, Youth) 17) Youth Opportunity Grants
Dep. of Education (Total 13)	1) Adult Education-State Grant Program 2) American Indian Vocational Rehabilitation Services 3) Grants to States for Incarcerated Youth Offenders 4) Migrant and Seasonal Farmworkers Program 5) Migrant Education-High School Equivalency Program 6) Native American Vocational and Technical Education Program 7) Native Hawaiian Vocational Education 8) Projects with Industry 9) State Supported Employment Services Program 10) State Vocational Rehabilitation Services 11) Tech Prep Education Program 12) Tribally Controlled Post-Secondary Vocational and Technical Institutions 13) Vocational Education-Basic Grants to States

<표 9-4> 미국의 중앙정부가 지원하는 고용·훈련 프로그램(계속)

정부부처	프로그램
Dep. of Health and Human Services (Total 6)	1) Community Services Block Grant 2) Community Services Block Grant-Discretionary Awards 3) Refugee Assistance-Voluntary Agency Programs 4) Refugee and Entrant Assistance-Targeted Assistance 5) Temporary Assistance for Needy Families 6) Tribal Work Grants
Dep. of Interior (Total 3)	1) Indian Employment Assistance 2) Indian Job Placement-United Sioux Tribes Development Corporation 3) Indian Vocational Training-United Tribes Technical College
Dep. of Agriculture (Total 1)	1) Food Stamp Employment and Training Program
Dep. of Defense (Total 1)	1) Youth Challenge Program
Dep. of Housing and Urban Developm ent (Total 1)	1) Opportunities for Youth-Youthbuild Program
Dep. of Justice (Total 1)	1) Serious and Violent Offenders Program
Dep. of Veterans Affairs (Total 1)	1) Vocational Rehabilitation for Disabled Veterans

자료 : United States General Accounting Office(2003a). Multiple employment and training programs. Washington, D. C.: U. S. Government Printing Office. p. 20.

※ 위 자료는 2002년도 기준임.

SCSEP에 대한 개요를 간략하게 살펴보면 다음과 같다. 55세 이상의 중 · 고령자를 지원하는 대표적인 고용 프로그램인 SCSEP는 경제기회법(Economic Opportunity Act)에 의하여 제정된 이래 1973년에 정식으로 시작되었다. 이후, 2000년 미국노인법 개정안에 의하여 예산을 확보하여 55세 이상의 저소득층에 속하거나 고용가능성이 낮은 중 · 고령자를 지원하고 있다(U. S. Department of Labor, Employment and Training Administration, 2004). 이 프로그램의 주요 활동은 첫째로 최소 임금(또는 그 이상)을 주고 적어도 주 20시간 이상의 노동 시간을 보장하는 시간제 일자리를 창출하여 중 · 고령자에게 제공하는 것, 둘째로 고용가능성을 향상시킬 수 있는 직업훈련이나 교육 기회를 제공하는 것, 끝으로 보조금을 지원받지 않는 일자리를 얻을 수 있도록 기회를 제공하는 것이다. 그밖에 ① 건강, 복지, 교육 관련 서비스(특히 문해교육), ② 세금 및 재정적 상담 등과 같은 개인적 지원, ③ 기타 여가 관련 서비스, ④ 환경개선 등과 같은 활동을 전개하고 있다.

SCSEP 이외에도 중앙정부에서 지원하는 고용 · 훈련 프로그램 중, 중 · 고령자들이 참여할 수 있는 프로그램으로 외국과의 교육으로 생산시설의 이전이나 수입의 증가로 인하여 실직된 근로자를 위하여 마련된 교역조정지원(TAA: Trade Adjustment Assistance) 프로그램이나 인력투자법이 지원하는 활동 등이 있다. 인력투자법이 직업훈련협력법을 사실 상 대체했던 2000년도에 집계된 상기 정책들의 실적을 양적으로 살펴보면 다음과 같다. 세 가지 프로그램에 등록했던 55세 이상의 중 · 고령자 수는 십5만6천명으로 전체 일자리를 원하는 중・고령자의 약 12% 정도를 차지한다. 이중 중・고령자들은 교역조정지원 프로그램에 4%, 인력투자법 지원 프로그램에 28%, 그리고 나머지 68%에 해당하는 2/3이상의 인원 SCSEP에 참가하였다(United States General Accounting Office, 2003). 그 이유는 인력투자법이나 교역조정지원 프로그램이 실직한 사람들에게 일자리를 찾는데 필요한 과도기적 서비스(예: 교육훈련, 일자리 검색 등)를 지원하는데 반하여 SCSEP는 장기 일자리를 바로 창출해 주기 때문으로 해석된다. 그러나 인력투자법이 시행되면서 전통적으로 고용 및 훈련 관련 서비스보다 일자리 창출과 수입 지원에 초점을 맞춰왔던 SCSEP가 보조금을 지원하지 않는 일자리로 참여자들을 독려하는 추세로 변화하고 있고, 수요자 중심 지원 체제로 전환하고 있기 때문에 중・고령자가 젊은층과 함께 참여하는 일반 프로그램(예: 인력투자법 지원 활동)으로의 참가가 늘어날 가능성이 크다.

인력투자법이 특정 집단에 대한 지원을 지양하고 수요자 중심의 호혜적인 지원을 추구하고 있으므로 중・고령자라고 하는 특정 집단에 대한 지원 프로그램인 SCSEP와는 기본적으로 배치된다고 할 수 있다. 따라서 중・고령자를 특별 지원했던 직업훈련협력법이 폐지되고 인력투자법이 실행된 이후 중・고령자들을 대상으로 실시된 고용・훈련 프로그램 또는 중・고령자가 참가한 고용・훈련 프로그램에 어떤 변화가 있는지 살펴볼 필요가 있다. 우선 양적인 면에서는 여전히 중・고령자들은 자신들을 특화하여 진행하는 SCSEP에 참여하는 비율이 높다. 직업교육협력법이 실행되었던 1995년도에도

55세 이상의 중 · 고령자가 SCSEP에 참여한 비율이 69%였던 것(Poulos & Nightingale, 1997)을 고려할 때 인력투자법의 실행 전후로 하여 중 · 고령자가 SCSEP에 참여함에 있어 양적인 측면에서는 의미 있는 차이가 없다. 그러나 인력투자법제 하에서 SCSEP를 어떻게 조화롭게 운영할 것인가에 대하여 몇 가지 의문이 제기되고 있는 것이 사실이다. 우선 인력투자법이 동일 체제 내에서 개인의 선택권을 바탕으로 한 프로그램의 운영을 지향함에 따라 관련 기관에서 중 · 고령자를 위한 훈련 프로그램을 적게 개설하고 중 · 고령자와 젊은층이 함께 참여하는 프로그램이 증가하여 분명히 통합 효과는 달성하였다(United States General Accounting Office, 2003b). 그러나 구직자로서 젊은층과 경쟁해야 하는 어려움 이외에도 훈련 프로그램 참여에 있어서도 모든 성인을 대상으로 하는 교육훈련서 효과를 거두는 것은 쉽지 않다. 새로운 기술을 습득하는데 있어 중 · 고령자들간의 편차가 크며(Crown, 1996), 학습 방법에 있어서도 젊은층과 비교할 때 보다 직접적이고 일대일 지원을 필요로 하며 습득 속도가 느리다고(Goldstein, 1989) 하는 중 · 고령자의 학습 특성을 고려할 때 이와 같은 통합 효과를 바람직하게 볼 수만은 없다. 다시 말하여 중 · 고령자가 젊은층과 함께 프로그램에 참여할 때 경쟁에서 탈락할 가능성이 클 뿐만 아니라 지원 서비스를 통하여 원하는 바를 제대로 성취할 수 있는가에 대한 의문이 제기된다. 둘째, 인력투자법으로 전환되면서 강화된 실적 중심 평가와 평가 결과에 따라 프로그램 운영 기관에 대한 중앙정부의 재정적 통제가 강해지면서 고용 · 훈련 프로그램의 운영 실적이 좋지 않을 가능성이 높은 중 · 고령자 대상 서비스가 줄어들 가능성을 배제할 수 없는 상황이다. 미국 노동통계국(Bureau of Labor Statistics)과 인구조사결과(Census data)에 따르면 중 · 고령 근로자들은 ① 시간제 고용 형태를 선호하고, ② 노동시장에 재진입할 때 젊은층에 비하여 큰 폭의 임금삭감을 경험하는 것으로 밝혀졌다(United States General Accounting Office, 2003). 한편 인력투자법에서는 ① 취업률, ② 6개월 이후 고용유지 비율, ③ 6개월 이후 평균적인 수입 변화 정도, ④ 프로그램 참여자의 자격증 획득률 등을 실적 평가 부문으로 지정하고 있다(U.S. Department of Labor, Employment and Training Administration, 2000b). 다시 말하여 고용 · 훈련 프로그램을 제공하는 기관으로서는 차기 년도에 회계 상 불이익을 당하지 않기 위해서 중 · 고령 근로자의 고용 특성 상 각 평가 부문에서 좋은 결과를 획득하기 어려운 중 · 고령자 중심의 프로그램을 운영하지 않으려는 경향이 예상된다.

이와 같은 결과를 기초로 보았을 때 인력투자법이 직업훈련협력법을 대체한 이후 고용 · 훈련 프로그램의 통합효과는 달성했지만 중 · 고령자로 특화된 고용 · 훈련 프로그램이 감소되고 있어 중 · 고령자의 고용가능성 향상 효과에 의문점이 제기된다. 또한 실적에 기초한 중앙정부 통제 기능이 강화되어 실제로 고용에 효과적인 고용 · 훈련 프로그램을 정선하여 운영함으로써 높은 투자효과성을 거두기 위한 기반은 마련하였으나 높은 실적을 기대할 수 없고 취업 및 훈련에 있어서 상대적으로 취약계층에 속한 중 · 고령자에 대한 배려는 기대하기 힘든 것으로 분석된다.

(2) 사례분석

중·고령자의 보다 나은 삶을 지원하기 위하여 설립된 비영리 민간단체인 NCOA(National Council on the Aging, Inc., 2004)에서는 SCSEP를 운영하여 좋은 성과를 거둔 9개 기관을 대상으로 발견되는 공통점을 기초로 하여 18가지 성공 전략과 실천을 위한 주요 활동을 다음 쪽의 〈표 9-5〉와 같이 제시하였다.

〈표 9-5〉에 제시된 SCSEP 운영의 성공전략으로부터 다음과 같은 시사점을 발견할 수 있다. 첫째, 중앙정부가 지원하는 프로그램이지만 그 운영에 있어서는 철저하게 지역중심, 수요자 중심임을 알 수 있다. 이것은 인력투자법 하에서 지향하는 것과 맥락을 같이하는 것으로 중앙정부는 철저하게 실적을 기반으로 지원하며, 지원 대상을 불문하고 고용·훈련 프로그램은 지역의 특수성을 반영하는데 실패하면 성공하기 어렵다는 것을 알 수 있다. 둘째, 사후대책형보다는 사전준비형을 취하고 있음을 알 수 있다. 즉, 지역경제의 조류 및 노동시장의 변화에 따라 고용주들의 요구를 사전에 파악하고, 취업을 희망하는 중·고령자들이 이에 준비할 수 있도록 지원한다. 끝으로, 의사소통의 중요성을 매우 강조하는 점도 간과할 수 없다. 담당 직원과 SCSEP 참여자(중·고령자), 고용주, SCSEP 외의 프로그램 파트너, 원스톱 센터, 기타 관련 단체들과의 원활한 의사소통을 위한 채널 확보 및 협력 구축이 중·고령자를 위한 고용·훈련 프로그램을 지원하는데 있어 핵심임을 알 수 있다.

<표 9-5> SCSEP 운영 성공 전략

공통점	성공 전략	전략 실천 활동
고용주와의 협력 관계 구축	1. 고용주와 사전 요구에 기초한 관계 구축 2. 인력개발 현황을 소개할 수 있는 기회 마련과 고용주와의 정기적인 네트워크 구축	① 지역경제 파악하고 노동시장의 변화에 대응할 기회 제공 ② 지역 고용주에게 SCSEP 참여자의 노출 극대화 ③ 고용주에게 고령자에 대한 지식 확대 기회 제공
SCSEP 운영기관에 대한 높은 수준의 명확한 기대	3. 명확한 목적달성 지도 작성 4. SCSEP 참여자와 주된 지원 기관의 요구에 부합하는 가치 설정	① 교육훈련과 인력배치에 주력 ② 담당자와 참여자 사이의 긍정적 관계 구축 ③ 취업 곤란도가 높은 참여자를 위한 기회 증진
지속적인 향상 추구	5. 경험을 통한 발견과 유연성을 기초로 한 성장	① 다른 파트너와의 의사소통 및 협력 강화 ② 지원기관과 고용주와 함께 고객 만족도 향상에 주력 ③ 적절한 도구/프로토콜, 교육훈련 프로그램 개발
효과적인 팀 관리	6. 교차훈련(cross training) 7. 팀제 활성화를 통한 직원 결속 강화	① 팀웍을 통한 책임 연대 의식 확대 ② 직원들 사이의 의사소통 정련
강한 리더십	8. 균형, 유연성, 뛰어난 의사소통기술을 갖춘 리더	① 직원, 훈련 파트너, 지역사회의 네트워크 등과의 지속적인 의사소통 ② 높은 수준의 표준 설정 ③ 새로운 아이디어 구상과 실패로부터의 학습

<표 9-5> SCSEP 운영 성공 전략(계속)

공통점	성공 전략	전략 실천 활동
배타성 지양	9. 개개인의 기술, 관심 및 상황에 대한 끊임없는 사정 10. 자긍심 고취 11. 친근하고 지속적인 의사소통	① 인성, 기술, 배경 및 환경 등 취업에 영향을 미칠 수 있는 정보 개별 관리 ② 국적과 문화의 다양성을 이해할 수 있는 직원능력 배양 ③ 직원과 SCSEP 참여자 사이의 의사소통 증진
강력한 인프라 지원	12. SCSEP 자원을 최적화할 수 있는 협력 인프라 구축	① 지역기반 기관들에 대한 프로젝트 홍보 ② 지역의 인적 물적 자원 활용 ③ 지원 기관과 함께 공동 활동할 때 통합하고 조정하는 능력 배양
생동감 넘치는 지역사회 협력	13. 원스톱과의 협력 도모 14. 고용 개발 네트워크 연계 구축 15. 통합된 서비스 전달 체제 마련	① 훈련 및 배치의 기회 확대 ② 잠재 참여자에 대한 접근도 증가 ③ 기금 지원 기관에 대한 접근도 확대 ④ 자원 공유 수단 마련
지역사회의 부가가치 증진에 기여	16. 보다 잘사는 지역사회 만들기 17. 일자리 창출 18. 안전망 구축	① 지역사회 기반의 구성체 및 조직의 다양성에 부합할 수 있도록 직원 능력 향상 ② 소비를 통한 경제적 가치 생산 ③ 중·고령 거주자를 위한 최우선적 고용훈련 지원 기관

2) 지방정부와 지역사회: One Stop Center를 중심으로

인력투자법이 실행되면서 가장 역점을 둔 것 사업 중 하나는 고용·훈련과 관련된 일련의 서비스가 하나의 통합된 체제를 통하여 전달될 수 있도록 하는 인력투자체제를 구축하는 것이다. 따라서 인력 수급의 창구 역할을 해 왔던 기존 원스톱 체제를 새롭게 개편하여 직업훈련협력법제 하에서 고용·훈련 프로그램 간의 연계 미흡으로 드러났던 문제점을 해소하고자 노력하고 있다. 직업훈련협력법제 하에서 나타났던 문제점을 구체적으로 제기하면 ① 고용·훈련 관련 서비스에 대한 통합적인 정보 전달에 실패하여 구직자의 혼란 가중, ② 고용·훈련 프로그램에 따라 별도로 실시된 이중 삼중의 요구 조사, ③ 하나의 프로그램 종료 후 후속 프로그램으로의 연계 시 적절한 정보 제공의 실패, ④ 서비스의 호혜적 제공 실패(예: 이중 수혜자와 불수혜자 발생) 등을 들 수 있다. 이와 같은 취지에서 중앙정부에서는 능률적인 통합 체제를 구축하고자 노력하지만, 미국의 경우 넓은 국토, 다양한 인종과 계층 그리고 지역별 발달된 산업과 고령화 정도의 차이 등에 따라 지역별로 노동시장의 인력수요와 공급에서 다양한 양상이 나타났다. 이에 원스톱 체제의 구축 및 운영에 있어서는 중앙정부 차원에서 통제하기 보다는 기본적인 방침만을 제시하고 지방정부로의 자유재량권을 확대하여 실제적으로 지역 노동시장의 요구를 반영할 수 있도록 하는 입장을 취하고 있다.

중앙정부 수준에서 지역을 불문하고 모든 원스톱 체제를 운영함에 있어 다음과 같은 조건을 기본 방침으로 제시하고 있다. 첫째, 구직자들이 고용·훈련 서비스에 보다 쉽게 접근 가능하도록 모든 고용 관련 서비스는 하나의 원스톱 체제를 통하여 제공되어야 한다. 둘째, 고용주가 숙련된 인력을 구하는데 도움을 줌으로써 고용주의 참여를 독려해야 한다. 셋째, 지역별 탄력적 운영을 최대한 보장하지만 원스톱 체제는 참여자의 취업, 고용유지, 수입을 증가시킬 수 있도록 수요자 중심의 통합된 체제가 되어야 한다(United States General Accounting Office, 2003c). 즉, 원스톱 체제에서는 구직자와 고용주(고용 주체)를 고객으로 규정하고 이들에게 실제적으로 도움이 되는 서비스를 제공하기 위하여 지역별 특수성을 반영해야 함을 강조하고 있다. 원스톱 체제의 운영이 이론이 아니라 현실적 문제를 해결하는 기관임을 고려할 때 상기 제시한 중앙정부의 방침을 실천하는데 있어서 몇 가지 의문점이 제기된다. 첫째, 중앙정부 수준에서 추진하는 다양한 고용·훈련 프로그램을 지방정부에서 어떻게 수용하여 실천할 것인가? 또한 지역적 특수성을 어떻게 반영할 것인가? 둘째, 개별적으로 운영·관리되어 오던 기존의 제반 고용·훈련 서비스를 원스톱 체제로 어떻게 통합하여 운영할 것인가? 이와 같은 의문점을 해결하면서 논의를 전개한다면 개인의 평생고용가능성의 제고와 고용주의 인력 요구 충족을 위해서 운영되고 있는 원스톱 체제를 핵심으로 한 미국식 고용·훈련 지원 모형을 파악할 수 있을 것이다.

(1) 원스톱 체제를 통한 중앙정부와 지방정부, 서비스 제공 기관의 연계 전략

첫 번째 의문점인 고용 훈련 프로그램의 운영에 있어서 중앙정부와 지방정부의 연계 및 지역적 특수성의 반영을 위하여 취하고 있는 전략을 살펴보면 다음과 같다. 첫째, 인력투자법에서는 원스톱 체제 내로 반드시 통합되어야 할 프로그램으로 중앙정부가 지원하는 프로그램 중 17개를 선정하도록 지정하고 있다(〈표 9-6〉 참조). 통합 방식의 기본적인 파트너십 구축으로, 원스톱 체제에서 각 프로그램 제공자를 파트너로 지정하고 파트너들이 주체적으로 전자적 네트워크 구축, 공간의 공유 또는 다른 파트너 프로그램과의 연계 등을 추진함으로써 원스톱 체제를 경로로 하여 각자의 서비스를 제공하도록 하고 있다. 즉, 원스톱 체제에 통합되어야 할 최소한의 프로그램을 중앙정부 수준에서 지정함으로써(인력투자법) 원스톱 체제에서 제공되는 기본적 서비스를 표준화하는 것이다.

둘째, 원스톱 체제의 운영 및 관리에 대한 지방정부의 자유재량권을 확대하는 전략을 취하고 있다. 각 지방정부는 지역의 특수성 및 노동시장의 여건 등에 따라 필요한 프로그램을 별도로 선택하여 운영할 수 있는 자율권을 행사할 수 있다. 대표적인 사례로 인력투자체제와 사회복지체제와의 협력이 요구되는 경우, 지역의 특수성에 따라 원스톱 체제의 운영방식이 결정되는 것을 들 수 있다. 지방정부에서 사회복지체제의 일부 프로그램을 원스톱 체제로 편입하려는 경향은 소극적 지원에서 적극적 지원으로의 이전을 의미한다. 즉, 복지적 지원의 수혜자 중, 육아, 교통수단, 건강상태 등과 같이 취업을 저해하는 문제점에 직면한 개인들에게 복지적 지원을 제공하면서 동시에 이들이 취업하여 자립할 수 있는 방안을 모색하기 위함이다. 이와 같이 인력지원체제와 사회복지체제를 일원화된 원스톱 체제 하에서 동시에 운영하는 것은 미국 전역에서 나타나는 공통된 현상이지만 그 운영방식은 지역에 따라 상당히 다르다. 기본적 운영 형태는 사회복지 관련 프로그램 파트너가 원스톱 센터에 상주함으로써 수혜 희망자가 지역 원스톱 센터에 등록해야만 복지혜택을 받을 수 있도록 하는 방식과 사회복지지원 기관이 원스톱 센터와 분리되어 있지만 네트워크망을 통하여 원스톱 센터가 수혜 희망자를 복지기관에 추천하는 방식으로 나뉜다. 그러나 세부적인 운영방식은 지역에 따라 상이하게 나타나는데, 예로 연계방식의 공식화(예: 원스톱 센터 등록을 사회복지 수혜를 받기 위한 전제조건) 여부, 사업계획 공유, 실적 공유 등은 지역의 특수성에 따라 편차가 있음을 들 수 있다(United States General Accounting Office, 2002).

셋째, 원스톱 체제의 통합을 위한 사업 추진을 위하여 정부가 추가적으로 자금을 지원하지 않는 것을 원칙으로 한다. 그 이유는 여러 가지로 해석될 수 있지만 중 고령 근로자를 지원하는데 있어 인력투자법을 어떻게 활용할 것인가에 대하여 탐색한 Kramer와 Nightingale (2001)의 연구에 제시된 내용 중, 중 · 고령자지원 서비스를 제공하는 기관이 원스톱 체제의 파트너로서 참여하는 과정을 보면 기관들의 자발적 참여를 유도하기 위함이라고 유추할 수 있다. 원스톱 체제의 파트너로 활동하기 위해서는 서비스제공자가 통합적 원스톱 체제를 직접 운영하는 주체가 되거나 특정 집단을 위한 파트너로서

<표 9-6> 원스톱 체제 내로의 의무적 통합 대상으로 규정된 중앙정부 지원의 고용 훈련 프로그램

정부부처	의무적 통합 대상 프로그램
Dep. of Labor	1) WIA Adult 2) WIA Dislocated Worker 3) WIA Youth 4) Employment Service 5) Trade adjustment assistance programs 6) Veterans' employment and training programs 7) Unemployment Insurance 8) Job Corps 9) Welfare-to Work grant-funded programs 10) Senior Community Service Employment Program 11) Employment and training for migrant and seasonal farm workers 12) Employment and training for Native Americans
Dep. of Education	13) Vocational Rehabilitation Program 14) Adult Education and Literacy 15) Vocational Education (Perkins Act)
Dep. of Health and Human Services	16) Community Services Bolck Grant
Dep. of Housing and Urban Development	17) HUD-administered employment and training

자료 : United States General Accounting Office(2003c). Workforce Investment Act-One-stop centers implemented strategies to strengthen services and partnerships but move research and information sharing is needed. Washington, D. C.: U. S. Government Printing Office. p. 8.

※ 위 자료는 2003년도 기준임.

원스톱 센터에 가입하는 것 등 크게 두 가지 유형 중 선택해야 한다. 만약 특정 집단을 지원하는 프로그램 제공자가 상기 두 가지 형태를 모두 거부하고 독자적 기관으로 분리된 입장을 고수하려 한다면 장래에는 지원 자금 배정에 불이익을 당할 수 있기 때문에 자발적으로 참여하여 파트너들 간의 협력을 주체적으로 모색하게 된다. 예를 들어 중 · 고령자를 지원하는 기관의 경우, 과거 직업훈련협력법의 폐지(특히, JTPA-IIA의 Section 204(d))로 중 · 고령자를 위한 지원 예산이 줄어든 상태이다. 따라서 기존 운영하던 서비스를 그대로 유지하기 위해서라도 인력투자법이 지원하는 예산을 확보할 수 있는 방안을 모색해야 하고 이를 위해서는 파트너로 편입하는 것 이외에 선택의 여지가 없는 것이다.

넷째, 지방정부를 중심으로 파트너십 구축에 있어서 경쟁을 통하여 파트너를 선정하는 전략을 구사한다. 서비스 제공기관에 있어서 원스톱 체제의 파트너로 선정된다는 것은 다음의 두 가지 측면에서 큰 의미를 지닌다. 하나는 현재 자신들이 제공하고 있는 특정 집단 대상의 프로그램을 실행함에 있어서 통합된 인력투자체제의 지원을 받을 수 있음을 의미하기 때문이다. 다른 하나는 자신들이 지원하는 특정 집단에 대한 서비스의 필요성을 관할 지방정부에 부각시키고 실제적 활동을 전개할 수 있는 기회와 인력투자법이 지원하는 자금을 획득할 수 있는 기회를 바로 원스톱 체제를 통해서 얻을 수 있기 때문이다. 앞서 전술한 바와 같이 인력투자법 하에서는 프로그램의 종류에 따라 차이가 있기는 하지만 취업률, 고용유지율, 고객 만족도, 프로그램 참여에 따른 수입 증가 등과 같은 평가 영역을 제시하고 성과가 기대수준에 미치지 못하는 기관에 대해서는 재정적 불이익을 주고, 이에 대한 결정을 지역 인력투자위원회나 지역에서 선출된 당국자가 실행한다. 따라서 서비스 제공자들은 해당 지역의 노동시장 동향, 인력수급상황, 고용 훈련 관련 당면 과제에 대하여 탐색하고 이에 적합한 서비스를 제공하기 위해서 부단히 노력해야 하고 이것의 결과로서 고객들은 질적으로 한층 높고 실제적으로 도움이 되는 서비스를 획득할 가능성이 높아지게 된다.

(2) 원스톱 센터의 통합적 운영 전략

두 번째 의문점인 개별적으로 운영 관리되어 오던 기존의 고용 훈련 서비스를 통합된 원스톱 체제에서 능률적으로 운영하기 위하여 현재 미국에서 운영되고 있는 원스톱 센터가 실제 활용하고 있는 전략을 살펴보고자 한다. 이를 위하여 미국에서 운영되고 있는 원스톱 센터의 특성을 대표하는 14개의 원스톱 센터를 최근(2002. 8~2003. 6)에 방문 조사한 결과(United States General Accounting Office, 2003c)를 중심으로 논의하면 다음과 같다. 이 조사에서는 지정학적·인구학적 특성, 원스톱 센터의 규모(월간 수용 인원 규모: 500~42,500명), 원스톱 센터의 운영 주체(① 비영리기관, ② 원스톱 파트너의 콘소시움, ③ 지방정부) 등은 물론 도시에서 농촌에 이르기까지 다양성을 고려하여 이를 대표할 수 있는 원스톱 센터를 미국 전역으로부터 14개 선정하였다. 인력투자법에서 제시되어 있듯이 원스톱 센터는 기본적으로 수요자 중심의 운영을 추구하고 있으므로 이 조사를 통하여 얻은 결과를 크게 구직자 지원 서비스,

고용 주체 지원 서비스, 서비스 지원을 위한 인프라 구축 등으로 세분화하여 구체적인 전략을 파악하였다.

(가) 구직자 지원 서비스

구직자를 지원하기 위한 서비스 전략은 ① 구직자가 필요로 하는 서비스에 대한 접근가능성 제고, ② 원스톱 센터의 직원교육 강화, ③ 사례 관리 및 구직자 흡수 방안의 통합 등 크게 세 가지 방향으로 추진되고 있다.

첫 번째 전략의 추진 배경은 구직자의 입장에서 원스톱 센터가 통합 체제로 변화되면서 프로그램의 종류와 수가 대폭 늘어나고 지원 대상 및 운영 방식이 상이한 파트너들이 혼재하면서 혼란이 가중되어 구직자가 필요로 하는 정보 및 서비스로의 접근에 어려움을 겪고 있기 때문이다. 이 문제를 해결하기 위해서는 지역별 특수성이나 해당 원스톱 센터의 특성을 고려하여 이러한 혼란을 최소화할 수 있는 방안을 모색해야 한다. 구체적인 추진 사례로는 ① 구직자-프로그램 제공자의 연계 활성화, ② 서비스 안내 전담 직원 배치, ③ 잠재 구직자 찾아가기, ④ 자율 선정 파트너십의 적극적 활용, ⑤ 교통 불편에 의한 문제 해소 등을 들 수 있다(〈표 9-7〉 참조).

두 번째 전략의 추진 배경은 원스톱 센터가 통합 체제로 변화됨에 따라 지원 서비스가 다양화되면서 구직자의 요구에 적절하게대응하고 구직자의 특수한 상황을 반영하여 서비스를 지원하기 위해서는 소속 직원들이 다분야에 걸쳐 지원 프로그램 및 프로그램 제공자에 대하여 충분히 이해하고 있어야 하기 때문이다. 따라서 구

〈표 9-7〉 서비스의 접근 가능성 제고를 위한 전략

전략 구분	구체적 방법	추진 사례
구직자-프로그램 제공자 연계 활성화	• 원스톱 소속 직원이 프로그램 제공 파트너에게 구직자를 개별 추천	Central Texas Workforce (Killeen, TX), WorkForce Essentials, Inc. (Clarksville, TN)
서비스 안내 전담 직원 배치	• 원스톱의 최초 방문자에 대하여 서비스 검색 지원 • 기존 구직자를 위한 서비스 안내	Erie Team PA CareerLink (Erie, PA)
잠재 구직자 찾아가기	• 가정법원, 복지센터, 교도소 등의 장소에 안내 직원 배치	The Work Place(Boston, MA)
자율 선정 파트너십 활용	• 온라인 건강클리닉 HP운영, 저소득 여성에게 정장 무료 제공, 대안학교 등을 운영하는 기관과 파트너십 체결 • 사회복지센터와의 파트너십 체결	The Job Center(Dayton, OH) WorkForce Essentials, Inc. (Clarksville, TN)
교통 불편에 의한 문제 해소	• 이력서작성, 일자리 검색 등의 온라인 서비스를 제공하는 도서관의 농촌 지역 설치 • 버스회사 근처에 원스톱 센터 설치	Central Texas Workforce (Killeen, TX), Full Employment Council (Kansas City, MO)

직자의 요구를 만족시킬 수 있는 서비스를 제공하기 위하여 각 원스톱 센터에서는 개별적으로 소속 직원에 대한 다분야 교차훈련(cross-training)을 실시하고 있다. 구체적인 사례로 South Country Employment Center(Salt Lake City, UT)의 외부 전문 프로그램에

대한 이해교육, Pike County JobSight Center(Pikeville, KY)의 프로그램 이해를 위한 워크샵 등을 들 수 있다.

1단계: 프로그램 이해 학습		2단계: 서비스 전달 흐름도 제작
• 각 담당 프로그램의 서비스 지원 범위에 대하여 담당 직원들이 서로 가르치고 배우기	➡	• 명확한 시작점 제시 • 정확한 프로그램 진행 경로 제시

[그림 9-1] 프로그램 이해를 위한 직원 워크샵 진행 사례: Pike County JobSight Center(Pikeville, KY)

세 번째 전략의 추진 배경은 프로그램이 다양하기 때문에 각 프로그램 별로 구직자에 대한 요구 분석, 능력 수준 및 적성 평가 등과 같은 일련의 분석 과정이 산발적으로 이루어짐에 따라 구직자들이 비슷한 검사나 상담 과정을 중복 경험하게 되는 비효율성을 나타냈기 때문이다. 이에 구직자들이 경험해야 하는 모든 절차를 일원화하고 나아가서 상황이나 해결 과제가 유사한 구직자들의 프로그램 참여 사례들을 정보로 축적하여 컴퓨터 네트워크를 활용하여 공유함으로써 서비스의 효율성을 높이고자 하는 과제들이 추진되었다. 구체적인 사례로 Full Employment Council(Kansas City, MO)은 청소년을 대상으로 하는 모든 프로그램의 등록 양식을 통일하였고, Anoka County Workforce Center(Blaine, MN)는 여러 프로그램에 동시 등록한 구직자를 위한 협력 서비스 계획을 개발하여 정기적으로 실시하였고, Erie Team PA CareerLink(Erie, PA)는 컴퓨터 네트워크를 활용하여 사례 공유 프로그램을 실행하였다.

(나) 고용 주체 지원 서비스

원스톱 센터의 또 다른 고객인 고용 주체로서의 고용주(기관)의 요구를 만족시키기 위하여 원스톱 센터는 ① 고용주 또는 산업계와 관계 형성 및 유지를 위한 전담 인력을 배치하거나, ② 지역상공회의소 등과 같은 기관과의 협력 관계를 통하여 고용주를 간접적으로 지원하거나, ③ 특정 고용주의 요구에 대한 개별 맞춤 서비스를 제공하는 등 몇 가지 전략을 실천하고 있다. 이중 첫 번째 전략은 대부분의 원스톱 센터에서 공통적으로 추진되고 있고 두 번째와 세 번째 전략들은 선택적으로 추진되고 있다.

고용주를 위한 전담 인력을 배치하는 첫 번째 전략의 배경은 원하는 인력을 구하고자 하는 고용주의 만족과 더불어 구직자들에게 알맞은 일자리를 알선하고 최종적으로 취업 성공에까지 이끌기 위해서는 무엇보다도 고용주들의 참여가 중요하기 때문이다. 고용주 전담 직원의 역할은 크게 두 가지로 나뉘는데 하나는 고용주들이 구인 요구가 있을 경우 가장 우선적인 서비스 지원 기관으로서 원스톱 센터를 활용하도록 신뢰성을 구축하고 다른 하나는 개별 고용주들에게 적극적으로 구인 요구 여부를 진단하는 것이다. 통합 원스톱 체제를 갖추기 이전의 체제에서는 고용 · 훈련 프로그램의 제공자들이 개별적으로 활동하였기 때문에 구직자를 위한 일자리를 마련하기 위하여 각 기관들이 고용주에게 별도로 접촉해야 하는 어려움은 물론 고용주의 입장에서도 구인 요구를 충족시키기 위해서는 여러 기관을 접촉 대상으로 삼아야 하는 불편이 있었다. 그러나 원스톱 체제 하에서는 고용주 전담 직원을 배치함으로써 고용주의 구인 요구 및 구직 요구를 총괄적으로 관리함으로써 이러한 불편을 해소하는데 기여하였다. 특히 고용주 전담 직원이 배치됨에 따라 지역별로 발달된 산업 또는 인력 부족 산업에 대한 일원화된 서비스가 가능해짐에 따라 개별 고용주에 대한 단발적인 서비스뿐만 아니라 훈련 서비스와 연계한 중·장기 서비스를 성공적으로 제공할 수 있게 되었다. 대표적인 성공 사례로 캘리포니아의 산타로사에 위치한 원스톱 센터(Job Link)에서는 관광산업부문에서 보다 숙련된 인력에 수요가 나타나자 지역의 커뮤니티 컬리지와 연계하여 호텔경영이나 조리사 자격증 과정을 운영하여 필요한 인력풀을 준비함으로써 해당 산업의 인력 요구를 충족시켰다.

고용주 전담 인력을 배치하는 것과 더불어 지역상공회의소나 유관 기관을 매개로 하여 원스톱 센터와 고용주와의 협력을 독려하는 두 번째 전략의 추진 배경은 고용주들의 요구나 지역 산업 동향 파악에 유리한 위치에 있는 중재기관을 적극적으로 활용함으로써 고용주들이 필요 인력에 쉽게 접근하거나 신진인력이나 기존인력에 대한 평가 및 재교육을 능률적으로 제공하기 위함이다. 원스톱 센터와 관련 중재기관과의 협력은 자금 지원, 리쿠르트, 지역산업 육성 등 다양한 형태로 이루어진다. 대표적인 사례로 테네스에 위치한 원스톱 센터(WorkForce Essentials, Inc.)에서는 지역 은행들이 수학적 능력을 갖춘 인력 구하기에 어려움을 겪자 지역상공회의소로부터 자금을 지원받아 구직자를 대상으로 훈련 프로그램을 운영한 것을 들 수 있다. 또한 펜실베니아에 위치한 원스톱 센터(Erie Team PA CareerLink)에서는 지역경제 부흥을 위하여 활동하는 다수의 기관과 연계하여 고용창출 및 지역사회 발전을 위하여 새로운 산업 육성 패키지 프로그램을 운영하였다.

끝으로 고용주의 구체적인 인력 요구를 위한 맞춤 서비스를 제공하고자 하는 전략의 추진 배경은 기본적으로는 새로운 고용주를 원스톱 센터로 영입하고 기존 고용주를 유지시키기 위함이고, 나아가서 인력에 대한 훈련비용 부담 능력이 없는 고용주를 지원하기 위함이다. 대표적 성공사례로 컨터키에 위치한 원스톱 센터(Pike County Jobsight Center)가 추진한 신진 광부 인력 개발 프로그램을 들 수 있다([그림 9-2] 참조).

당면 과제		원스톱 센터의 지원
• 고용주: 숙련 광부 인력 부족하나 신진인력 양성 비용 없음 → 해외로부터 인력 수입 계획 수립 • 구직자: 신진인력 및 비숙련 인력을 중심으로 장기 고실업 상황	➡	• 추진 자금 마련: 인력투자법 기금 활용 • 지원 패키지 개발: 숙련 광부 양성을 위한 OJT 프로그램 신설 → 고용주 및 구직자 대상으로 OJT 프로그램 홍보 → 참여 고용주 지원(OJT훈련 기간동안 신진 인력 고용 비용의 50%를 원스톱 센터가 부담)

[그림 9-2] 원스톱 센터의 고용주를 위한 맞춤 서비스 지원 사례: Pike County Jobsight Center 사례

(다) 서비스 지원을 위한 인프라 구축

수요자 중심의 통합 원스톱 체제를 구축하고자 대부분의 원스톱 센터들은 프로그램 파트너십의 강화와 지원기금의 확대를 위하여 노력하고 있다. 우선 프로그램간 파트너십의 증진을 위하여 기능의 유사성에 따라 팀을 구성하거나 협력 프로젝트를 추진하는 등의 방법을 취하고 있다. 유타주에 위치한 원스톱 센터(South County Employment Center)에서는 프로그램의 교차 추천, 각 파트너 직원의 교차 훈련, 고용주 협력 등의 공통 이슈를 중심으로 위원회를 구성하여 활동하고 있다. 이 밖에도 원스톱 센터의 정체성 확립과 파트너들의 소속감 강화를 위하여 동일한 로고, 명찰, 명함 등을 지원하거나 매력적인 물리적 공간이나 입주 조건을 탄력적으로 제시하여 사무실을 같이 사용할 것을 독려하기도 한다.

한편 대부분의 원스톱 센터에서는 인력투자법에 의하여 지원되는 기금이외에 공공 또는 민간부문으로부터의 지원을 확보하거나 수익창출 서비스를 제공하는 등 다양한 경로로 추가 자금을 획득하여 원스톱 센터의 운영·관리 비용이나 지원 서비스의 확대 등에 활용하고 있다. 예를 들어 테네시에 위치한 원스톱 센터(WorkForce Essentials, Inc.)에서는 경영컨설팅, 마약 검사, 운전교습 등의 서비스를 제공하여 2002년도에 약 7십5만 불의 수익을 창출하여 물리적 작업환경 개선에 충당하기도 하였다.

이와 같이 원스톱 센터의 활동 사례에 대한 조사 결과에서 알 수 있듯이 인력투자법에서 원스톱 체제는 중·고령자 집단을 위해서 특화된 서비스를 지원하는 하는 인력지원체제는 아니다. 그러나 중·고령자가 체계적인 고용 훈련 프로그램을 지원받기 위해서는 원스톱 센터에 등록해야 하므로 원스톱 체제의 운영 체계 및 전략을 이해하고 그 특성을 분석하는 것이 바로 중·고령자의 평생고용 가능성을 향상시킬 수 있는 지원 체제를 이해하는 것이라 해도 과언이 아니다. 이러한 논거에 준하여 원스톱 센터의 운영 전략에서 나타나는 특성을 바탕으로 중·고령자를 지원하기 위한 원스톱 센터의 전략적 특성을 정리하면 다음과 같다. 첫째, 철저하게 고객만족을 추구한 수요자 중심 전략을 추구하고 있다. 이는 해당 지역의 인구구성 현황, 지역의 주요 산업 및 발전 도모 산업의 종류 등에 따라 중·고령자에게 유리하거나 불리할 수 있음을 의미한다. 다시 말하여 지역의 고령화 진척도가 높거나 중·고령 근로자의 활용도가 높은 산업이 발전되어 있다면 중·고령자를 위한 프로그램이 많이 개설·운영될 가능성이 높지만 그 역도 가능하다. 그러나 베이비 붐 세대의 고령화와 더불어 2020년 이후 대부분의 지역에서 고령화 수준이 상당히 높을 것으로 예상되므로 긍정적으로 평가할 수 있을 것이다. 둘째, 프로그램간 통합 정도와 프로그램 제공자간의 파트너십 형성을 바탕으로 한 '이음새 없는 지원'을 추구하고 있다. 다시 말하여 SCSEP의 서비스를 제공하는 기관이 원스톱 체제의 파트너로서 현재까지 활동을 통하여 구축한 노하우나 고용주체들과의 협력 정보 및 구직자 정보를 다른 파트너들과 공유하는데 실패한다면 궁극적으로는 중·고령자를 지원하는 서비스 제공에 실패할 것이다. 과거 체제에서는 고용·훈련 서비스의 제공을 희망하는 중·고령자나 중·고령자 채용을 희망하는 고용주라면 SCSEP와 같이 중·고령자를 위한 서비스를 진행하는 기관에게 직접 등록을 하였다. 그러나 오늘날에는 일원화된 원스톱 체제를 최우선 접근 통로로 지정하고 있기 때문에 이 체제에 적극적으로 동참하지 않으면 고립될 수밖에 없는 상황이다.

3) 기업: 사례 중심

기업이 중·고령자의 고용유지 및 취업가능성의 제고를 위하여 지원하는 형태는 크게 두 가지로 나눌 수 있다 첫째는 기업이 고용주체로서 중·고령자가 일할 수 있는 여건과 일자리를 제공하는 형태이고 둘째는 중·고령자가 고용조정의 대상자로 분류되었을 경우 이들이 전직할 수 있도록 돕는 형태이다. 우선 일할 수 있는 여건 마련과 일자리를 마련하는 프로그램의 종류로는 퇴직자의 재고용, 업무 부담 경감, 일자리 공유나 시간제 업무와 연단위 계약직 업무의 마련 등과 같은 탄력적 고용 프로그램을 도입하는 사례를 들 수 있다.

중·고령자를 위한 기업의 탄력적 고용 프로그램 지원 사례에 대한 전국 규모의 조사가 없지만 Watson Wyatt나 Mercer 컨설팅과 같은 인력관리 전문 컨설팅 기관의 국지적인 조사결과를 보면 이러한 프로그램을 실시하는 기업은 그다지 많지 않은 것으로 나타났다. 그 이유는 입장에 따라 다양하지만 우선 기업에서는 필요성에 대한 인식 부족이나 낮은 투자효과성 때문에 측면에서 실시하기를 주저하고, 노동조합에서는 중·고령자의 전직 및 퇴직 관련 문제가 핵심 사안으로 다루어지고 있지 않기 때문이다. 또한 중·고령자의 고용 및 취업에 대한 태도에 있어서 적은 업무 부담을 선호하는 것과 같은 특성도 정규직 중심의 프로그램을 지원하는 기업에게는 적합하지 않기 때문이다. 이외에도 중·고령 근로자에 대한 고용주의 편견이나 중·고령자의 건강 문제 등이 기업이 중·고령자의 고용을

<표 9-8> 중·고령자의 고용을 위한 탄력적 고용 프로그램의 사례

실시 기업의 업종	프로그램의 사례
공간시스템 디자인업체	시간제 고용, 퇴직자 재고용
제약 소매업체	시간제 고용, 연단위 다지역 근무제
식품 제조업체	퇴직자 재고용
정보산업체	퇴직자 재고용
통신서비스업체	해외에 벤처기업 설립시 계약 고용
보험업체	시간제 기반으로 비공식적으로 퇴직자 재고용
항공업체	퇴직자 재고용
화학제조업체	퇴직자 재고용
투자업체	기업의 특별한 요구에 따라 비공식적으로 퇴직자 재고용
의료장비업체	퇴직 3년 전 업무 부담 경감
제조업체	근무 희망 요일 선택제

자료 : United States General Accounting Office(2001). Older workers-Demographic trends pose challenges for employers and workers. Washington, D. C.: U. S. Government Printing Office. p. 25.

주저하는 원인으로 지적되고 있다(United States General Accounting Office, 2001). 즉, 민간기업 차원에서 중·고령자가 일하기 좋은 여건을 조성하고 일자리를 별도로 창출하고자 하는 노력이 그다지 활발하지 않으며 중·고령자 인력 활용에 있어서도 적극적이지 않음을 알 수 있다.

다음으로 중 · 고령자가 고용조정 대상자로 분류되었을 경우, 이들에 대하여 기업은 어떤 지원서비스를 제공하는지에 대하여 살펴보면 다음과 같다. 미국 기업이 주도적으로 고용조정 대상자를 지원하는 전직서비스를 제공하는 것이 일반화된 것은 미국에서 구조조정이 시작된 1980년대부터이다(Miller, Robinson, 1994). 전직지원서비스를 제공한 기업의 양적 규모를 조사한 결과를 보면 69.2%에 달하는 기업이 관련 서비스를 제공한 것으로 나타났다(American Management Association, 1997). 즉, 기업이 고용조정 대상자에게 전직지원서비스를 제공하는 것이 일반적 추세임을 알 수 있다. 그러나 기업의 규모, 산업 및 업종, 소속 근로자의 특성 등에 따라 지원하는 서비스의 형태 및 특성은 다양할 수밖에 없으므로 본 연구에서는 대표적인 사례를 중심으로 논의하고자 한다. 우선 기업에서 전직서비스를 지원하는 경우, 경영진에 의하여 단독으로 지원할 수 있지만 이와 같은 사례에서는 해당 기업의 경영철학, 최고경영자의 의지, 인적자원관리 체제 등과 같은 기업 자체의 특수성이 많이 반영될 수밖에 없고 기업 규모 및 업종 등에 따라 그 편차가 크기 때문에 일반화된 시사점을 도출하기 힘들다. 따라서 고용조정에 의한 실업 및 전직/재취업의 문제를 기업의 개별적 문제로 접근하지 않고 근로자(노동조합)-경영진-정부의 공동 책임 하에 체계적으로 지원하는 「노사정 3자 지원」 사례를 중심으로 고용조정 대상자에 대한 지원 모형을 살펴보고자 한다. 우선 노사정 3자 지원 체제는 각 주정부에 설치된 신속대응팀(rapid response team)이 기업의 공장폐쇄나 대량해고에 대한 통지를 받으면서 시작된다. 과거 직업훈련협력법 하에서는 실직자 지원을 위하여 JTPA-III(영구 실업자를 위한 직업훈련 프로그램) 기금이 지원되었지만 인력투자법이 직업훈련협력법을 대체하면서 인력투자법 기금에 신청하여 경쟁적 절차를 거쳐 지원 기금을 얻을 수 있다.

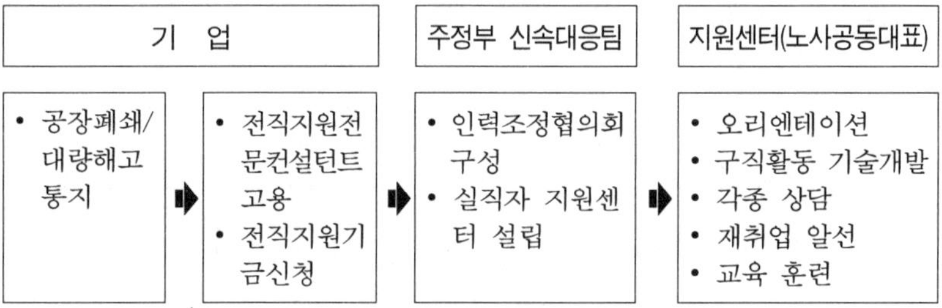

[그림 9-3] 노사정 3자 지원 모형

구체적인 지원 사례로서 상시 훈련센터를 임시 이행센터로 전환시킨 제너럴모터스의 'UAW-GM 인적자원센터'와 실직문제 해결을 위한 특별 이행센터를 설치한 보잉사의 '재취업프로그램(Boeing Reemployment Program)'을 살펴보고자 한다.

(1) 제너럴모터스의 'UAW-GM 인적자원센터'[1]

'UAW-GM 인적자원센터'는 1980년대 이후 대두된 노사 협력주의와 교육훈련의 중요성을 강조하는 분위기 속에서 노사 모두를 만족시킬 수 있는 교육훈련 프로그램의 제공을 목적으로 설치된 상시적 기구이다(Ferman, 1990). 이 센터에서는 공장폐쇄나 인원감축

1) 이 사례는 김동헌(1998)의 『미국기업의 고용조정 대상자 지원 사례 연구』 중, pp. 17~21에 해당하는 부분을 주로 참조함.

과 같이 고용조정이 불가피한 상황이 발생할 경우 현지에 이행센터(transition center)의 설립을 지원하고 전직지원 프로그램 계획을 개발한다(김동헌, 1998). 대표적인 공장폐쇄 지원 사례로서 GM Van Nuys 공장을 캐나다로 이전시키는 결정이 이루어짐에 따라 2천6백명의 실직자가 발생하자 이들을 위하여 지원된 프로그램들을 정리하면 다음과 같다.

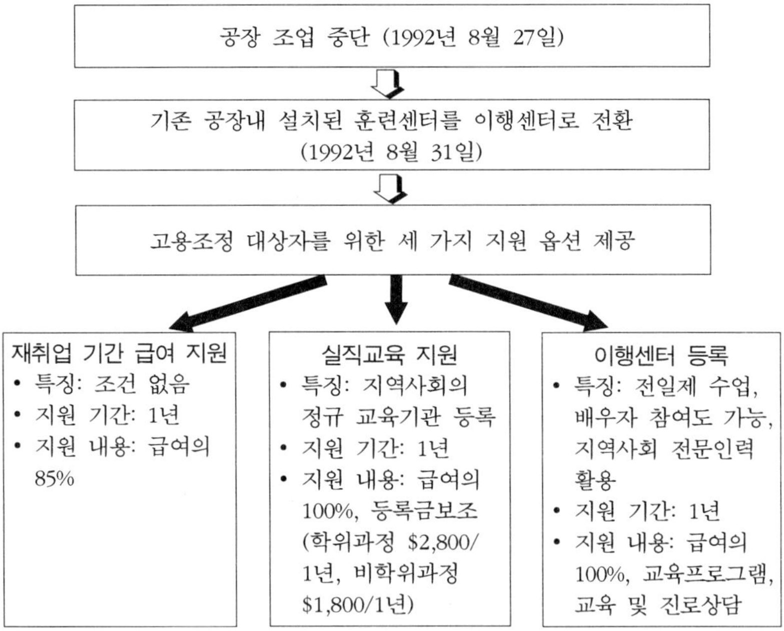

[그림 9-4] GM Van Nuys 공장의 고용조정 대상자 지원 사례

이 사례의 특징으로는 첫째 교육훈련을 통한 지원이 우선시 되고, 둘째 지역사회의 교육기관과 면밀한 협동체계를 구축하고 있으며,

셋째 근로자가 본인의 상황에 따라 서비스를 선택할 수 있도록 다양한 선택권을 부여하였고, 넷째 지원 범위를 고용조정의 직접 대상자인 종업원뿐만 아니라 간접 대상자인 가족까지 확대하고 있다는 것 등을 들 수 있다. 불가피하게 고용조정이 필요한 시점에서 뿐만 아니라 노사공동 프로그램을 상시적으로 운영하고 있기 때문에 간접적인 고용조정 지원 효과도 얻을 수 있다. 구체적으로 우선 노사가 공동으로 운영하기 때문에 기업 단독으로 운영하는 경우와 달리 현직 종업원뿐만 아니라 실직 종업원까지 프로그램에 참여할 수 있는 기회를 부여하고 프로그램도 다양화 할 수 있다. 둘째, 특정 기업(내부노동시장)에서 필요로 하는 능력뿐만 아니라 기업 외(외부노동시장)에서 필요로 하는 능력을 개발할 수 있는 기회를 제공할 수 있기 때문에 근로자의 전직이 원활하게 이루어질 수 있다. 다시 말하여 고용조정 상황이 아니라 평상시에도 실직 근로자 또는 잠재 실직 근로자의 고용가능성 향상에 기여하고 있음을 알 수 있다.

(2) 보잉사의 '재취업프로그램(Boeing Reemployment Program)'2)

1990년대 초반부터 시작된 보잉사의 대규모 인력감축에 따른 실직문제를 해결하기 위하여 1993년 11월부터 실시한 프로그램으로 [그림 9-5]와 같은 서비스가 지원되었다. 이후 프로그램을 지원한 주정부에서 이 재취업 프로그램에 참여한 고용조정 대상 근로자를

2) 이 사례는 김정한 외(2001)의 『고용조정과 전직지원-한국, 일본, 미국 기업 사례를 중심으로』 중, pp. 113~118의 내용을 주로 참조함.

대상으로 실시한 평가 결과를 보면 응답자의 92%가 재취업 센터의 활동에 대하여 긍정적으로 답하였고 서비스 방식과 재취업 센터 직원에 대해서도 90%가 긍정적으로 평가하는 등 좋은 성과를 거두었다. 이 사례에서는 노동조합-경영진-주정부-지역사회(학교) 등 다양한 이해관계자가 이해관계를 조정하는데 성공하였다는 점과 교육훈련을 통한 지원이 핵심이었다는 점 등을 특징으로 들 수 있다.

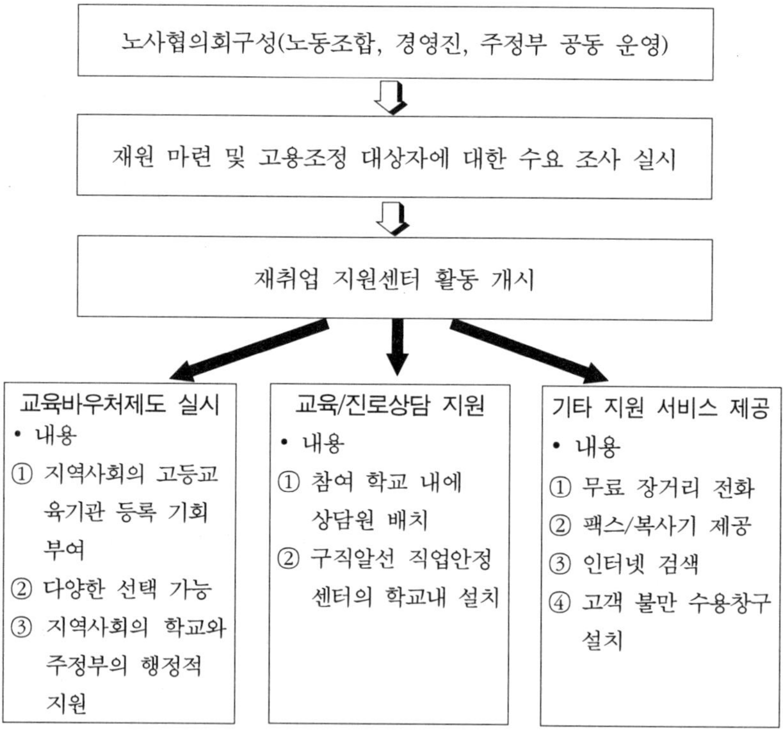

[그림 9-5] 보잉사의 재취업프로그램(Boeing Reemployment Program) 사례

상기 두 가지 사례로부터 고용조정 대상자에 대하여 미국기업들이 지원하는 서비스에서 발견되는 특징을 정리하면 다음과 같다. 첫째, 고용조정에 의한 실업문제를 개인이나 개별 기업의 문제로 한정시키지 않고, 다양한 이해관계자(노동조합, 기업, 정부)가 공동 책임 하에 협력하고 있다. 둘째, 고용조정 대상자에 대한 요구조사, 교육 및 진로에 대한 상담, 취업알선, 교육훈련 프로그램 등 지원하는 서비스가 체계적이고 포괄적으로 제공되고 있다. 셋째, 특히 교육훈련 프로그램을 강조하여 일시적인 금전적 보조가 아니라 능력개발을 통하여 개인의 취업할 가능성을 향상시키는 것을 궁극적으로 추구하고 있다.

CHAPTER 10

미국 중 · 고령자 지원 정책의 시사점

지금까지 오늘날 미국이 중 · 고령자의 평생고용가능성을 증진시키기 위하여 추진하고 있는 다양한 지원 프로그램들을 지원 주체, 즉 중앙정부, 지방정부와 지역사회, 그리고 기업으로 나누어 각 주체별 주요 활동을 중심으로 살펴보았다. 여기서 도출된 일반적인 특징을 열거해 보면 다음과 같다. 첫째, 중 · 고령자의 평생고용가능성 제고의 문제를 개인적 책임으로 국한시키지 않고 국가적 수준에서 해결점을 모색해야 할 대상으로 간주하고 있다는 점이다. 둘째, 문제에 대한 접근 방식에 있어서 선언적 · 규범적 수준에 머무르지 않고 구체적인 실천 방안이 제안되어 추진되고 있다는 점이다. 그 예로서 법적으로 중 · 고령자의 고용가능성을 보호하고, SCSEP와 같이 정책의 수혜 대상자를 취약계층에 속한 중 · 고령자들로 특화하여 지원하고 있다는 점 등을 들 수 있다. 셋째, 중앙정부, 지방정부, 기업 등 활동 주체 간 협력을 통한 능률적 통합을 강조하면서 동시에 지방분권화 및 권한 위임에 의한 자율성을 확대함으로써 중 · 고령자의 다양한 요구에 적절하게 대응할 수 있도록 하고 있다는 점이다. 즉, 법적 통제 및 지원 하에서 정책의 일관성과 통합을 유지하고자 하지만 한편으로는 지방정부와 지역사회의 특수성을 인정하고 있다. 하나의 사례로 원스톱 센터의 설치와 운영에 관한 기본적인 지침은 인력투자법에 근간을 두고 있지만 지방정부와 지역사회는 환경적 특수성과 노동시장의 여건 등에 따라 자유롭게 지원 프로그램을 설치할 수 있다는 점을 들 수 있다. 넷째, 취약계층에 속한 중 · 고령자에 대한 지원이 단순히 복지적 지원에 머무르지 않고 그들의 능력개발을 중심으로 한 고용가능성 증진을 도모함으로써 자립할 수 있도록 지원하는(Wealth to Work) 방향으로 향하고 있다는 점이다. 이와 같은 특징들이 내포하고 있는 시사점을 구체적으로 지적하기 위하여 논의된 순서에 준하여 법적 지원에서부터 주체별 정책적 지원에 이르기까지 의미있는 시사점을 탐색하여 정리하고자 한다.

첫째, 법적 지원에 있어서 기존의 직업훈련협력법(JTPA)을 대체하는 법으로 인력투자법(WIA)이 제정되면서 중 · 고령자를 지원하는 정책 및 프로그램에 초래된 몇 가지 변화에 주목해야 한다. 우선 지원의 방향성이 실적 기반 인력 투자 개념의 도입을 통한 복지 의존도의 경감으로 제안되었고, 다음으로 지원의 대상이 취약계층과 같은 특정 집단 중심으로부터 환경적 특수성을 반영한 수요자 중심(customer-focused)으로 변화되었으며, 끝으로 지원 프로그램의 운영에 있어서 통합과 능률성, 지방정부 및 지역사회로의 권한 위임이 운영의 원칙으로 적용되고 있다. 이와 같은 각각의 변화가 고용 · 훈련 지원 시스템의 변화를 주도하기 때문에 각각에 대하여 보다 구체적으로 논의해 보아야 한다.

1) 지원의 방향성: 실적 기반 인력 투자 개념의 도입을 통한 복지 의존도의 경감

종전의 직업훈련협력법에서도 중·고령자를 포함한 성인, 특히 경제적으로나 취업에 있어서 취약계층에 속하는 자를 대상으로 한 고용·훈련 관련 지원 정책 및 프로그램에 있어서 복지적 차원의 생활안정을 위한 지원에 그치지 않고 JTPA-IIA, JTPA-IIA의 Section 204(d), JTPA-Ⅲ, SCSEP와 같이 능력개발이나 일자리 창출을 통한 지원이 추진되어 왔다. 이와 같이 개인의 고용가능성 증진을 도모하는 지원 정책의 흐름을 계승한다는 점에서는 인력투자법과 직업훈련협력법 사이에서 별다른 차이점을 발견할 수 없지만 특정 집단에 대한 무조건적 지원으로부터 조건부(실적) 지원이라는 점에서 몇 가지 시사점을 찾을 수 있다.

첫 번째, 인력투자의 대상으로서 중·고령자를 인식하고 있다는 점이다. 대표적인 예로서 직업훈련협력법에서는 JTPA-IIA의 Section 204(d)를 설치하여 경제적으로나 취업 경쟁에 있어서 취약계층에 속하는 중·고령자를 대상으로 지원하는 훈련 프로그램에 대하여 지원하였다. 즉, 훈련 프로그램의 운영 결과와는 상관없이 복지적 차원에서 경제적 취약계층에 속하는 55세 이상의 중·고령자를 대상으로 실시되었다. 그러나 직업훈련협력법의 폐지와 함께 이 조항도 소멸됨에 따라 이 프로그램의 자금 지원에 의존하던 기관에서는 대체 자금을 얻기 위하여 인력투자법의 지원을 획득해야 하는 상황으로 변경되었다. 인력투자법 하에서는 프로그램의 운영 성과를 기반으로 평가한 결과에 따라 지원금을 획득할 수 있으며 여타 기관들과 경쟁해야 한다. 이는 취약계층에 속한 중·고령자에 대한 인식이 복지의 혜택을 주어야 하는 사회적 부담의 대상이 아니라 투자 효과의 대상으로, 즉 능력 개발을 통하여 사회에 기여할 수 있는 인력으로서 자리매김했다는 점에서는 긍정적이다. 또한 연령을 기준으로 고용·훈련 프로그램을 구분하는 것이 아니라 개인의 능력과 적성, 선호도에 따라 프로그램에 참여할 수 있도록 하여 오히려 정부가 지원하는 프로그램에 대한 참여 선택폭이 늘어났다는 장점도 있다. 그러나 한편으로는 고령인구의 증가에 따라 자연스럽게 취약계층에 속하는 중·고령자들도 증가하고, 지식기반사회로의 변화가 고등 인력에 대한 수요를 확대시키는 가운데 젊은 세대에 비하여 상대적으로 학력 소외계층에 속하며, 평가에 의한 지원이 이루어짐에 따라 취업에 불리한 중·고령자를 대상으로 하는 프로그램의 운영 기피 현상 등을 고려할 때 중·고령자를 위한 지원 프로그램의 축소는 취약계층 중·고령자의 영구 실직을 초래할 수 있다는 점에서 부정적이라 할 수 있다.

두 번째, 지원 프로그램의 운영이 복지 의존도의 경감을 위하여 질적으로 변화하고 있다는 점이다. 그 예로서 중·고령자를 위한 대표적인 일자리 창출 프로그램인 SCSEP의 변화를 들 수 있는데 종전의 정부 보조금 지원에 의한 일자리 배치로부터 보조금 지원이 없는 일자리로의 배치가 늘어나고 있다는 점에 주목해야 한다. 종전의 SCSEP는 정부의 자금지원에 의한 일자리를 창출하는 것에 주력해 왔던 반면 인력투자법 하에서는 고용주를 개척하고 교육훈련을 통하여 개인(중・고령자)의 능력 제고에 초점을 맞추고 있다. 즉, 직업훈련협력법에 이어서 인력투자법 하에서도 SCSEP는 중앙정부 차원에서 지속적으로 지원되고 있지만 질적인 측면에서 다르다. 과거에는 정부 보조금에 대한 의존도가 높았던 반면 인력투자법 하에서는 정부 보조를 축소시키기 위하여 중・고령 인력의 장점을 부각시킬 수 있는 일자리를 적극적으로 개척하고 일자리에서 원하는 수준의 능력을 확보하기 위하여 중・고령자 대상의 교육훈련 서비스와 밀접하게 연계시키는 서비스에 중점을 두고 있는 추세이다. 이는 복지적 지원으로부터 교육훈련 서비스와의 연계를 도모하는 교육적 지원으로의 변화라는 점에서 뿐만 아니라 정부지원의 일자리 알선 기관에서 제공하는 서비스도 지원의 의존도를 낮추기 위한 적극적 전략을 활용하고 있다는 점에서도 의미있다.

상기 제시한 변화들의 촉진제 역할을 하는 것은 바로 세 번째, 중앙정부의 실적 평가에 준한 재정적 통제권 강화와 실적 평가 항목을 명확하게 제시함으로써 투자 효율성을 강조하고 있다는 점이다. 즉, 이것은 투자의 정당성을 확보하고 합리적으로 재투자하기 위한 기준을 철저하게 실적 중심으로 적용하고자 하는 인력투자법의 취지에서 벗어나지 않는 것으로 정부 지원 프로그램의 결과를 실적 중심으로 평가하고 이 결과를 차기 재정적 자원배분의 기준으로 활용하는 원칙을 적용하고 있다. 이는 투자에 대한 효과성을 높일 수 있고, 좋은 실적의 창출을 위하여 지원 프로그램 운영의 핵심이 수요자의 요구 파악에 맞춰짐으로서 지원의 실효성을 제고한다는 측면에서 긍정적이다. 그러나 다른 측면에서는 중・고령자의 일과 학습에 대한 태도나 특성, 그리고 일자리 창출에 있어서의 어려움 등을 고려할 때 중·고령자를 대상으로 지원하는 프로그램의 실적이 젊은 층을 대상으로 운영하는 프로그램에 비하여 저조할 가능성이 있으므로 동일한 평가 기준을 적용하는 것에 대해서는 부정적으로 평가할 수 있다.

2) 지원 대상: 환경적 특수성을 반영한 수요자 중심

인력투자법 자체에 수요자 중심의 고용·훈련 프로그램의 운영이 거론되어 있기도 하지만 사실상 실천적인 측면에서 지원의 기준이 실적 중심으로 변화되면서 지원 프로그램을 실천하는 지방정부와 지역사회, 관련 프로그램 수행 기관 등에서 실적을 고려한 프로그램을 운영하기 위한 방법으로 수요자의 요구를 정확하게 파악하는 것에 초점을 두는 것은 자연스러운 현상이라고 할 수 있다. 수요자 중심으로의 변화는 무엇보다도 지방 및 지역사회가 처한 노동시장의 특수성 및 변화의 추이, 거주자의 특성을 반영할 수 있다는 측면에서 매우 긍정적이다. 또한 고령 인구가 증가함에 따라 중·고령자를 특화할 필요성이 무색해지고 있고, 고령 인구 규모의 지역적 편차, 고령 인구 특성의 다양화 및 지역적 차이 등을 수용하기 어려운 중앙정부가 획일적으로 지원 정책을 수행하는 것으로부터 유도될 수 있는 불합리성을 줄일 수 있다는 점도 의미있다. 그러나 수요자 중심으로부터 비롯될 수 있는 문제점 또한 간과해서는 안된다. 수요자 중심의 정책이 지원 수혜의 소외계층을 양산할 수 있는

가능성을 배제할 수 없다. 과거 직업훈련협력법 하에서는 정부가 정한 경제적 취약계층에 속하는 기준에 해당되는 55세 이상의 중·고령자라면 누구든지 지원받을 수 있는 프로그램이 보장되었기 때문에 프로그램 참여의 결정권이 사실상 개인의 의지에 달려있었다고 할 수 있다. 그러나 인력투자법 하에서 중·고령자로 특화된 지원 프로그램이 폐지되고 실적 중심으로 평가가 이루어지게 되면 평가 기준인 ① 취업률, ② 6개월 이후의 고용유지율과 수입변화 정도, ③ 프로그램 참여자의 자격증 획득률 등과 같은 기준에 부합하기 쉬운 개인 수요자를 위한 프로그램이 우선적으로 개설될 가능성이 높다. 즉, 상기 제시된 기준에서 볼 때 젊은층과 비교하여 열악한 위치에 있는 중·고령자나 중·고령자들 내에서도 고학력의 고숙련자들에 비하여 취업 열세에 위치한 저학력의 저숙련자들의 요구는 배제될 가능성이 여전히 남아 있다.

3) 지원 프로그램의 운영: 통합과 능률성

인력투자법에서는 고용·훈련 프로그램을 운영함에 있어서 통합과 능률성을 강조하고 있다. 지역에 설치된 원스톱 센터를 정점으로 모든 고용·훈련 프로그램이 통합적으로 관리되게 함으로써 수요자(구직자와 구인자)들이 원스톱 센터에서 원하는 서비스 및 관련 정보를 능률적으로 얻을 수 있는 시스템을 지향하고 있다. 따라서 실직 상황에 처한 개인이나 구인의 요구가 있는 고용주는 문제해결을 위한 방법으로서 주저하지 않고 원스톱 센터를 최우선적으로 선택할 수 있고, 복잡한 절차를 거치지 않고도 다양한 서비스를 모두 제공받을 수 있다는 점에서 긍정적이다. 또한 이를 실천하기 위하여 관련 정보의 축적, 구직·구인 서비스의 절차화, 관련 기관과의 협력 등과 같이 구체적인 전략이 추진되고 있다는 점에서도 시사점을 발견할 수 있다. 특히 구직자를 대상으로 제공되는 서비스에서는 「기초 서비스 → 심화 서비스 → 훈련 서비스」와 같이 제공 서비스를 단계화하여 개인의 요구에 대한 상담에서 능력 수준 및 적성 분석, 교육훈련서비스와 취업정보에 이르기까지 취업에 필요한 일련의 서비스가 체계적으로 제공되고 있다. 또한 직업훈련협력법 하에서 고용·훈련 프로그램을 특정 집단으로 구분하여 운영함으로써 나타났던 절차의 복잡성이나 유사 프로그램의 중복 등을 해소하고자 프로그램의 통합을 도모하고 있다. 즉, '55세 이상'과 같이 특정 집단으로 한정하는 전제 조건을 지양하고 프로그램의 내용과 특성에 따라 참석 여부를 개인이 결정할 수 있도록 '적합 교육훈련 기관 목록제'와 '개인훈련계좌제'를 도입함으로써 중·고령자가 젊은이들과 함께 참여하는 통합 프로그램을 지향하고 있다. 이러한 변화는 서비스 지원 절차를 단순화하고 체계화함은 물론 우수 프로그램에 대한 정보를 축적하고 선택권을 개인으로 이양함으로써 고용·훈련 지원 서비스에 대한 접근 가능성을 높인다는 측면에서 긍정적이다. 그러나 젊은층과 함께 참여하는 통합프로그램에 대한 중·고령자의 만족도나 효과성에 대한 의문이 제기되며 교육훈련 프로그램 이수 후 취업에서 젊은층과 함께 경쟁해야 하는 부담감 등도 고려되어야 할 것이다.

다음으로 정책적 지원에서 중앙정부의 역할 및 특히 대표적인 중·고령자를 위한 고용·훈련 지원 사업인 SCSEP를 통하여 얻을 수 있는 시사점을 정리하면 다음과 같다. 우선 중앙정부의 역할에서 발견할 수 있는 시사점은 직접적 통제가 아니라 간접적 지원이 주된 지원 방식으로 추진되고 있다는 점이다. 즉, 중앙정부는 중·고령자의 고용가능성을 증진시키기 위하여 법적인 환경을 마련하고, 지방정부 및 지역사회로의 분권화를 추진하되 일관성 있게 정책을 추진하기 위하여 공통된 안내 지침을 수립하는 역할을 하고 있다. 또한 이와 같이 간접적 지원이 가능한 토대는 평가기준을 명확히 제시하고 평가결과에 따라 보상하는 체제가 갖추어졌기 때문이라는 점도 간과해서는 안 될 시사점이다. 중앙정부의 역할로부터 얻을 수 있는 두 번째 시사점으로는 국가적 수준에서 이루어지는 고용·훈련프로그램에서는 취약계층에 대한 복지적 성격도 여전히 갖추고 있다는 점이다. 인력투자법이 설치되면서 복지적 의존도를 낮추는 것이 주된 방향이라는 점은 사실이지만 국민의 안정된 삶을 보장하기 위한 사회안전망을 수립하는 책임 소재는 역시 국가에 있음을 알 수 있다. 중·고령자를 지원 대상으로 특화하고 있는 유일한 고용·훈련 프로그램인 SCSEP 역시 지원대상을 취약계층으로 한정함으로서 사회안전망으로서의 역할을 도모하고 있다.

이러한 관점에서 직업훈련협력법이 인력투자법으로 대체되면서 수요자 중심, 통합된 운영, 평가 기반 지원 등이 정책의 방향성으로 제시되면서 SCSEP 지원을 통한 효과에 의문점이 제기되고 있다는 점도 한국의 중·고령자 문제 접근에 있어서는 의미있다. 즉, 경제적으로나 취업에 있어서 어려움을 겪는 취약계층 중·고령자들에게 수요자 중심과 실적 중심으로의 변화는 SCSEP의 사회안전망으로서의 기능을 약화시킬 수 있다는 점을 간과해서는 안된다. 수요자 중심의 통합된 운영은 합리적이고 능률적일 수는 있지만 젊은 세대와 함께 교육훈련에 참여함으로써 중·고령자가 학습에 대한 자신감을 상실하고 취업 경쟁의 심화라는 역효과를 고려해야 한다. 또한 SCSEP에 대한 수행실적 책임 체제가 강화됨에 따라 지원의 효과를 증진시키고 복지적 의존도를 감소시키는 효과는 기대할 수 있지만 일자리가 필요함에도 불구하고 능력 부족으로 취업경쟁에서 밀려나는 중·고령자가 정부 보조금에 의존하지 않고 능력으로 일자리를 획득해야 하는 것은 현실적으로 쉽지 않음을 고려할 때 부정적이라 할 수 있다. 바꾸어 말하면 취약계층에 속하는 중·고령자의 규모가 상대적으로 많은 한국의 경우, 중앙정부의 정책적 지원이 능률성과 생산성(효과성) 중심으로 지나치게 편중되어 사회안전망으로서의 기능을 약화시킨다면 정책의 실제 효과를 기대하기 힘들 수 있음을 알 수 있다.

한편 중·고령자의 일자리 창출 및 알선을 위한 공적 기관의 효과를 증진시키는데 기여한 SCSEP의 운영 전략으로부터 다음과 같은 시사점을 얻을 수 있다. ① 중·고령자에 대한 충분한 이해와 분석 및 상담 능력, 노동시장 및 고용주의 요구에 대하여 이해하고 반영할 수 있도록 내부 직원에 대한 교육에 중점을 두어야 하며, ② 지역사회의 부가가치 증진에 기여하여 구직자 및 고용주와의 신뢰관계를 공고히 구축해야 하며, ③ 관련 기관 및 지역사회와의 협력 네트워크를 구축해야 하고, ④ 구직자 및 고용주의 의견 수렴을 위한 의사소통 채널을 충분히 확보해야 한다.

셋째, 지방정부와 지역사회를 거점으로 설치되어 있는 원스톱 센터는 미국의 평생고용가능성 증진을 위한 지원 모형의 핵심으로 이것으로부터 중·고령자의 평생고용가능성과 관련된 지방정부 및 지역사회의 역할에 대하여 여러 가지 시사점을 도출할 수 있다. 우선 지방정부와 지역사회는 해당 지방(지역)의 고용·훈련 정책을 총괄하며 이를 추진하는 주체라는 점이다. 물론 중앙정부 수준에서 원스톱 센터의 설치 및 운영에 대한 기본적인 지침을 제공하지만 지방정부 및 지역사회는 지역의 특수성을 반영할 수 있도록 운영 및 관리에 있어서 자율권을 행사할 수 있다. 두 번째 지방정부와 지역사회는 중앙정부의 정책과 지역의 추진 기관을 중개하는 역할을 하고 있다. 즉, 중앙정부가 지원하는 정책 프로그램을 수용하고, 지역의 특수성을 고려한 프로그램을 계획/개발하며, 이를 추진하는 데 있어 지역사회의 관련 기관과 파트너 관계를 구축하는 전략을 구사한다. 세 번째 지방정부와 지역사회는 정책 추진을 위하여 원스톱 센터의 파트너를 선정함에 있어 경쟁의 원리를 적용하고 있다. 이를 통하여 공정하게 실적이 우수한 파트너를 선발하고, 파트너의 실적 향상을 위한 노력의 결과로 상담/분석-교육훈련-취업알선 등 파트너들간 협력을 자발적으로 유도하며, 고객(고객과 고용주)에 대한 서비스의 질적 향상 효과를 얻고 있다.

나아가서 원스톱 센터의 운영 전략으로부터 고용·훈련 지원 기관이 지역의 노동시장 특수성과 구직자 및 고용주의 요구를 어떻게 반영하는지에 대한 내용으로부터 다음과 같은 시사점을 얻을 수 있다. 하나는 수요자 중심의 운영을 최우선으로 강조하고 있다는 점이다. 고용·훈련 지원 기관 운영의 초점은 수요자의 만족에 초점을 두고 있다. 우선 구직자를 위해서는 ① 구직자가 필요로 하는 서비스에 대한 접근 가능성을 높이기 위한 방안을 모색하고, ② 원스톱 센터의 직원교육을 강화하며, ③ 구직자의 등록 절차를 간소화하고 사례 관리를 철저히 하여 공유하는 전략을 구사하고 있다. 즉, 모든 구직자가 편리하게 서비스를 이용할 수 있고 구직자의 요구에 따라 맞춤 서비스를 제공하는데 주력하고 있다. 한편으로 고용주에 대해서는 ① 고용주와의 관계 구축을 위한 전담 인력을 배치하거나, ② 지역사회의 관련 기관과 협력 관계를 구축하거나, ③ 개별 맞춤 서비스를 제공하는 등의 전략을 구사하고 있다. 즉, 고용주의 일자리 창출 활동을 기다리는 것이 아니라 가장 효과적인 지역사회의 인력수급기관으로 자리매김 함으로써 고용주의 요구를 충족시키는 전문 기관으로서의 역할을 수행하고 있다. 다른 하나는 평생고용가능성의 증진을 위한 고용·훈련 지원에 있어서 전문 파트너를 적극적으로 활용하고 파트너간의 통합에 주력한다는 점이다. 지방정부와 지역사회를 거점으로 하는 원스톱 센터는 구직자와 고용주를 위한 서비스를 제공하는 통합적인 지원 기관이지만 원스톱 센터에서 모든 고용·훈련 관련 서비스를 계획하고 운영하는 것에는 한계가 있다. 왜냐하면 수요자의 요구가 다양한 만큼 제공해야 할 서비스 또한 양적으로는 물론 질적으로도 매우 다양할 뿐만 아니라 빠른 노동시장의 변화에 대응하기 위해서는 유연성이 중요하기 때문이다. 예를 들어 원스톱 센터에서 제공하는 교육훈련 서비스란 원스톱 센터에서 구직·구인 요구에 맞춰 모든 교육훈련 프로그램을 운영하는 것이 아니라 구직자의 요구 분석 결과에 준하여 지방정부가 제시하고 있는 '적합 교육훈련기관 목록'을 기초로 하여 적절한 교육훈련 파트너를 추천해주고, SCSEP와 같은 파트너를 통하여 일자리를 알선해 주는 것을 말한다. 즉, 원스톱 센터는 전문 파트너의 선정, 조정·관리, 평가 등을 담당하고, 전문 파트너는 실질적으로 서비스를 제공하는 역할을 담당하는 등 원스톱 센터와 전문 파트너간의 역할 분담이 이루어지고 있다. 이를 바꾸어 말하면 지역사회의 고용·훈련 요구를 정확하게 파악하여 무리없이 수행하기 위해서는 지역사회의 관련 기관 및 인적·물적 자원을 효율적으로 조정하고 관리할 수 있는 전문 기관이 필요함을 알 수 있다.

정책적 지원의 마지막 주체인 기업의 역할에서는 노사정 협력에 의한 3자 지원 시스템으로부터 유의미한 시사점을 얻을 수 있다. 첫 번째, 고용조정에 의한 실업문제를 개인 또는 개별 기업의 문제로 한정하지 않고, 노동조합으로 대표되는 개인, 기업, 정부 등과 같은 다양한 이해관계자의 공동 책임으로 인식하고 문제 해결을 위하여 협력한다는 점이다. 두 번째, 사후대처형보다는 사전대비형을 지향한다는 점이다. 즉, 실직으로 인하여 발생하는 문제를 해결하기 보다는 실직을 방지하기 위한 접근을 시도한다. 이를 위하여 기업은 해고 대상자들에게 해고 통지[1]를 빨리하여 개인적으로 준비

1) 1967년에 제정된 「연령차별금지법(ADEA)」에 따르면 100명 이상의 해고가 있을 경우에는 고용주는 해고 대상자들에게 60일전에 사전 통지해야 한다.

할 수 있는 여유를 주고, 노사정 공동으로 지원센터(협의회)를 설립하여 해고 대상자의 요구를 파악하고 상응하는 서비스를 준비한다. 세 번째, 노사정 공동으로 설립한 지원센터(협의회)에서 지원되는 서비스의 범위가 넓고 다양하다는 점이다. 즉, 기업에서 전직을 위한 지원 서비스를 일회적이거나 단편적으로 제공하는 것이 아니라 「해고 대상자의 요구 수렴 → 교육훈련 프로그램 제공 → 진로 상담 및 취업 알선」과 같이 체계적으로 제공함으로써 비자발적인 이·전직 대상자들이 전직하는데 실질적으로 도움을 받을 수 있도록 도움을 주고 있다는 점에 주목해야 한다. 네 번째, 특히 교육훈련에 대한 지원을 강조하여 일시적인 금전적 지원보다 능력개발을 통한 개인의 취업할 가능성 증진에 주력하고 있다는 점이다. 또한 교육훈련 프로그램을 제공하는 형태는 다양하여 해당 기업이 직접 교육 프로그램을 제공하기도 하지만 학교나 교육 전문기관 등과 같이 지역사회의 자원을 활용하기도 한다.

CHAPTER 11

일본의 중·고령자 특성

일본에서는 빠르게 진척되는 고령화 현상으로 인하여 야기되는 문제의 해결과 인구 구성비의 변화 및 고령화의 전개 상황에 신속하게 대응하고 지속적인 경제 성장과 사회 발전을 이룩하기 위해서는 고령세대의 자립과 세대간의 연대가 중요함을 일찍부터 인식하고 정부 주도적으로 그 대책에 서두르고 있다. 일본의 이와 같은 움직임은 오늘날 일본보다 고령화의 진척 속도가 더 빠른 한국의 상황을 고려할 때 천천히 고령화가 진척되어 준비할 여유를 가질 수 있었던 여타 선진국의 사례보다 중·고령자를 대상으로 한 일본의 지원정책과 프로그램은 상당히 의미 있을 것이다. 또한 일본에는 한국과 마찬가지로 종신고용제도, 연공서열제도 등과 같이 고용안정 지향적인 인력관리체제가 우세하게 적용되었던 풍토의 영향이 남아 있어 노동시장의 환경에 있어서도 한국과 유사점이 있으므로 중·고령자를 위한 평생학습모형 개발에 도움을 줄 수 있을 것으로 예상된다. 이와 같은 취지에서 중·고령자의 고용가능성 제고를 위하여 일본이 계획·실행하고 있는 정책 및 일련의 지원 체제를 살펴보고자 한다. 이에 우선 일본의 인구통계학적 변화와 노동시장의 변화에 초점을 맞춰 중·고령자의 특성을 파악하고, 다음으로 중·고령자의 고용가능성 제고를 위하여 국가적 수준에서 행하는 대표적인 정책과 이를 뒷받침하는 법적 지원, 구체적 사례 및 시사점에 대하여 조사한 결과 다음과 같다.

우선 일본이 직면하고 있는 고령화 상황에서 발견되는 특징을 살펴보면 다음과 같다. 첫째, 중·고령 인구 규모가 크고 고령화 진척 속도가 매우 빠른 점을 들 수 있다. 2003년도를 기준으로 고령화 정도를 나타내는 65세 이상 고령인구의 수가 2천4백3십1만 명으로 전체 인구 대비 19.0%를 점유하고 있고, 이미 고령사회에 진입한 상태이다. 이와 더불어 중년층을 포함하는 50세 이상 64세 이하의 인구 비율이 21.6%에 달하고 있어 사실상 중·고령자 인구 비율은 40%를 넘고 있다(総務省統計局, 2004). 또한 인구 구성비의 변화 추이를 보면 1950년을 기점으로 상승하기 시작하여 1985년에 처음으로 고령 인구 비율이 10%를 넘었으며 2015년에는 26.0%(3,277만명)에 달할 것으로 예상되고 있다. 즉, 고령 인구의 변화 추이로부터 알 수 있듯이 일본의 고령화 진척 속도는 세계적으로 유래 없이 빠르게 진행되고 있다(고령화사회로부터 고령사회로의 진입 기간: 25년, 고령사회로부터 초고령사회로의 진입 예상 기간: 15년).

둘째, 고령 인구 중에서도 74세 이상의 후기 고령자가 증가하고 있다는 특징이 발견된다. 후기 고령자의 비율은 지속적으로 증가하여 2020년도를 기점으로 전기 고령자보다 많아질 것으로 예측된다. 후기 고령자의 증가는 고령사회가 초래하는 사회적 부담, 즉 경제활동인구의 감소, 생산성 후퇴, 의료비용 증가, 복지비용 증가 등의 문제가 한층 가중될 것이므로 주목해야 한다.

〈표 11-1〉 일본 고령인구의 변화 추이

년도	총 인구수	인구(단위: 만명)			점유 비율(단위: %)		
		65세 이상	전기 고령자 (65세이상~74세미만)	후기 고령자 (74세 이상)	65세 이상	전기 고령자 (65세이상~74세미만)	후기 고령자 (74세 이상)
1950	8,320	411	305	106	4.9	3.7	1.3
1960	9,342	535	372	163	5.7	4.0	1.7
1970	10,372	733	512	221	7.1	4.9	2.1
1980	11,706	1,065	699	366	9.1	6.0	3.1
1990	12,361	1,493	894	599	12.1	7.2	4.8
1995	12,557	1,828	1,110	718	14.6	8.8	5.7
2000	12,693	2,204	1,303	901	17.4	10.3	7.1
2003	12,769	2,431	1,378	1,053	19.0	10.8	8.2
2010	12,747	2,874	1,494	1,379	22.5	10.7	10.8
2015	12,627	3,277	1,704	1,574	26.0	13.5	12.5
2020	12,411	3,456	1,689	1,767	27.8	13.6	14.2
2025	12,114	3,473	1,447	2,026	28.7	11.9	16.7

자료 : 總務省統計局. 高齢者人口の現状と将来(http:www.stat.go.jp)의 〈表 2〉高齢者人口の推移를 재구성.

셋째, 대부분의 지역에서 고령화율이 높은 것으로 나타나지만 지역별 편차가 나타나는 특징을 발견할 수 있다. 지역별 고령화 정도를 살펴보면 2000년도를 기준으로 가장 고령 인구가 많은 지역은 시마네현(島根県)으로 지역 인구 중 1/4정도가 65세 이상의 고령자이고, 가장 낮은 지역인 사이타마현(埼玉県)은 고령 인구 비율이 12.8%정도이다. 〈표 11-2〉에서 알 수 있듯이 오늘날 일본은 대부분의 지역이 고령사회에 진입해 있고, 특히 47개의 도도부현 중 23개 지역이 초고령사회임을 의미하는 고령화율(20% 이상~25% 미

<표 11-2> 일본 지역별 고령화 정도

고령화 정도	해당 지역수	해당 지역
10% 이상 ~ 15% 미만	6개	埼玉縣, 千葉縣, 神奈川縣, 愛知縣, 大阪府, 沖縄縣
15% 이상 ~ 20% 미만	18개	北海道, 青森縣, 宮城縣, 茨城縣, 枥木縣, 群馬縣, 東京都, 石川縣, 山梨縣, 岐阜縣, 静岡縣, 三重縣, 滋賀縣, 京都府, 兵庫縣, 奈良縣, 廣島縣, 福岡縣
20% 이상 ~ 25% 미만	23개	岩手縣, 秋田縣, 山形縣, 福島縣, 新潟縣, 福山縣, 福井縣, 長野縣, 和歌山縣, 鳥取縣, 島根縣, 岡山縣, 山口縣, 德島縣, 香川縣, 愛媛縣, 高知縣, 佐賀縣, 長崎縣, 熊本縣, 大分縣, 宮崎縣, 鹿兒島縣

자료 : 総務省統計局(2000). 国勢調査의 내용 재구성.
※ 위 자료는 2000년도 기준임.

만)에 해당되었다.

전술한 바와 같이 일본에서는 ① 고령 인구 규모의 확장과 매우 빠른 고령화 추세, ② 74세 이상의 후기 고령자의 증가, ③ 지역별 고령화 진척 정도의 차이 등이 발견되는데 이를 통하여 고령화와 관련된 일본의 상황이 낙관적이지 않다는 것을 알 수 있다. 우선 인구 구성에 있어서 4명 중 1명이 65세 이상의 고령자인 초고령사회를 목전에 두고 있고, 고령화의 진척이 매우 빠르게 진행되고 있어 고령화에 대한 국가 사회적 수준에서의 준비 기간이 여타 선진국과 다르게 촉박하다. 또한 사회적 고부담이 예견되는 74세 이상의 후기 고령자 비율의 증가는 전기 고령자(65세~73세)를 위한 고령화 대책과는 또 다른 접근을 필요로 하게 한다. 끝으로 지역별 고령화 진척 정도의 차이는 고령화 관련 정책에 있어서 국가 주도적 특성이 강하게 나타나는 일본의 정책 수행에 지역적 특성을 고려해야 하는 부담 요인이 되고 있다.

이와 같이 일본 특유의 고령화 현상이 나타나는 가운데 일본 중·고령자들의 취업 및 실업, 나아가서 고용가능성에 직·간접적으로 영향을 미치는 요인으로 가족 구성, 경제적 수준, 그리고 교육 정도에 대하여 살펴보면 다음과 같다. 첫 번째 가족 구성에서는 65세 이상의 고령자를 포함하는 세대수는 전체 세대 대비 36.6%를 점유하고 있고, 이중 65세 이상의 고령자가 혼자 거주(20.2%)하거나 부부만 동거하는 세대(23.7%), 또는 미혼 자녀와 동거하는 세대(15.6%) 등과 같은 고령자 세대가 전체의 59.3%에 해당된다. 즉, 가족이나 자녀에 의한 부양이 자연스럽게 이루어질 수 있는 3세대 동거 세대의 유형(23.7%)보다 고령자가 세대의 주체가 되는 유형이 일반적임을 알 수 있다(国立社会保障 人口問題研究所, 2003). 두 번째 중·고령자의 경제적 측면을 살펴보면 다음과 같다. 우선 고령자들을 대상으로 자신의 경제적 상황에 대한 의식을 조사한 결과를 보면 고령자 세대의 경우 '보통'이라고 답변한 세대가 46.5%로 가장 높았고 전체 세대에 비하여 경제적으로 '매우 힘들다'거나 '약간 힘들다'라고 답한 세대가 적다고 답변하였다. 이 결과는 객관적인 경제적 위치를 알려주지는 못하나 고령자 자신이 주관적으로 어떻게 인식하고 있는가에 대하여 알 수 있기 때문에 의의가 있다. 이어서 객관적으로 중·고령자의 경제적 위치를 알려 줄 수 있는 선행연구의 조사 결과를 살펴보면 다음과 같다. 먼저 소득 수준을 살펴보면 세대별 연평균 소득 수치를 통하여 알 수 있듯이 고령자 세대의 연간 소득이 전체 세대에 비하여 절반 정도밖에 되지 않지만 세대 구

<표 11-3> 일본 고령자 세대의 경제적 생활에 대한 의식 조사 결과

단위: %

구분	매우 힘들다	약간 힘들다	보통이다	약간 여유롭다	매우 여유롭다
전세대	22.2	31.6	41.2	4.4	0.6
고령자 세대	18.9	29.3	46.5	4.6	0.7

자료 : 厚生勞働省(2002). 国民生活基礎調査.
※ 위 자료는 2002년도 기준임.

<표 11-4> 고령자 세대의 소득

구분	평균소득금액			
	1세대 당			세대원 1인당
고령자 세대	총소득	304.6만엔		195.3만엔(1.56명)
	취업소득	58.2만엔	19.1%	
	공적연금	212.6만엔	69.8%	
	임대수입	16.5만엔	5.4%	
	이자 및 배당금 수입	1.5만엔	0.5%	
	사회보장급부금(연금제외)	5.2만엔	1.7%	
	기타	10.5만엔	3.5%	
전세대	총소득	602.0만엔		213.5만엔(2.82명)

자료 : 厚生勞働省(2002). 国民生活基礎調査.
※ 위 자료는 2001년도 기준임.

성원의 수가 적은 것을 고려할 때 1인당 소득에서는 그다지 차이가 없는 것으로 나타났다(厚生労働省, 2002).

또한 근로자 세대로 한정되긴 하지만 세대주의 연령에 따른 수입, 저축 및 부채 관계를 살펴보면 세대주 연령이 50세 이상의 세대부터 순수 저축액 규모가 대폭 증가하고 있다. 또한 세대주의 연령이 60세 이상인 세대 중 4천만엔 이상의 저축잔고를 가진 세대가 17.3%나 되는 반면 6백만엔 미만의 저축잔고를 가진 세대도 19.8%나 있어 고령자의 경제력의 차이가 상당하다는 것을 알 수 있다(総務省統計局, 2003a). 한편 소득분포의 격차를 나타내는 지니계수를 연령별로 살펴보면 30세 미만에서는 0.222, 30~49세는 0.235, 50~64세는 0.277, 65세 이상에서는 0.308로 나타나 중·고령기에 접어들면서 소득격차가 심해지는 것을 알 수 있다.

<표 11-5> 세대주의 연령별 저축·부채 규모 비교(근로자 세대)

단위: 만엔

구분	평균	~29세	30 ~39세	40 ~49세	50 ~59세	60세 이상
연간 수입	721	459	607	766	847	663
저축 현재잔고	1,292	316	738	1,118	1,672	2,362
부채 현재잔고	605	229	701	864	528	161
부동산으로 발생한 부채	554	193	664	806	464	130
순수저축액	687	87	37	254	1,144	2,201

자료 : 総務省統計局(2003a). 『平成15年平均結果の概況』, 家計調査(貯蓄・負債編)調査結果. p. 14. 재구성.

<표 11-6> 일본의 연령별 등가처분소득의 지니계수

구분	총 지수	30세 미만	30~49세	50~64세	65세 이상
총 세대	0.273	0.222	0.235	0.277	0.308
2인이상 일반세대	0.267	0.236	0.232	0.267	0.295
2인이상 일반세대 중 근로자세대	0.236	0.226	0.211	0.225	0.229

자료 : 総務省統計局(2002). 全国消費実態調査トピックス. http://www.stat.go.jp.
※ 위 자료는 1999년도 기준임.

<표 11-7> 일본 중·고령자의 교육정도

단위: %

구분	남						여					
	중등교육			고등교육			중등교육			고등교육		
	25~34세	55~64세	합계	25~34세	55~64세	합계	25~34세	55~64세	합계	25~34세	55~64세	합계
일본	91	63	81	44	19	35	95	57	81	46	10	29
OECD 29개국* 평균	72	51	63	25	17	23	72	39	59	27	11	21

자료 : Blöndal, S. et al.(2002). "Investment in human capital through upper-secondary and tertiary education," OECD Economic Studies. No. 34. p. 69. 재구성.
※ OECD 29개국* : 오스트레일리아, 오스트리아, 벨기에, 캐나다, 체코공화국, 덴마크, 핀란드, 프랑스, 독일, 그리스, 헝가리, 아이슬란드, 이탈리아, 일본, 한국, 룩셈부르크, 멕시코, 네덜란드, 뉴질랜드, 노르웨이, 폴란드, 포르투갈, 스페인, 스웨덴, 스위스, 터키, 영국, 미국(알파벳 순)
※ 위 자료는 1999년도 기준임.

다시 말해서 일본의 중 · 고령자들은 경제적인 측면에서 보았을 때 비교적 안정적 위치에 있다고 할 수 있는데 이는 생애에 걸친 소비패턴의 변화, 공적 사회보장제도의 발달, 그리고 과거 일본의 고용안정적 인력관리 풍토의 영향이라고 유추할 수 있다. 그러나 중 · 고령기에 들어서면서 소득격차가 커지는 양상이 현저해지고 있으므로 중 · 고령자의 경제적 활동을 유지시키기 위한 제반 정책이 다양해져야 할 필요성이 제기되고 있음도 간과할 수 없다.

끝으로 일본 중 · 고령자의 교육정도를 살펴보면 남녀 모두 절반 이상이 중등교육수준의 교육을 받았고 고등교육을 받은 비율은 남성 19%, 여성 10%이다. OECD 조사 대상국의 평균과 비교한다면 일본 중 · 고령자의 교육정도는 높은 편에 속하지만 세대 간, 남녀 간 격차가 존재하고 있어 해결해야 할 과제임을 알 수 있다.

한편 일본 중 · 고령자는 노동시장에서 어떠한 위치에 있을까? 이를 밝히기 위하여 일본 중 · 고령자의 경제활동참여 현황과 취업 · 실업 특성을 살펴본 결과는 다음과 같다. 첫째, 경제활동참여율을 보면 일본의 중 · 고령자는 상당히 적극적으로 근로활동을 전개하고 있다고 할 수 있다. 전체적인 경제활동인구는 5년 연속 줄어들고 있으며 전체 인구 대비 비율도 1997년 이후 지속적으로 감소하는 추세에 있다(総務省統計局, 2003c). 그러나 연령별로 보았을 때 중 · 고령자의 경제활동에 참여하는 비율은 낮지 않고, 특히 65세 이상 고령자의 경제활동참여율은 20.7%(2003년)로 미국(13.3%, 2002년), 영국(8.7%, 2002), 캐나다(6.0%, 2001), 프랑스(1.3%) 등 구미지역의 국가들보다 상당히 높은 편이며, 한국(30.7%, 2002년)과는 거의

<표 11-8> 일본의 경제활동참여율 및 실업률 변화 추이

단위: %

구분		15-19세	20-24세	25-29세	30-35세	35-39세	40-44세	45-49세	50-54세	55-59세	60-64세	65세 이상
1990년	근로인구비율	18.0	73.4	79.0	74.8	80.2	83.6	84.3	80.7	72.7	55.5	24.3
	실업률	6.6	3.7	2.7	1.9	1.6	1.4	1.2	1.2	2.0	3.5	0.8
1995년	근로인구비율	17.0	74.1	81.7	75.9	79.4	83.8	84.5	82.0	75.2	56.7	24.5
	실업률	8.2	5.7	4.3	3.1	2.3	2.2	1.9	1.9	2.4	5.7	1.3
2000년	근로인구비율	17.5	72.8	83.2	7.7	79.8	83.7	84.7	82.3	76.1	55.5	22.6
	실업률	12.1	8.6	6.2	4.8	3.4	3.1	3.0	3.4	3.9	8.0	2.2
2001년	근로인구비율	17.7	71.9	83.5	78.3	80.2	84.0	84.8	82.2	75.8	55.1	21.8
	실업률	12.2	9.0	6.7	5.3	4.0	3.2	3.4	3.6	4.1	8.1	2.4
2002년	근로인구비율	17.3	70.8	83.4	78.8	79.7	84.0	84.8	82.0	75.6	54.8	20.7
	실업률	12.8	9.3	7.1	5.8	4.4	3.7	3.9	4.1	4.5	7.7	2.3

자료 : 総務省統計局(2004). 日本の統計2004. 〈表 16-1. 年齢階級別労動力人口(1) 総数〉 재구성.

※ 위 자료는 1990년부터 2002년도 기준임.

비슷한 수준이다(総務省統計局, 2003b; 総務省統計局, http://www.stat.go.jp). 최근 10년 동안 경제활동참여율의 변화 추이를 보면 연령별로 의미있는 차이는 발견되지 않았지만 전체적으로 실업률이 크게 증가하였음을 알 수 있다. 연령별 경제활동인구비율의 변화 추이를 보면 55세 이상부터 감소폭이 커지기 시작하고 60~64세의 연령층에서 상대적으로 실업률이 높게 나타나고 있다.

둘째, 중·고령자가 종사하고 있는 산업부문을 살펴보면 일본의 중·고령자들은 모든 산업부문에 걸쳐 고르게 분포하고 있지만, 다른 연령층보다 농림업을 비롯한 1차 산업에 종사하는 비율이 매우 높다. 특히 65세 이상의 고령자들은 농림업에 종사하는 비율이 45.9%이고 어업 종사 비율이 25.9%에 달해 70%이상이 1차 산업에 종사하고 있다. 또한 중·고령자는 24~54세의 연령층에 비하여 통신업, 금융/보험업, 서비스업에 종사하는 비율이 낮고 서비스업 중에서도 전문 서비스업에 종사하는 비율 또한 높지 않다. 이는 점차 지식기반 사회화됨에 따라 지식기반산업을 비롯한 서비스업을 중심으로 산업구조가 개편되고 있는 추세를 고려할 때 중·고령자의 직업 경력이 취약해지고 있음을 의미한다. 또한 앞으로 고령기간의 연장에 따른 취업활동기간의 연장이 요구되고 있다는 측면에서도 개편되는 산업구조에 적응할 수 있도록 이들의 평생고용가능성 제고를 위한 적합한 지원 체계의 필요성이 제기되고 있음을 알 수 있다.

셋째, 일본의 급여 평균을 산업, 학력, 연령, 성별로 살펴보면 연공서열적 급여체계의 영향으로 고령화에 따른 임금 감소 현상은 두드러지지 않으나 50~54세를 정점으로 이후 감소하는 추세를 나타낸다.

기본적으로 동일 산업분야의 같은 학력 수준일 경우 산업별로 보면 제조업 부문 종사자가 금융업이나 서비스업 종사자보다 급여 수준이 낮고, 여성이 남성보다 급여 수준이 낮다. 연령별 차이를 살펴보면 남성의 경우 다른 연령층과 비교하여 50세 이후에 수령하는 급여 수준이 가장 높아 연공서열제의 풍토가 엿보이나 여성의 경우 산업부문에 따라 상이하다. 또한 남성의 경우 50~54세 시기에 가장 높은 수준의 급여를 유지하다가 55세 이후부터 급여의 감소를 경험하고 있다.

<표 11-9> 일본의 연령별 종사하는 산업 비율

단위: %

구분		15-24세	25-34세	35-44세	45-54세	55-64세	65세 이상
농림업		1.5	4.5	8.6	16.8	22.8	45.9
비농림업		10.2	23.5	20.3	24.3	15.9	5.9
비농림업 상세구분	어업	3.7	11.1	14.8	22.2	22.2	25.9
	건설업	7.4	23.0	19.0	25.9	18.2	6.6
	제조업	8.0	23.6	20.7	25.3	17.6	4.8
	전기/가스/열공급	5.7	25.7	25.7	31.4	11.4	0.0
	운수업	6.4	23.2	21.4	26.9	18.0	4.0
	통신업	9.4	28.1	21.9	28.1	10.9	1.6
	도소매업,음식업	15.5	21.5	17.8	23.0	15.4	6.8
	금융/보험업	7.9	26.1	25.5	26.1	12.1	2.4
	부동산업	5.6	16.9	18.3	19.7	21.1	18.3
	서비스업	10.0	25.2	21.3	22.4	14.7	6.4
	서비스업 중 전문서비스업	9.0	24.7	24.8	24.2	12.1	5.3

자료 : 総務省統計局. 労動力調査詳細結果(平成14年平均). http://www.stat.go.jp. '사람수(만명 단위)'로 표시된 것 백분율 환산.

※ 위 자료는 2002년도 기준임.

넷째, 일본 중·고령자들의 종사하는 직업분포 현황을 보면 55~64세의 연령층에서는 관리직 종사자가 많고, 65세 이상에서는 농림어업작업직에 종사하는 사람이 많다. 반면 고임금 고숙련의 전문직·기술직에 종사하는 비율은 다른 연령층에 비하여 매우 낮고, 육체적 기능의 쇠퇴와 함께 육체적 능력을 요구하는 제조·제작·기계운전·건설작업직 및 노무작업직과 같은 블루칼라직종에 종사하는 비율은 줄어들고 있다. 다시 말하여 사회가 점차 지식기반사회화됨에 따라 고숙련 전문직에서의 인력 수요가 늘어날 것으로 예견되지만 고등교육의 혜택을 상대적으로 덜 받은 중·고령자들은 이러한 직종에 종사하는 것이 쉽지 않고, 육체적 기능의 저하에 따라 저숙련·저임금 직종에서의 직업유지도 쉽지 않음을 알 수 있다.

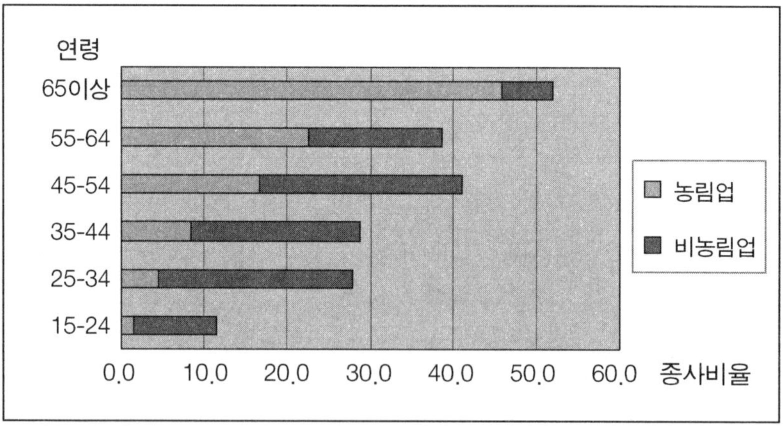

[그림 11-1] 연령별 농림업 종사비율

자료 : 総務省統計局. 労動力調査詳細結果(平成14年平均). http://www.stat.go.jp. 재구성.

〈표 11-10〉 일본의 산업·학력·성·연령에 따른 급여 비율 비교

산업	학력	남여	15-19세	20-24세	25-29세	30-34세	35-39세	40-44세	45-49세	50-54세	55-59세
제조업(생산직)	중졸	남	0.44	0.53	0.63	0.71	0.79	0.85	0.92	0.96	0.95
		여	0.38	0.39	0.39	0.43	0.43	0.46	0.46	0.46	0.45
	고졸	남	0.50	0.59	0.68	0.78	0.87	0.93	0.99	**1.00** (398천엔)	0.96
		여	0.43	0.46	0.50	***0.52***	0.51	0.47	0.45	0.46	0.46
제조업(관리/사무/기술직)	중졸	남	0.26	0.47	0.47	0.50	0.57	0.63	0.70	0.74	0.74
		여	0.29	0.31	0.34	0.32	0.36	0.35	0.44	0.45	0.44
	고졸	남	031	0.37	0.46	0.54	0.62	0.66	0.75	0.80	0.82
		여	0.29	0.31	0.35	0.39	0.40	0.40	0.42	0.43	0.44
	2년제 대졸	남	-	0.38	0.46	0.55	0.66	0.73	0.80	0.87	0.83
		여	-	0.33	0.36	0.42	0.45	0.48	0.49	0.50	0.51
	4년제 대졸	남	-	0.41	0.49	0.61	0.72	0.82	0.89	0.98	**1.00** (595천엔)
		여	-	0.37	0.43	0.55	0.65	0.69	0.63	***0.74***	0.72
금융/보험업	중졸	남	0.52	0.45	0.57	0.52	0.62	0.57	0.72	0.63	0.54
		여	0.26	0.28	0.32	0.34	0.37	0.42	0.45	0.46	0.47
	고졸	남	0.26	0.35	0.44	0.54	0.69	0.76	0.86	0.87	0.74
		여	0.24	0.28	0.32	0.34	0.37	0.42	0.45	0.46	0.47
	2년제 대졸	남	-	0.38	0.47	0.55	0.69	0.73	0.81	0.90	0.73
		여	-	0.31	0.37	0.43	0.46	0.47	0.49	0.54	0.53
	4년제 대졸	남	-	0.36	0.50	0.70	0.85	0.92	0.98	**1.00** (629천엔)	0.84
		여	-	0.33	0.40	0.49	0.58	***0.60***	0.52	0.56	0.44
서비스업	중졸	남	0.29	0.35	0.41	0.49	0.55	0.58	0.62	0.64	0.61
		여	0.28	0.31	0.31	0.33	0.31	0.33	0.34	0.35	0.35
	고졸	남	0.29	0.35	0.41	0.49	0.55	0.58	0.62	0.64	0.61
		여	0.27	0.31	0.35	0.37	0.38	0.39	0.40	0.40	0.40
	2년제 대졸	남	-	0.36	0.43	0.53	0.61	0.67	0.73	0.76	0.72
		여	-	0.35	0.40	0.45	0.48	0.49	0.52	0.54	0.56
	4년제 대졸	남	-	0.40	0.49	0.62	0.74	0.84	0.90	0.96	**1.00** (615천엔)
		여	-	0.37	0.44	0.52	0.61	0.66	0.66	0.72	***0.80***

자료 : 総務省統計局(2004). 日本の統計2004.의 〈표 16-27〉을 재구성.

* 급여비율 = 월급여액 ÷ 각 산업의 최고액(표에서 굵은체: 1.00)

** 이텔릭의 굵은체: 각 산업에서 여성 중 최고액

※ 위 자료는 2002년도 기준임.

〈표 11-11〉 일본의 연령별 종사하는 직업 비율(2002년)

단위: %

구분	15 -24세	25 -34세	35 -44세	45 -54세	55 -64세	65세 이상
전문직/기술직 종사자	8.8	28.7	26.8	22.3	9.3	4.2
관리직 종사자	0.0	3.2	11.4	29.7	37.3	18.4
사무종사자	9.6	27.9	22.2	24.8	12.6	3.0
판매종사자	12.1	23.7	20.1	22.8	14.3	7.0
보안관련 서비스직 종사자	16.9	19.1	16.6	23.1	17.7	6.6
농림어업직 종사자	1.7	5.5	8.9	16.8	22.7	44.3
운수/통신 종사자	4.3	21.4	19.5	29.0	21.0	4.8
채굴작업자	0.0	33.3	n/a	33.3	0.0	0.0
제조/제작/기계운전 /건설직 종사자	9.2	23.1	18.7	25.4	17.9	5.6
노무작업직 종사자	9.8	17.4	17.4	23.6	21.3	10.1

자료 : 総務省統計局. 労動力調査詳細結果(平成14年平均). http://www.stat.go.jp. '사람수(만명 단위)'로 표시된 것 백분율 환산.

※ 위 자료는 2002년도 기준임.

다섯째, 중·고령자들은 다른 연령층에 비하여 정규직보다 비정규직의 고용형태를 선호하는 등 취업에 있어서 요구가 다양해지는 것으로 나타났다. 실업자를 대상으로 '원하는 고용형태'에 대하여 조사한 결과 55세 이상의 중·고령자 연령층에서는 다른 연령층에 비하여 시간제 고용형태를 원하는 비율이 높게 나타났다. 또한 현재 취업 상태에 있는 근로자를 대상으로 교육정도에 따른 고용형태를 조사한 결과를 보아도 교육정도에 따라 고용형태가 달라진다고 파악하기 보다는 연령에 따라 원하는 고용형태가 변하고 있다고 해석하는 것이 합당함을 알 수 있다.

여섯째, 일본의 중·고령자들은 다른 연령계층에 비하여 전직의 비율이 낮고 전직 이후 수입의 감소를 더 많이 경험하고 있는 특징이 발견된다. 이러한 사실은 중·고령자들이 전직에 신중하게 대응하거나 변화를 꺼려서 전직 시도를 적게 하는 것으로도 판단할 수도 있지만 다른 연령계층에 비하여 전직 이후 수입의 감소가 많은 것을 고려하면 중·고령자들의 전직이 용이하지 않음을 알 수 있다.

〈표 11-12〉 일본의 실직자들이 원하는 고용형태: 연령별 구분

단위: %

구분	정규직	시간제	파견사원 (근로자파견사무소 소속)	기타
15~24세	65.1	31.7	1.6	1.6
25~34세	70.8	23.6	3.4	2.2
35~44세	66.0	29.8	2.1	2.1
45~54세	65.5	29.1	1.8	3.6
55~64세	44.4	44.4	1.9	9.3
62세 이상	20.0	60.0	10.0	10.0

자료 : 総務省統計局. 労動力調査詳細結果(平成14年平均). http://www.stat.go.jp. '사람수(만명 단위)'로 표시된 것 백분율 환산.

※ 위 자료는 2002년도 기준임.

<표 11-13> 일본의 취업자들의 학력에 따른 고용형태

단위: %

구분		정규직	시간제	파견사원(근로자파견사무소 소속)	계약직	기타
45~54세	중등교육졸업	90.8	3.2	0.2	2.9	2.9
	2년제 고등교육기관 졸업	92.3	2.6	0.0	2.6	2.6
	4년제대학 및 대학원 졸업	96.0	1.0	0.0	1.5	1.5
55~64세	중등교육졸업	74.7	9.6	0.3	11.3	4.1
	2년제 고등교육기관 졸업	80.0	6.7	0.0	13.3	0.0
	4년제대학 및 대학원 졸업	81.6	2.6	0.0	11.8	3.9
65세 이상	중등교육졸업	39.5	30.3	1.3	18.4	10.5
	2년제 고등교육기관 졸업	50.0	25.0	0.0	25.0	0.0
	4년제대학 및 대학원 졸업	41.2	11.8	0.0	32.3	11.8

자료 : 総務省統計局. 労動力調査詳細結果(平成14年平均). http://www.stat.go.jp. '사람수(만명 단위)'로 표시된 것 백분율 환산.

※ 위 자료는 2002년도 기준임.

<표 11-14> 일본의 연령별 전직자 비율 변화 추이

단위: %

구분	15-24세	25-34세	35-44세	45-54세	55-64세	65세 이상	연평균
1998년	12.6	6.6	4.3	2.8	2.9	0.9	4.9
1999년	12.1	6.9	4.0	2.8	3.0	1.8	4.9
2000년	12.4	7.0	4.0	2.8	2.8	1.1	4.8
2001년	12.3	7.5	4.5	3.0	3.3	1.3	5.2

자료 : 総務省統計局. 労動力調査特別調査(平成13年8月). http://www.stat.go.jp. 자료 재구성.

* 전직자 비율(%) = 전직자수 ÷ 취업자수 × 100

※ 위 자료는 1998년부터 2001년도 기준임.

<표 11-15> 일본의 전직에 따른 수입 증감

단위: %

구분	전 직장보다 수입 증가	거의 변화 없음	전 직장보다 수입 감소
15~24세	36.8	30.0	33.8
25~34세	28.7	29.6	40.7
35~44세	29.5	26.2	42.6
45~54세	22.7	27.3	47.7
55세 이상	15.6	18.8	65.6

자료 : 総務省統計局. 労動力調査特別調査(平成13年8月). http://www.stat.go.jp. 자료 재구성.

※ 위 자료는 2001년도 기준임.

일곱째, 중・고령자들은 구직방법으로 공공직업안정소에 등록하는 것을 가장 우선적으로 선택하는 것으로 나타났다. 다른 연령층에서는 공공직업안정소보다는 구인광고나 구인정보지의 활용도가 훨씬 높은 반면 45세 이상의 연령층부터 공공직업안정소를 더 많이 활용하고 있다. 이는 공공직업안정소에 대한 신뢰에 기인하기도 하겠지만 여타 연령층이 많이 활용하는 '구인광고나 구인정보지'에 게재되는 구인정보가 중・고령자에게 적합하지 않거나 중・고령자 자신이 취업경쟁에 있어서 다른 연령층과의 경쟁을 주저하기 때문으로도 해석할 수 있다.

〈표 11-16〉 일본의 연령에 따른 구직방법

단위: %

구분	15-24세	25-34세	35-44세	45-54세	55-64세	65세 이상
공공직업안정소에 등록	28.4	35.8	35.8	45.9	45.9	27.3
민간직업안정소에 등록	1.5	2.1	1.9	1.6	1.6	9.1
근로자파견사업소에 등록	1.5	3.2	1.9	1.6	1.6	0.0
구인광고/구인정보지 활용	44.8	40.0	37.7	29.5	26.2	27.3
학교/지인등에게 소개 의뢰	10.4	6.3	7.5	9.8	11.5	18.2
사업소 구인에 직접 응모	6.0	4.2	5.7	3.3	3.3	0.0
사업 준비	0.0	1.1	1.9	1.6	1.6	0.0
기타	7.5	7.4	7.5	6.6	8.2	18.2

자료 : 総務省統計局. 労動力調査詳細結果(平成14年平均). http://www.stat.go.jp. '사람수(만명 단위)'로 표시된 것 백분율 환산.

※ 위 자료는 2002년도 기준임.

여덟째, 일본의 중·고령자들은 다른 연령층에 비하여 구직에 어려움을 겪고 있는 특징이 발견되었다. 연령별 구인현황을 보면 알 수 있듯이 45세 이후 구직자 대비 구인수가 급감한다. 한 가지 흥미로운 것은 65세 이상이 되면 구직자 대비 구인수의 비율이 호전되고 있다는 점이다. 그 이유로는 65세 이상의 고령자(특히 74세 이상의 후기 고령자)들은 다른 연령층에 비하여 구직희망자가 적기 때문으로 판단할 수 있고, 일본 정부의 각종 고령화대책이 65세 이상인 자를 대상으로 추진되고 있으므로 그 정책의 효과가 나타난 것으로도 볼 수 있다.

〈표 11-17〉 일본의 연령에 따른 구인비율

구분	19세 이하	20 -24세	25 -29세	30 -34세	35 -44세	45 -54세	55 -59세	60 -64세	65세 이상
2000년	2.31	0.87	0.73	0.99	1.11	0.43	0.18	0.08	0.24
2001년	1.92	0.73	0.58	0.73	0.87	0.39	0.21	0.11	0.52
2002년	2.20	0.78	0.58	0.72	0.84	0.36	0.19	0.15	0.35

자료 : 総務省統計局(2004). 日本の統計2004.의 〈표 16-13〉을 재구성.
* 구인비율 = 유효구인수 ÷ 유효구직자수
※ 위 자료는 2000년부터 2002년도 기준임.

일본의 고령화 상황과 일본 중·고령자의 특성에 비추어 일본의 정책 현안을 고용관련 주제에 초점을 맞춰 도식화 해 보면 다음과 같다.

	일본의 고령사회 특성		당면문제		정책 현안
상황적 특성	• 고령자 규모가 절대적으로 많음 • 급속한 고령화 추세 • 후기 고령자 증가 • 지역적 편차	▶	• 근로인구의 고령화, 경제활동 인구의 감소, 고령인구 부양 등으로 제기되는 생산성 저하 • 고령인구의 공존하기에 적합한 사회 전반 시스템 부족 • 고령인구의 다양화	▶	• 개인적 해결에 의존하기보다 국가 사회적 수준에서의 대책 필요 • 고령 인구의 경제활동 유지 및 촉진책 필요 • 다양한 요구에 부응할 수 있는 정책의 탄력적 대응
중·고령자 특성	• 고령자 세대의 증가(즉, 가족에 의한 부양 감소) • 고령기의 경제적 격차 심화 • 중등교육이수의 교육수준	▶	• 중·고령자의 자립 • 중·고령자의 고용관련 요구 다양화 • 중·고령자의 고등교육에 대한 요구 증대	▶	• 중·고령자의 고용가능성 증진을 위한 체계적 지원 시스템의 마련 • 중·고령자 친화적으로 고용관련 법제도 개선 및 고용관행의 변화 추진 • 중·고령자의 고등교육에 대한 접근기회 확대
고용관련 현황	• 중·고령자의 경제적 활동 참여 비율 높음 • 고령자의 참여 산업 및 종사 직업이 편중됨 • 중·고령자의 비정규직 선호 경향 • 전직의 어려움 • 구직의 어려움	▶	• 고령화에 따른 육체적 기능 쇠퇴 및 직업능력 저하 • 고용가능성 유지 및 제고의 측면에서 중·고령자는 취약함	▶	• 중·고령자가 종사하기에 적합한 일자리의 개발 필요 • 다양한 산업/직업에 종사가능하도록 능력개발 부문에서의 지원 강화 • 중·고령자의 전직/재취업 등을 지원하는 체제 확충

[그림 11-1] 노동시장에서 일본 중·고령자의 당면 문제와 정책적 현안

이와 같은 현황을 고려하여 일본이 국가적 수준에서 중·고령자의 고용가능성을 제고하기 위하여 어떠한 법적·정책적 지원을 실행하고 있는지 살펴보면 다음과 같다.

CHAPTER 12

일본의 중 · 고령자 고용가능성 유지 및 향상을 위한 지원

1. 법적 지원

일본에서는 고령화의 문제를 국민생활 전반에 걸쳐 영향력을 미치는 사안으로 인식하고 고령화의 진전에 대하여 적절하게 대처하기 위한 일반적인 시책으로서 「고령사회대책기본법(高齢社会対策基本法, 平成7年法律129号)」을 1995년에 제정 · 실행하고 있다. 더불어 중 · 고령자의 고용 안정을 촉진하기 위한 특별조치법으로서 「고연령자 등의 고용안정에 관한 법률(高年齢者等の雇用の安定等に関する法律, 法律第68号)」을 1971년에 제정하여 개정을 거듭하고 있다. 오늘날 일본의 고령화 대책, 특히 고용과 관련된 사안에 대하여 법적으로 어떻게 지원하고 있는지 구체적으로 살펴보면 다음과 같다.

1) 고령사회대책기본법

이 법은 일본의 급속한 고령화가 경제 사회의 변화를 초래하여 국민생활의 전반에 걸쳐 영향을 미치고 있는 상황에 주목하고 고령화의 진전에 적절하게 대처하기 위한 시책의 기본 이념을 정하고 더불어 국가 및 지방공공단체의 책무성을 명시하며 더불어 고령사회대책의 기본이 되는 사항을 정함으로써 고령사회대책을 총체적으로 추진하여 경제사회의 건전한 발전과 국민생활 안정을 목적으로 제정되었다. 이 법에서는 구체적인 시행에 대해서는 언급하고 있지 않지만 일본의 고령사회가 추구해야 할 방향성을 제시하고 중앙정부, 지방정부, 개인 각각의 역할 범위를 제시했다는 점에 의의를 들 수 있다.

이 법에 제시된 고용과 관련된 기본적인 시책은, 첫째로 고령자의 의욕 및 능력에 합당한 취업기회의 확보와 직업 생활을 고령기까지 연장시킬 수 있는 대책의 마련, 둘째로 고용과 연계된 공적연금제도의 확충으로 고령기 생활의 안정 도모, 셋째 고령기의 풍요로운 삶을 위한 국민 각자의 자산 형성 지원 등이 있다. 또한 국가 수준에서 고령 관련 정책을 수행함에 있어서 기본 지침(大綱)을 정할 것을 법으로 정하고 있다.

2) 고연령자 등의 고용안정에 관한 법률

「고령사회대책기본법」이 일본이 추구하는 고령사회의 방향성을 제시한 것이라면 「고연령자 등의 고용안정에 관한 법률」에서는 중 · 고령자의 고용가능성 제고를 위해 구체적인 지원 내용 및 절차를 법으로 정하고 있다. 이 법에서 지칭하는 '고연령자 등'이란 후생노동성령에 의하여 정해진 연령 이상의 고령자(55세)와 곧 고령자

<표 12-1> 일본의 「고령사회대책기본법」에 제시된 기본이념 및 역할 범위

[기본 이념]
제2조 고령사회대책은 다음 각호에 제시된 사회의 구축을 기본 이념으로 시행되어야 한다.
제1항 국민이 평생에 걸쳐 취업을 비롯한 기타 사회 활동에 참여할 기회를 확보할 수 있는 공정하고 활력 있는 사회
제2항 국민이 평생에 걸쳐 사회를 구성하는 중요한 일원으로서 존경받고 지역사회가 자립과 연대의 정신에 입각하여 형성되는 사회
제3항 국민이 평생에 걸쳐 건전하고 충실한 생활을 영위할 수 있는 풍요로운 사회

[국가의 의무]
제3조 국가는 기본이념에 준하여 고령사회대책을 종합적으로 정하고 실시해야 한다.

[지방공공단체의 의무]
제4조 지방공공단체는 기본이념에 준하여 고령사회대책에 있어서 국가와 협력해 나가면서 해당 지역의 사회적, 경제적 상황에 적합한 시책을 정하고 실시해야 한다.

[국민의 노력]
제5조 국민은 고령화의 진전에 따라 수반되는 경제사회의 변화에 대하여 충분히 이해하고 상호 연대를 한층 강화함과 동시에 스스로 고령기를 건강하고 충실하게 영위할 수 있도록 노력해야 한다.

자료: 高齢社会対策基本法(平成7年法律129号) 참조

로 포함될 중·고령자(45세 이상)를 포함한다. 이법은 1971년(昭和 46年)에 제정된 것으로 크게 ① 정년 연장 및 계속고용제도[1]의 도입 등으로 고연령자를 위한 안정된 일자리를 확보하고, ② 고연령자 등의 재취업 촉진, ③ 고연령직업경험활용센터, ④ 정년 퇴직자의 취업 기회 확보, ⑤ 실버인재센터 등에 대한 내용으로 구성되어 있고, 이와 같은 지원을 통하여 중·고령자의 안정적인 직업 활동을 보장하고 나아가서 경제 및 사회 발전에 기여하는 것을 목적으로 하고 있다.

또한 이 법에서는 「고연령자 등 직업안정대책 기본 방침(高年齢者等職業安定対策基本方針, 平成11年, 労働省告示第100号)」을 별도로 정하여 중·고령자의 고용가능성 제고를 위한 지원 체제 및 각 지원 주체의 역할 범위를 구체적으로 명시하고 있다. 이 방침에 제시되어 있는 중·고령자의 고용가능성 제고를 위한 일본의 지원 내용을 구체적으로 살펴보면 ① 고용주(기업)의 정년 연장, ② 중·고령자의 퇴직/이직지원, ③ 중·고령 실업자 지원 등 크게 세 가지로 나눌 수 있다. 첫 번째 정년 연장과 관련하여 고용주는 정년 연령을 60세 이하로는 정할 수 없으며, 사업체의 상황에 따라 정년 연령을 65세까지 연장할 수 있는 적절한 조치를 취해야 한다. 또한 고용·훈련을 위한 공적 지원 기관으로서 공공직업안정소는 고용주에게 고령자 고용 확보 조치의 원활한 운영을 위하여 직업능력개발, 작업시설 개선 등의 조치를 권고할 수 있다.

1) 계속고용제도(継続雇用制度): 현재 고용하고 있는 중·고령자가 원할 경우 정년 후에도 연장하여 고용하는 제도

두 번째 중·고령자의 퇴직/이직에서 각 지원 주체의 역할은 다음과 같다. 정년, 해고 등과 같은 비자발적인 이유로 이직대상자가 다수 발생한 경우, 고용주는 공공직업안정소에 이직발생 신고서를 제출해야 한다. 이 신고서를 접수하면 공공직업안정소에서는 고용주에게 재취직 지원계획서의 작성 및 제출을 요구하고, 고용주는 재취직 지원계획서를 작성한 후 구직자 개인에게 이를 교부한다. 중·고령 구직자들은 이 재취직 지원계획서를 가지고 공공직업안정소에 구직등록하고 필요한 지원 내용을 상담받는다. 특히 정년퇴직을 앞둔 중·고령자들에게는 퇴직 준비를 무리 없이 할 수 있도록 고용주가 은퇴 후 생활에 필요한 지식 등을 제공하는 퇴직준비 교육이나 각종 지원을 제공할 것을 법으로 의무화하고 있다.

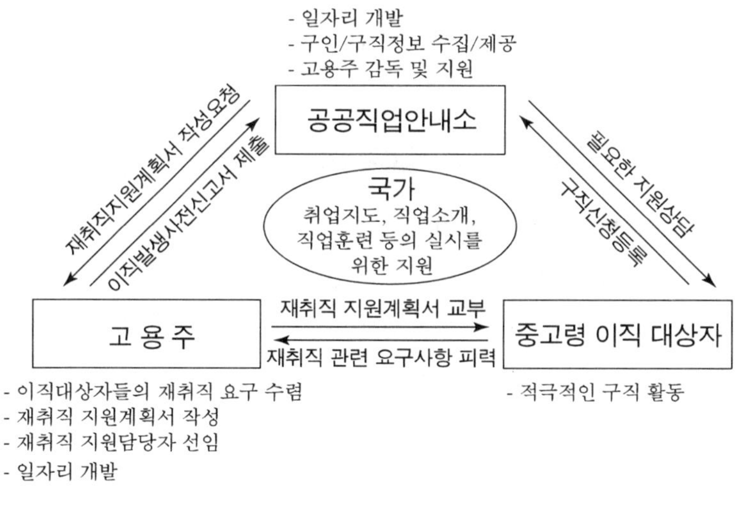

[그림 12-1] 중·고령자의 퇴직/이직 대상자 지원 체제

세 번째 중 · 고령 실업자에 대한 지원은 대상자의 연령에 따라 차이가 있다. 우선 45세 이상의 중 · 고령 실업자에 대한 체계적인 지원은 '구직수첩'을 통하여 이루어진다. 중앙정부에서는 직업지도 및 직업소개 현황과 공공직업능력개발시설의 직업훈련 현황이나 국가 또는 지방공공단체가 실시하는 훈련 현황 등을 고려하여 중 · 고령 실업자를 위한 지원 계획서를 작성한다. 이러한 지원계획에 준하여 공공직업안정소에서는 구직 신청자들을 심사하여 '구직수첩'을 발급해 주고 이들을 지원한다.

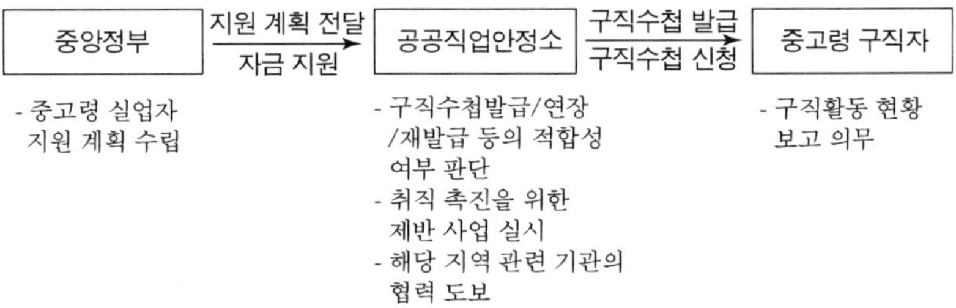

[그림 12-2] 중고령 실업자 지원 체제

한편 60세 이상의 고령자를 위한 지원에서는 그들의 취업 요구 특성을 반영하는 것에 초점을 맞추고 있다. 즉, 고령자들이 정규직보다는 비정규직을, 장기 고용 보다는 단기 고용을, 무거운 책임과 권한보다는 가벼운 직무를 선호하는 등의 특성을 반영하여 단기이면서 비정규직 중심으로의 재취업을 중점적으로 지원하고 있다. 고령자 대상의 실업은 크게 고용에 의한 재취업을 원하는 고령자를 대상으로 하는 지원과 고용에 의한 취업을 원하지 않는 고령퇴직자들에게 취업 기회를 확대하기 위한 지원 등으로 구분된다. 전자는 고연령직업경험활용센터를 중심으로 지원이 이루어지며 후자는 실버인재센터를 중심으로 지원이 이루어진다. 두 기관의 역할은 매우 유사하지만 중점 지원 대상과 지원 주체 면에서 차이가 있다.

〈표 12-2〉 고연령직업경험활용센터와 실버인재센터의 비교

구분	고연령직업경험활용센터	실버인재센터
지원 주체	중앙정부(厚生勞働省)	지방정부(都道府縣)
지원 목적	고령자의 재취직 촉진	고령자의 복지 증진
지원 대상	단기 고용에 의한 취업을 희망하는 고령자	고용에 의한 취업은 원하지 않으나 임시/단기 또는 경미한 업무의 일자리를 희망하는 고령 은퇴자
주요 업무	① 직업경험을 활용할 수 있는 취업을 하기 위한 교육훈련 제공 ② 직업생활과 관련된 상담 및 조언 제공 ③ 무료 직업소개 서비스 제공 ④ 일반 근로자파견사업을 실시하거나 취업 기회 확보 및 제공 ⑤ 기타 제반 지원 서비스 제공	① 취업 기회 확보하여 조직적으로 제공 ② 무료 직업소개사업 실시 ③ 취업에 필요한 교육훈련 제공 ④ 기타 제반 지원 서비스 제공

이상에서 살펴본 바와 같이 일본에서는 고령화의 문제를 국가 사회적 수준의 현안이라는 인식에 기초하여 「고령사회대책기본법」을 마련하여 국가적 지원 방향 및 추구해야 할 고령사회상을 정립하고 있다. 이와 더불어 「고연령자 등의 고용안정에 관한 법률」에 기초

하여 중・고령자의 고용가능성 증진을 목표로 국가 수준의 체계적인 지원 체제를 갖추고 있다. 이밖에도 2001년에는 「고용대책법(雇用対策法)」을 개정하여 고용주가 모집과 채용에 있어 연령에 의하여 차별하지 않을 것을 의무화하고, 이를 실제 적용하기 위한 연령지침(年齢にかかわりなく均等な機会を与えるための指針)을 발표함으로써 평생고용가능성 유지를 위한 토대를 마련하였다. 일본의 고령화 관련 법적 지원에서는 ① 고용과 관련하여 중・고령자들이 매우 다양한 요구 사항이 있음을 인식하여 이를 반영하였고, ② 지원 주체별 역할을 명시함으로써 책무 범위를 명확하게 제시하고 있다. 이를 기반으로 추진되고 있는 정책적 지원은 다음과 같다.

2. 정책 지원

1) 중앙정부: 「고령사회대책」을 중심으로

일본 정부는 일본이 본격적인 고령사회로 이행하고 있음을 직시하고 이에 적합한 국가 시스템을 구축하기 위하여 중앙정부 수준에서 각 정부부처의 정책 과제를 추진함에 있어 내각부(内閣府)를 중심으로 능률적이고 통합적으로 정책을 운영하고자 정책 추진의 기본 방향성 및 기본 과제, 정책 추진의 중점 분야 등을 제시하고 있다. 이에 대한 자세한 내용은 「고령사회대책기본법」에 준하여 중앙정부 수준에서 추진해야 하는 고령사회대책의 지침으로 정리된 「고령사회대책대강(高齢社会対策大綱, 平成13年2月閣議決定)」에 자세하게 진술되어 있다. 우선 일본 정부가 고령 관련 정책을 추진하는 데 있어 밝히고 있는 기본 방향성을 살펴보면 ① 획일적인 고령자상의 탈피, ② 예방 및 사전 대비적 접근, ③ 지역사회의 특수성 반영, ④ 남녀공동 참여 강조, ⑤ 첨단 과학기술의 적극적 활용 등이다. 이는 전술한 일본 고령사회의 상황 및 중·고령자의 전반적인 특성을 잘 반영한 것으로 고령자의 요구 및 경제사회적 상황이 다양화되고 있고 고령자를 둘러싼 환경이 다변하고 있음을 정책에 반영하고 있다는 것을 엿볼 수 있다.

또한 이와 같은 고령 관련 정책의 기본 방향성을 근간으로 하여 추진되는 모든 정책에 대하여 추진 분야를 망라하여 적용되어야 할 과제를 선정함으로써 정책의 일관성 및 통합성을 한층 강화시키고 있다. 이 정책 과제로는 첫째 다양한 라이프스타일을 영위할 수 있도록 하는 고령기의 자립 지원, 둘째 연령만으로 고령자를 구별하는 제도 및 관행 등의 수정, 셋째 세대간 연대강화, 넷째 지역사회로의 참여 촉진 등이 제시되었다. 이러한 과제는 앞서 제시한 기본 방향성과 맥락을 같이하고 있으며 모든 과제에서 일관적으로 고령자의 다양성을 고려하되 복지적 지원이 아니라 고령자 스스로 자립할 수 있는 역량 갖추기에 대한 지원 및 고령자의 사회활동 참여 촉진 등에 초점을 맞추고 있음을 알 수 있다.

이러한 정책의 기본 방향 및 해결 과제를 기초로 하여 취업·소득, 건강·복지, 학습·사회참가, 생활환경, 관련 조사·연구 등 5개 추진 분야를 선정하여 정책을 추진하고 있다.

<표 12-3> 일본 중앙정부가 추진하는 고령 관련 정책의 기본 방향성

정책의 기본 방향성	내 용
획일적인 고령자상의 탈피	전반적으로 고령자들이 건강하고 활동적이며 경제적으로도 풍요로운 상태임. 또한 고령자의 모습과 상황은 성별, 건강상태, 경제력, 가족구성, 주거 등에 따라 다양하여 일반화하기 어려움. 이러한 고령자의 실태를 반영하여 건강이나 경제적 측면에서 취약계층에 속해 있던 과거의 획일적인 고령자상에서 벗어나 시책을 전개해야 함.
예방 및 사전 대비적 접근	고령기의 건강, 경제, 사회관계 등에 관한 주제를 다룸에 있어 문제 발생 후의 사후 대처에 한정하지 않고 국민이 평생에 걸쳐 체계적인 정책의 혜택을 받을 수 있도록 정책을 전개함. 특히 청년기부터 자산형성, 건강, 학습, 사회참여 등에 임하여 고령기의 문제를 예방하고 노후 준비를 국민 자구노력으로 할 수 있도록 지원함.
지역사회의 특수성 반영	고령자의 주체적인 지역사회로의 참여를 촉진함과 동시에 지역사회에 대한 상호부조의 기능이 활성화될 수 있도록 지역의 고령화 상황, 도·농간의 특수성에 따라 필요한 제반 조치를 취함
남녀공동 참여 강조	고령기의 남녀차, 특히 평균수명이 긴 여성고령자의 삶의 방식, 경제상황, 건강 문제 등의 실태를 반영하여 평생에 걸쳐 남녀가 행복하고 평안하게 생활할 수 있도록 남녀공동참여에 중점을 둠
첨단과학기술의 적극적 활용	의료/복지/정보통신 등의 첨단 과학기술의 성과가 고령자에게도 혜택을 줄 수 있도록 연구개발 및 활용을 적극적으로 추진함.

자료 : 高齢社会対策大綱(平成13年2月閣議決定). p. 2.

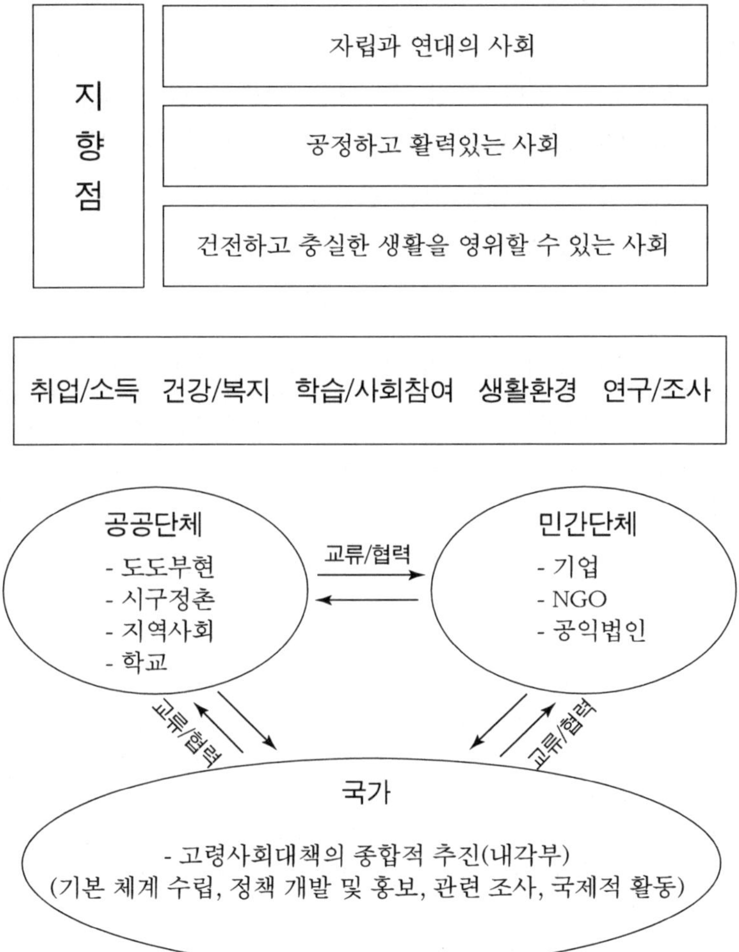

[그림 12-3] 일본 중앙정부의 고령사회대책 추진 체제

자료 : 内閣府의 少子化対策・高齢社会対策 홈페이지(www8.cao.go.jp/kourei/intro.htm).

이 중 중·고령자의 고용가능성을 제고시키기 위한 고용·훈련 지원과 직·간접적으로 연계되는 취업·소득 부문의 정책을 자세하게 살펴보고자 한다. 고령자의 취업·소득 관련 정책은 ① 고령자의 고용 및 취업 기회를 확보하고, ② 근로자가 전 생애에 걸쳐 능력을 발휘할 수 있도록 제반 환경을 조성하며, ③ 공적연금제도를 확충하고 개인의 자조적 노력을 독려함으로써 퇴직 후 소득이 안정되도록 하는데 초점을 맞추고 있다.

<표 12-4> 일본의 취업·소득 관련 기본 정책

기본 정책	세부 과제	실천 과제
고령자의 고용 및 취업 기회의 확보	① 65세까지의 고용 확보	정년퇴직연령 상향 조정, 계속고용제도 도입, 임금/인사처우제도의 수정, 고령자에게 적합한 작업 환경 마련 등
	② 중·고령자의 재취직 지원/촉진	이직예정자에 대한 이직지원, 직업상담/직업소개, 실직수당지급, 직업능력개발, 구인개척, 고용정보제공 등
	③ 다양한 형태의 고용/취업 기회 확보	실버인재센터를 중심으로 적극적으로 사업전개, 고령자에 대한 생활지원 및 개호서비스 제공, 은퇴 후의 생활설계 등
	④ 창업 지원	창업 상담 및 지원
	⑤ 연령과 상관없이 일할 수 있는 사회실현	모집/채용에서의 연령제한 완화(고용주대상의 지침 마련), 고용관행에 대한 국민 여론 수렴 등
자구노력에 의한 고령기 소득 확보 지원	① 기업연금제도의 정비	기업연금의 수급권 보호
	② 퇴직금제도의 개선	사회적립형 제도 도입
	③ 노후준비 자산형성 추진	고령기 소득 안정을 위한 금융상품 개발, 판단능력이 불충분한 고령자의 안전한 재산관리 지원 등

<표 12-4> 일본의 취업・소득 관련 기본 정책(계속)

기본 정책	세부 과제	실천 과제
근로자의 평생고용 가능성 증진	① 직업생활 전기간에 걸쳐 능력 발휘	개인주도형 직업능력개발 추진(민간교육훈련기관, 대학, NPO 등의 적극적 활용), 경력 상담 지원, 직업능력평가제도 정비, 능력개발관련 정보 수집 등
	② 여유있는 직업생활 실현	연간실제노동시간의 단축(목표: 1,800시간), 연차유급휴가, 연장근로 단축, 여성/고령자에게 적합한 작업환경 마련
	③ 고용/취업에서의 여성인력 활용	균등한 고용기회, 여성을 위한 직업훈련, 농림어업경영의 여성 참여 독려
	④ 직업생활과 가정생활의 양립을 위한 지원	육아휴직, 개호휴직의 정착
	⑤ 다양한 근무형태 환경 조성	시간제 근무, 파견근로에 적합한 환경 정비, 원격형/재택근무형 등 근무형태 다양화
공적연금 제도의 안정적 운영	① 지속적이고 안정적인 연금제도 확립	세대간 적용과 부담의 균형 도모(연금보험료 인상 동결 등)
	② 개인의 라이프스타일에 대하여 중립적인 공적 연금제도 구축	시간제 근로 등의 취업으로 연금대상자에서 제외되는 연금혜택의 불합리성 개선 등
	③ 공적연금제도의 일원화 추진	공적연금제도의 일원화를 위한 법적 지원 마련

자료 : 高齢社会対策大綱(平成13年2月閣議決定). pp. 5~9.의 내용 재구성.

이와 같은 정책의 실천 현황을 살펴보기 위하여 과거 중앙정부 수준에서 추진했던 중・고령자를 위한 고용・훈련 지원 사업을 정리하면 다음과 같다.

〈표 12-5〉 일본의 중·고령자를 위한 고용·훈련 지원 사업

기본 정책	세부 과제	사업명(주관 부처)
고령자의 고용 및 취업 기회의 확보	① 65세 까지의 고용 확보	ⓐ 고연령고용계속급부제도(노동성) ⓑ 65세까지 계속고용 추진(노동성) ⓒ 65세 현역 사회 실현을 위한 정책(노동성) ⓓ 고연령자의 고용/취업 지원 사업(노동성) • 개별기업의 조건 정비 지원 사업 • 종합적 고용환경 정비 추진 사업(넥스트 65 추진사업) • 고연령자 노동문제 조사 연구 실시 ⓔ 고연령자 고용 관계 지원금 제도(노동성) • 계속고용 정착 추진 지원금 지급, 고연령자 다수 고용 장려금 지급, 고연령자 고용 환경 정비 장려금 지급, 고령기 취업 준비 장려금 지급 ⓕ 고령자의 근무 형태 변화에 따른 임금 제도 개선에 관한 연구(노동성) ⓖ 고령사회에 대응하는 지방공무원제도에 대한 조사 연구(자치성) ⓗ 국가공무원의 고용문제에 관한 조사 연구(총무청)
	② 다양한 형태의 고용/취업 기회 확보	ⓐ 교직원 생애생활설계 추진(문부성) ⓑ 고령자능력개발정보센터의 운영(후생성) ⓒ 고령자의 고용환경 정비에 관한 조사 연구(통산성) ⓓ 여성/고령자의 사회진출을 위한 조사 연구(통산성) ⓔ 고연령자에 대한 직업상담/직업소개 체제 정비(노동성) ⓕ 고령기의 고용 취업 지원 사업(노동성) ⓖ 고연령자 직업경험활용센터 지원 사업(노동성)

<표 12-5> 일본의 중·고령자를 위한 고용·훈련 지원 사업(계속)

기본 정책	세부 과제	사업명(주관 부처)
고령자의 고용 및 취업 기회의 확보	② 다양한 형태의 고용/취업 기회 확보	ⓗ 중·고령 화이트칼라근로자 고용취업 기회확보 사업(노동성) ⓘ 중고연령자 중 특정구직자 고용개발 지원금 지급(노동성) ⓙ 긴급고용창출 특별 기금사업(노동성) ⓚ 화이트칼라 취직지원 종합 프로젝트 실시(노동성) ⓛ 고령자의 자영사업에 대한 지원 정책(노동성) ⓜ 고연령자매칭지원사업(노동성) ⓝ 지역고연령자 능력활용 지역개발지원 사업(노동성) ⓞ 고연령자 고용촉진 월간(노동성) ⓟ 재취직지원계획제출사업주에 대한 지원(노동성) ⓠ 재직자 구직활동 지원 조성금 지급(노동성) ⓡ 60대 전반층의 취업요구에 대응한 직업소개 추진(노동성) ⓢ 중고연령 이직자에 대한 취업지원 능력개발사업(노동성) ⓣ 임시직 희망자에 대한 단기 일반직업훈련코스(노동성) ⓤ 실버인재센터에 대한 지원(노동성) • 실버인재센터사업, 시니어워크 프로그램 사업 ⓥ 실버 취업기회개발 프로젝트 실시(노동성) ⓦ 재직 고령자의 퇴직준비지원(노동성) ⓧ 고연령자 공동취업기회 창출 지원 사업(노동성) ⓨ 고령자 고용환경정비 조사 연구 프로젝트(노동성) ⓩ 소방직원의 고령화 진전에 대응한 정책 검토(자치성)

〈표 12-5〉 일본의 중 · 고령자를 위한 고용 · 훈련 지원 사업(계속)

기본 정책	세부 과제	사업명(주관 부처)
근로자의 평생고용 가능성 증진	① 직업생활 전기간에 걸쳐 능력 발휘	ⓐ 기업에 대한 계획적인 직업능력개발 촉진: 능력개발급부금 지급(노동성) ⓑ 공공직업능력개발시설에 대한 고연령자 대상 훈련비 설치(노동성)
	② 여유있는 직업생활 실현	ⓐ 시간단축 가이드라인 작성 및 보급(통산성) ⓑ 개정선원법 시행(운수성) ⓒ 근로자 건강확보사업 실시(노동성) ⓓ 근로시간 단축 대책 추진(노동성) ⓔ 근로자 리후레쉬 대책(노동성)
	③ 고용/취업에서의 여성인력 활용	ⓐ 농업농촌 남여공동 참여 추진 사업(농수성) ⓑ 임업기술 등 공장지원 대책 중 임업 여성 집단 네트워크 추진 사업(노동성) ⓒ 남여 고용기회균등 여성 능력개발을 위한 환경 정비(노동성)
	④ 직업생활과 가정생활의 양립을 위한 지원	ⓐ 육아휴직/개호휴직이 용이하고 직장복귀가 가능한 환경 정비(노동성) ⓑ 육아/개호를 담당하는 근로자의 직장생활 지속이 가능한 환경 정비(노동성) ⓒ 육아/개호 등의 이유로 퇴직한 근로자의 재취직 지원(노동성) ⓓ 양립 지원 헬로우 워크 사업(노동성) ⓔ 육아/개호 유직 대체 요원 확보 대책(노동성) ⓕ 육아휴직급여지급의 실시 ⓖ 개호휴직급여지급의 실시

<표 12-5> 일본의 중・고령자를 위한 고용・훈련 지원 사업(계속)

기본 정책	세부 과제	사업명(주관 부처)
근로자의 평생고용 가능성 증진	⑤ 다양한 근무 형태 환경 조성	ⓐ 원격근무센터 시설 정비 사업(우정성) ⓑ 정보 장벽 제거/원격근무센터 시설 정비 사업(우정성) ⓒ SOHO의 보급 촉진(우정성) ⓓ 시간제 근로 대책의 종합적 추진(노동성) ⓔ 원격근무 보급사업의 추진(노동성)

자료 : 内閣府의 少子化対策・高齢社会対策 홈페이지(www8.cao.go.jp/kourei/intro.htm).

이와 같이 일본에서는 행복한 고령사회를 위한 대책의 일환으로서 중・고령자의 평생고용가능성 증진을 접근하는 측면이 있고 이로부터 다음과 같은 특징 및 시사점을 발견할 수 있다. 첫째, 고령화 문제를 국가적 수준의 해결 과제로 인식하고, 내각부를 중심으로 정책의 일관성 유지 및 능률적 통합을 도모하고 있다는 점이다. 각 정부부처 별 협력 및 연계는 미진하지만 부처별 특성에 맞는 사업을 개별적으로 추진하되 각각의 사업이 내각부에서 제안한 고령사회대책의 기본 방향에 준하여 실시되고 있다.

둘째, 고령 관련 정책을 추진함에 있어서 정부부처 간 협력은 발견되지 않는다는 점이다. 각 부처별로 고령사회대책의 기본 방향성에 준하여 별개의 사업을 추진할 뿐, 부처간 협력 또는 공동 지원하에 추진되는 사업이 없다. 이는 사업추진의 책무성과 지원 범위를 명확히 하고자 하는 의도로 판단되나 부처별 연계에 따른 시너지 효과를 창출하지 못할 가능성이 크다. 특히 중・고령기가 인간

생애의 한 부분임을 고려할 때 평생학습의 일부분으로 해석되어야 함에도 불구하고 사회교육법, 고용 관련 법, 직업능력개발 관련 법 등 중 · 고령자의 평생고용가능성 제고를 위한 제반 법제간 조정이 이루어지지 않고 있다. 따라서 이미 지역사회의 사회교육기관으로서 정착한 공민관, 도서관이나 박물관 등과의 연계나 시설 활용이 미흡하다(社会教育推進全国協議会, 2004). 그러나 중앙정부와 지방정부, 중앙정부와 관련 단체(공공, 민간 모두 포함), 중앙정부와 고용주 등과의 사이에서는 권한이양과 역할분담, 공동 자금 지원, 위탁 등의 형태로 협력이 추진되고 있다.

셋째, 고용 · 훈련 관련 지원에 있어서 고령 인구의 다양성과 이에 따른 고용 관련 요구가 다양해지고 있다는 것에 초점을 맞추고 있다는 점이다. 따라서 지원 대상의 연령 범위(45세 이상, 55세 이상, 60세 이상, 65세 이상 등), 현재의 고용 상태(이직대상자, 퇴직대상자, 실업자 등), 원하는 고용 형태(정규직, 비정규직, 임시직, 자영업 등), 사회적 계층(화이트칼라, 취약계층 등), 경력(교직원, 공무원, 소방직원 등) 등 매우 다양하다.

넷째, 고령 관련 대책의 기본 방향성에서 논의되었듯이 사전대비형을 추구하고 있다는 점이다. 고령 관련 주제에 접근함에 있어서 사후 문제 해결을 위한 정책적 지원과 더불어 중 · 고령자의 실업을 방지하기 위한 측면에서 접근하고 있다. 과거 기업의 인적자원 확보 및 유지의 측면에서 기업의 필요에 의하여 기업 중심의 직업능력개발 관행에서 탈피하여 공공 또는 민간 직업능력개발 관련단체에 대한 지원 확대를 통하여 개인 중심의 직업능력개발로 이전하고 있는 추세도 좋은 예이다. 또한 가정과 일의 병행에 어려움이 큰 여성인력이 가정생활로 인한 경제활동 탈락 현상을 막기 위한 제반 정책들은 여성인력 활용 촉진을 위한 것들로 일견 고령 관련 정책과 무관해 보이지만 여성의 평생고용가능성을 향상시켜 장기적으로 고령기에 접어들어 고용 관련 취약계층으로 분류될 가능성을 사전에 차단한다는 점에서 사전대비형 고령 대책의 대표적 예라고 할 수 있다.

다섯째, 고령 문제에 있어서 지원 대상자에 대한 개별적 지원이라는 접근보다는 사회 전반적인 시스템의 개선을 도모하고 있다는 점이다. 특히 고용·훈련 관련 지원에 있어서는 '65세 현역 사회'를 만들기 위하여 정년 연령 연장, 계속고용제 도입, 임금피크제 등과 같이 인사제도의 개선이나, 비정규직이나 임시직 등과 같은 고용형태의 다양화, 고령자에게 적합한 작업환경 조성 등에 역점을 두고 있다.

지금까지 개인의 평생고용가능성 증진을 위한 지원을 고령사회를 준비하기 위한 제반 정책의 일환으로 접근하여 살펴보았다. 그러나 중·고령자의 평생고용가능성과 관련된 주제는 「고연령자 등의 고용안정에 관한 법률」에서 보다 직접적으로 논의되고 있으므로, 실행 주체인 후생노동성을 중심으로 추진되는 정책을 살펴보면 다음과 같다. 우선 중·고령자를 위한 고용·훈련 지원 정책의 체계를 살펴보면 ① 지식과 경험을 활용할 수 있는 65세 현역사회 만들기, ② 중·고령자의 재취업 지원 및 촉진, ③ 취업의욕과 체력의 다양화에 대응하는 취업기회 확보, ④ 취업능력의 부적합성 해소, ⑤ 연령에 관계없이 일할 수 있는 사회 구축을 위한 방안 추진 등으로 정리할 수 있다.

각 정책의 구체적 활동을 정책별로 살펴보면 다음과 같다. 첫째, 60세 정년의 정착과 65세까지 계속고용 정책에서는 60세 정년을 유지하면서 65세까지 고용을 연장하기 위한 추가적 조치를 취한 '60세 플러스 α 방식'이 보편적으로 적용되고 있다. 또한 2000년도를 기점으로 고연령자고용안정법이 개정됨에 따라 정년 연령을 65세 미만으로 정하고 있는 고용주인 경우 정년연장을 위한 조치를 취해야 하는 것이 의무화되었다. 이를 지원하기 위하여 정부에서는 고용주에 대한 지도와 상담 서비스를 제공하고, 정년 연령을 연장하거나 계속고용제도를 도입한 고용주에 대하여 자금을 지원하는 등의 활동을 하고 있다. 둘째 중·고령자의 재취업 지원 및 촉진 정책에서는 중·고령 근로자의 재취업이 원활하지 않음을 고려하여 기본적으로 실직 기간의 단축을 목표로 하고 있다. 이러한 이유로 이 정책에서는 실직으로의 이전을 사전 방지하기 위하여 이직 전 재취업 지원에 주력하고 있다. 구체적으로는 공공직업안정소에서 고용주에게 재취업지원계획 작성을 요청하고, 적합한 조치를 취한 고용주, 재취업지원계획 대상 근로자의 재취업 촉진을 위한 체제 정비를 수행한 중소기업 고용주단체, 그리고 재취업지원계획 대상자를 고용한 고용주에게 '재직자구직활동지원조성금'을 지급하고 있다. 또한 2000년도부터는 비자발적 실업 상황에 처한 중·고령자 및 직업훈련수강생을 고용한 고용주에게 1인당 30만엔을 지급하는 '긴급고용창출특별장려금'사업을 실시하고 있다. 더불어 공공

<표 12-6> 일본 중·고령자 고용·훈련 지원 정책의 체계

정책 개요	추진 정책
지식·경험을 활용할 수 있는 65세 현역사회 만들기	1) 60세 미만 정년 금지 2) 정년 연령 연장, 계속고용제도의 도입 추진 ① 사업주에 대한 지도 및 세심한 상담 지원 ② 지역의 경제단체와 연계하여 고령자의 지역개발 참여 촉진, 65세 계속고용달성사업 추진 ③ 정년 연령 연장 및 계속고용제도의 도입 추진 고용주에 대한 지원(계속고용정착촉진조성금) 3) 고령 근로자에 대한 지원(고령고용계속급여)
중·고령자 재취업 지원 및 촉진	1) 정년퇴직자 및 이직 대상 중·고령자의 재취업을 지원하는 사업주 등에 대한 지도 및 지원 ① 재취직지원계획제도의 보급, 활용의 촉진 ② 중·고령자의 재취업 지원을 실행하는 사업주에 대한 지원을 통한 재직구직활동의 지원(재직자구직활동지원조성금) ③ 중·고령자를 고용한 사업주에 대한 지원조치(이동 고연령자 등 고용안정조성금) 2) 공공직업안정소 등에 의한 직업상담 및 직업소개 3) 중·고령자 대상 시범고용사업 추진 4) 중·고령 장기 실업자의 민관일체 재취업 지원(커리어 교류사업 확충)
취업의욕과 체력의 다양화에 대응할 수 있는 취업 기회의 확보	1) 실버인재센터 사업의 추진 2) 시니어워크 프로그램 사업(사업주 단체의 참가 계획 하에 기능 강습, 합동 면접회 등을 실시) 추진 3) 단시간 고용, 단기간 고용(고연령자 고용 취업기회 제공사업), 창업 지원(고연령자 등 공동 취업기회 창출 지원 사업)
취업 능력의 부적합성 해소	1) 직업소개와 직업훈련의 연계에 의한 조기재취업 촉진 2) 개인의 주체적인 능력개발을 추진하는 시스템의 정비 ① 공공직업안정소 등에서 경력 컨설턴트를 배치함과 동시에 중·고령 화이트칼라 이직자를 주된 대상으로 한 경력 컨설턴트의 양성(앞으로 5년 내로 5만명 정도 양성 목표) 3) 민간훈련기관 등을 활용한 다양한 능력개발기회의 확보, 창출
연령과 무관하게 일할 수 있는 사회 실현	1) 모집과 채용 시 연령 제한의 완화 2) 연령과 무관하게 일할 수 있는 사회에 관한 전문가 회의

직업안정소나 인재은행과 같은 직업알선 및 상담을 위한 공적 기관에서의 중·고령자 대상 지원을 강화하고 있다. 셋째, 취업의욕과 체력의 다양화에 대응하는 취업기회 확보 정책에서는 중·고령자들이 처한 개인적 상황들이 다양화되는 추세를 적극적으로 수용하여 단시간근무, 재택근무 등 고용 형태의 다양화를 도모하는 지원이 중심이 되고 있다. 특히 이 지원 사업은 지역사회를 기반으로 운영되고 있는 실버인재센터가 중심이 되어 은퇴한 고령자들에게 임시적이고 단기적인 취업을 주선하는 형태로 추진되고 있다. 넷째, 직업능력의 부적합성 해소를 위한 정책에서는 고령화에 따라 필연적으로 수반되는 직업생활의 장기화에 주목하고 있다. 직업생활 기간이 연장되면서 예측되는 직무 환경 변화를 포함한 사회 변화에 따른 적응의 문제와 직업능력의 부적합성을 해소하기 위해서 직업능력개발에 있어서 일본에서 보편적인 특성으로 간주되는 기업주도형으로부터 개인주도형으로의 변화를 추구하고 있다. 이를 위한 구체적 활동으로서 공공직업안정소에 경력 컨설턴트를 배치하거나 중년 화이트칼라 이직자들을 경력 컨설턴트로 전환·양성하는 사업 등을 들 수 있다. 끝으로 연령과 무관한 직업 사회를 구축하기 위한 정책에서는 크게 두 가지 방향으로 사업이 전개되고 있다. 첫째는 법적으로 모집과 채용에 있어서 연령에 의한 차별을 금지하는 것을 공식화 한 것이다. 이를 위하여 모집과 채용에 있어서 연령에 의한 차별을 금지하도록 법을 개정한 것 이외에도 EU의 「일반고용기회균등지령」도 채택함으로써 법적 토대를 마련하였다. 정부는 공공직업안정소로 접수되는 연령불문 구인수를 12.8%(2002

년)로부터 30%(2005년)까지 올리는 것을 목표로 설정하고 있다. 둘째로 연령과 무관한 직업 사회를 실현하기 위하여 전문가회의를 설치하는 것이다. 정부는 후생노동성 내에 관련 전문가 회의를 조직하여 ① 직무의 명확화와 사회적 능력평가 시스템 확립, ② 능력과 직무를 기반으로 한 임금/인사제도 확립, ③ 다양한 근무방식을 채택할 수 있는 환경 정비, ④ 채용과 퇴직 관련 조건 정비 등을 본 정책을 실현하기 위한 방향으로 제안하였다(野川忍 외, 2003).

이와 같은 중앙정부의 정책을 추진하는 대표적인 기관으로서 고용안정을 위한 서비스를 제공하는 공공직업안정소와 인재은행, 그리고 능력개발 관련 서비스를 제공하는 고용·능력개발기구를 살펴본 결과 다음과 같다.

(1) 공공직업안정소(公共職業安定所, Hellowork)

공공직업안정소는 직업안정법에 준하여 설치·운영되는 국가의 행정기관으로 모든 직종의 직업상담 및 소개, 실업수당과 같은 고용보험 관련 각종 사업, 고용안정사업 관련 업무 등을 시행하는 곳으로 중·고령자와 같은 특정 집단을 지원하기 위한 기관은 아니다. 그러나 고령자의 증가 및 취업 요구의 다양화 추세에 대응하기 위하여 공공직업안정소를 중심으로 크게 세 가지 방향으로 중·고령자를 지원하고 있다.

첫째는 중·고령 구직자를 위한 지원으로 공공직업안정소 내에 중·고령자의 직업지도 및 직업소개를 위한 전문직원을 배치하기도 한다. 그러나 모든 공공직업안정소에 고령자를 담당하는 전문직원이 배치되는 것이 아니라 지역에 따라서는 공공직업안정소와는 별도로 주요 관공서 내에 '고연령자직업상담실'을 설치하여 운영하기도 한다. 여기서는 55세 이상의 중·고령자를 대상으로 지방공공단체가 독자적으로 실시하고 있는 생활안정 관련 상담이나 직업상담, 직업소개, 고용주에 대한 고용상담 등을 제공한다. 2003년도 조사에 따르면 고연령자직업상담실은 전국에 걸쳐 253개가 설치되어 있고, 무료로 서비스를 제공받을 수 있다. 둘째는 중·고령 구직자를 채용한 고용주를 대상으로 하는 지원 사업으로 공공직업안정소를 통하여 취업에 어려움을 겪는 중·고령자를 채용한 고용주에 대하여 '특정구직자고용개발조성금'을 지급하고 있다. 이는 고령자를 채용한 고용주에게 임금의 일부를 지원하는 제도로 고용기회의 확대를 도모하기 위한 것이다. 셋째는 중·고령 구직자는 물론 고용주 쌍방에 대한 공동 지원 사업으로서 중·고령 구직자는 물론 고용주들의 의식을 변화시키는 것을 기초로 하여 공공직업안정소와 지역의 경제단체들이 연계하여 중·고령자의 취업을 돕는 고연령자매칭지원사업을 추진하고 있다(厚生労働省 홈페이지, http://www.mhlw.go.jp).

공공직업안정소는 45세 이상의 연령층이 가장 많이 활용하는 구직 채널이므로 제공되는 서비스를 보다 구체적으로 살펴보고자 한다. 우선 구직자를 대상으로 지원되는 서비스는 크게 취업 정보 제공 및 취업 알선을 위한 구직 지원 서비스와 실직기간 동안 안정된 생활을 유지하고 직업능력을 개발할 수 있도록 지원하는 고용보험 지원 서비스로 나누워진다. 그러나 이 두 가지 지원이 일원화된 체계에 의하여 제공되지 않고 각각의 지원 내역에 대하여 구직자가 개별적으로 서비스를 신청해야 지원받을 수 있다. 즉 '구직-생활안정-취업을 위한 교육훈련'이 연속된 과정으로 이루어지지 않아 구직자가 유사한 신청 절차를 이중으로 밟아야 하는 불편이 있다.

〈표 12-7〉 일본 공공직업안정소의 서비스별 추진 절차

구분	지원 절차	
구직 지원 서비스	구직신청서 제출 ▷ 구인정보 제공 ▷ 구인내용상담 ▷ 소개(추천장 배부) ▷ 면접 ▷ 채용결정 ▷ 취업 (만약 취업에 실패하면 다시 동일한 절차 반복)	
고용보험 서비스	기본 수당	이직 ▷ 이직표 제출 ▷ 수급자격결정 ▷ 수급 설명회(고용보험수급자격자증, 실업인정보고서 배부) ▷ 실업인정(4주에 1회 실업 상태 점검) ▷ 수급
	교육 훈련비	교육훈련 수료한 직후 개인이 직접 신청서 제출 ▷ 교육훈련비 환급 수령

다음으로 고용주에게는 구인 지원, 고용보험 관련 업무(고용보험 피보험자자격의 취득 및 상실), 각종 고용안정을 위한 지원금 지급, 고령자에 대한 적절한 고용 관리 지원, 관련 정보 제공 등의 서비스를 지원하고 있다. 가장 주된 서비스인 구인 지원 서비스의 절차는 다음과 같다.

구인신청
(① 관할 공공직업안정소 방문 → ② 구인신청서제출(인사/채용 책임자) → ③ 구인확인표 수령 → ④ 다양한 채널로 구인정보 공개)
▷ 구직자 알선 ▷ 면접 ▷ 채용 가부 결정여부 통보 ▷ 채용 완료 ▷ 구인 삭제
▷ 채용 미진 ▷ 재신청

[그림 12-4] 일본 공공직업안정소의 구인 지원 서비스

전술한 바와 같이 공공직업안정소에서는 구인·구직활동을 지원함으로써 고용안정에 주력하고 있으나 구인 창출을 위하여 고용주를 개척하는 등의 적극적 접근은 취하지 않고 있다. 이것은 중·고령자를 대상으로 하는 서비스에서도 유사하게 나타나는데 중·고령자를 채용할만한 고용주 또는 산업 분야를 개척하기 보다는 중·고령자를 채용한 고용주의 부담을 경감시키는 방식의 소극적 지원을 하고 있다. 한편 교육훈련과의 연계에 있어서는 교육훈련이 필요한 구직자를 선정(추천)하고, 독립행정법인 고용·능력개발기구 등과 연계하여 공공직업훈련(교육훈련비 무료)을 받을 수 있도록 주선하며, 민간교육기관에서 수강한 경우 교육훈련비를 지원해 주는 역할을 하고 있다.

(2) 인재은행

인재은행은 관리직, 전문직, 기술직에 종사한 경험이 있는 사람들의 취업 활성화와 이러한 직군의 인재를 원하는 기업의 요구를 만족시키는 것을 목적으로 모든 서비스를 무료로 제공하는 국가기관으로서 공공직업안정소의 전문화된 내부조직이다. 공공직업안정소와 다른 점은 전술한 바와 같이 주요 대상을 화이트칼라로 한정하여 그들의 요구를 반영하고자 한다는 것이다. 인재은행에서는 실무경험이 3년 이상이고 40세 이상의 관리직 종사자나 연령에 관계없이 활동 가능한 전문직과 기술직 종사자를 위한 구인·구직 관련 서비스를 제공하고 있다. 따라서 화이트칼라 직종에 종사 경험이 있는 중·고령자의 평생고용가능성 제고를 위한 활동을 지원하고 있는 기관이라 할 수 있다. 그러나 인재은행에서는 구직·구인 관련 정보를 수집하고 온라인을 비롯한 다양한 채널을 통하여 공개함으로써 등록한 구직자 및 구인 기관에게 도움을 주는 것으로만 서비스를 한정하고 있다. 즉, 생활안정을 위하여 고용보험 수급 관련 업무나 부족한 능력 향상을 위한 교육훈련과의 연계를 주선하는 등의 총체적인 지원 서비스는 기본적으로 공공직업안정소의 역할이고, 인재은행은 높은 수준의 경험과 지식이 축적된 화이트칼라 직종의 구인·구직 요구를 충족시킴으로써 화이트칼라 직종에서의 원활한 인력 흐름을 돕고자 하는 기관이다.

<표 12-8> 일본 인재은행에서 취급하는 직종

구 분	내 용
관리직	• 과장 이상의 관리 업무에 종사하는 사람 • 예: 경영관리자, 총무·서무관리자, 인사·노무관리자, 무역관리자, 자재·구매관리자, 공장장, 지배인, 영업소장 등
기술직	• 생산 기획·관리·감독·연구 등에 과학적 지식을 가지고 기술직에 종사하는 사람 • 예: 생산품질관리자, 기계기술자, 전기·전자 기술자, 토목·건축기술자, 연구개발직, 정보처리기술 등의 기술직 (기능직은 제외)
전문직	• 각 분야별 고도의 전문 지식·자격을 필요로 하는 직업에 종사하는 사람 • 예: 법무사, 강사, 번역·통역, 디자이너, 편집자 등 (실무경험 3년 이상)

자료 : 厚生労働省 홈페이지, http://www.mhlw.go.jp.

(3) 독립행정법인 고용·능력개발기구

일본의 중앙정부에서는 독립행정법인 고용·능력개발기구법(独

立行政法人雇用・能力開発機構法, 平成14年 法律第170号)에 근거하여 고용·능력개발기구를 설치하여, 현직 근로자는 물론 예비 근로자에서 실직자에 이르기까지 모든 근로자를 대상으로 공공직업훈련을 실시하고 있다. 특히 구직 희망자에게는 직업능력개발종합대학교(동경교), 직업능력개발단기대학교, 직업능력개발촉진센터, 각종학교와 전문학교, 민간기업으로의 위탁에 의한 교육훈련 등을 실시하고 있다. 이 기관에서는 중·고령자를 위한 특화된 서비스를 지원하지는 않지만 공공직업능력개발시설의 설치와 운영 관련 업무를 총괄할 뿐만 아니라 고용창출을 위한 사업을 비롯하여 개인의 경력 형성을 도와주는 서비스를 제공하고 있다. 따라서 기업주도적 직업능력개발로부터 개인주도적 직업능력개발로의 전환을 도모함으로써 중·고령자들에게서 나타나는 직업능력의 부적합성 문제를 해소하고, 능력개발에 있어서 기업에 대한 의존도를 낮추고 개인이 자발적으로 자신의 능력과 경력 개발에 참여하여 연령과 무관하게 일할 수 있는 사회를 실현하고자 하는 중앙정부의 정책을 실제적으로 추진하는 기관으로서 의미 있다.

특히 직업능력개발 부문 중, 핵심인 공공직업능력개발시설의 설치 운영 관련 사업에 초점을 맞추어 살펴보면 다음과 같다. 이 기관이 관할하는 공적인 직업능력개발 시설의 종류는 주요 서비스 대상과 지향하는 목표에 따라 도도부현센터(47개), 직업능력개발종합대학교(1개), 직업능력개발대학교(10개), 직업능력개발단기대학교(1개), 직업능력개발촉진센터(62개) 등으로 나뉜다. 먼저 도도부현센터는 산업계, 고용주, 근로자, 이직·전직자 등에 대한 각종 고용 및 능력

<표 12-9> 독립행정법인 고용·능력개발기구의 역할

영 역	내 용
고용개발	• 고용관리에 관한 상담 • 중소기업의 고용창출, 인재확보를 위한 조성금 지급 및 상담 • 건설근로자의 고용관리 개선을 위한 조성금 지급, 고용관리연수 실시
능력개발	• 공공직업능력개발시설 등의 설치 운영, 기업 내 교육훈련 지원 • 경력 컨설팅: 근로자의 직업생활설계에 근거한 자발적인 직업능력 개발 도모
근로자 자산형성촉진	• 근로자의 자산형성을 촉진하고 생활의 안정을 위한 조성금 지급, 교육자금 융자 등 • 고용촉진주택 및 근로자 복지시설의 양도 및 폐지 관련 업무

자료 : 独立行政法人雇用・能力開発機構 홈페이지(http://www.ehdo.go.jp).

개발 관련 서비스를 제공하는 기관으로 ① 현직 근로자 능력향상을 위한 상담, 정보제공, 지원금 지급, 교육훈련 서비스, ② 고용주를 위한 유능한 인재 추천 서비스, ③ 창업을 위한 상담, 정보제공, 지원금 지급 서비스, ④ 개인의 자기계발을 위한 상담, 정보제공, 지원금 지급 서비스, ⑤ 구직자를 위한 상담, 정보제공, 교육훈련 제공, 지원금 지급 서비스 등을 수행한다. 특히 직업능력개발촉진센터와 같은 여타 능력개발시설은 물론 공공직업안정소와의 연계를 통하여 고용과 능력개발이 원활하게 연결될 수 있도록 지원하고 있다. 그밖에 주로 재직 근로자를 대상으로 높은 수준의 지식과 숙련된 기술 제공을 목표로 하는 직업능력개발대학교와 직업능력개발단기대학교, 그리고 지역 중심의 직업능력개발을 목표로 하는 직업능력개발촉진센터에서도 구직자를 위한 각종 공공직업훈련을 제공하고 있다.

이 기관이 구직 희망자를 대상으로 제공하는 공공직업훈련 서비스의 종류는 교육 대상자와 교육훈련의 운영 형태에 따라 어빌리티 코스, 위탁훈련, 청년직업능력개발지원사업 등으로 구분된다. 이와 같이 공적으로 제공되는 교육훈련은 운영에 있어서 ① 수강 대상을 공공직업안정소의 수강지시(또는 추천)를 받은 사람으로 한정하고, ② 교과서와 교재대금은 개인 부담으로 하되 교육비는 무료로 교육훈련 서비스를 제공하는 등의 특징이 있다. 또한 중·고령자를 위한 특화된 교육훈련 코스는 없지만 청년직업능력개발지원사업을 제외하면 연령에 대한 제한이 없기 때문에 코스별로 제시된 교육훈련 대상 조건에만 해당된다면 교육훈련에 참여할 수 있다.

<표 12-10> 구직자를 대상으로 한 공공직업훈련의 종류

종류	개 요	
청년직업능력개발지원사업	청년사전훈련	① 교육훈련 실시 장소: 도도후켄센터 ② 교육훈련 기간: 4~10일 ③ 대상자: 35세 이하의 구직자(이중 30세 이상자는 불안정적인 취업의 반복을 경험한 자로 적절성 여부 심사를 통과한 자)
	청년직업훈련	① 교육훈련 실시 장소: 직업능력개발대학교, 도도후켄센터로부터 민간기관으로 위탁 ② 교육훈련 기간: 5~6개월 ③ 대상자: 청년사전훈련 참가자로 35세 이하의 구직자(이중 30세 이상자는 불안정적인 취업의 반복을 경험한 자로 적절성 여부 심사를 통과한 자)로 공공직업안정소의 지시/추천을 받은 자

〈표 12-10〉 구직자를 대상으로 한 공공직업훈련의 종류(계속)

종류	개 요	
어빌리티코스	대상자	고용보험 수급 대상자이면서 공공직업안정소의 수강지시를 받은 자
	개요	① 교육훈련 실시 장소: 직업능력개발촉진센터, 직업능력개발종합대학교(동경교), 직업능력개발대학교·단기대학교 ② 교육훈련 기간: 6개월 ③ 교육훈련 내용: 기술작업, 금속가공, 금속업무 기술, 전기설비, 빌딩관리, 빌딩설비서비스, 주택서비스, 비즈니스워크, 생산자동화시스템, 정보시스템 서비스, 개호서비스 등 ④ 특징: 시스템 단위 훈련 방식* 채택, 교육훈련 종료 시점까지 실업급여의 연장 지급, 수강 일수에 따라 수강 수당 지급 ※ 시스템 단위 훈련 방식*: 교육훈련 커리큘럼 구성 방식의 하나로 직무에서 요구되는 지식과 기능의 범위, 도달수준, 교과의 분류, 내용 등을 명확하게 구분하여 단위를 구성하고, 이러한 단위들의 조합으로 직무 시스템을 구축하여 고용과 연결되도록 함
위탁훈련	대상자	공공직업안정소의 수강지시를 받은 구직자
	개요	① 교육훈련 실시 장소: 고용·능력개발기구가 위탁한 전수·각종학교, 대학, NPO법인, 민간교육훈련기관 ② 교육훈련 기간: 표준 3개월 ③ 교육훈련내용: OA비즈니스, 개호서비스, 화이트칼라 직종 ④ 특징: 지급받고 있는 고용보험실업급여가 교육훈련 종료 시점까지 계속 지급됨

자료 : 独立行政法人雇用·能力開発機構 홈페이지(http://www.ehdo.go.jp).

일본이 중앙정부 수준에서 수립한 정책을 실제적으로 추진하고 있는 기관들을 중심으로 살펴본 결과를 토대로 알 수 있듯이 일본에서는 미국의 인력투자법에서 보장하는 형태와 같이 구직자를 대상으로 단계적이고 일원화된 서비스(기초서비스 → 심화서비스 → 훈련서비스)를 제공하고 있지는 않다. 그러나 공공기관 간의 수평적 연계 즉, 공공직업안정소(인재은행 포함)와 고용·능력개발기구를 연계시키고 각 기관의 역할을 명확하게 제시함으로써 고용·훈련 지원이 원활하게 이루어지도록 절차화하고 있음을 알 수 있다. 또한 고용·능력개발기구를 중심으로 구축된 공공직업훈련 기관간 네트워크를 구축하여 능력개발 관련 정보 및 지식을 공유함은 물론 각 시설의 설치와 운영을 조정함으로써 기관별 역할 중복을 방지하고 있다. 그러나 고용안정을 위한 지원에 있어서는 공공직업안정소 내에 중·고령자 대상의 특화된 서비스를 제공할 수 있는 토대가 마련되어 있는 반면, 능력개발에 있어서는 구직자의 일반적인 요구를 반영하는데 중점을 두고 있어 중·고령자를 위한 사업은 미미한 실정이다. 중·고령자가 학습에 대한 태도에 있어 학습과정 및 결과에 대한 두려움이나 자신감 상실 정도가 젊은층과 비교하여 크고, 실제 학습 진행에 있어서도 새로운 분야의 경우 습득 속도에 차이가 나타나는 점 등을 고려할 때 중·고령자를 주요 대상으로 하는 공공직업훈련이 별도의 코스로 마련되어 있지 않은 것은 중·고령자의 교육참여를 저해하는 요인이 될 수 있다.

2) 지방정부와 지역사회

고령사회대책의 기본 방향성에서 제시된 바와 같이 각 지방정부는 각 지역의 고령 관련 상황의 특수성을 반영하여 각기 상이한 정책 전략과 사업을 전개하고 있다. 그렇지만 모든 정책 수립 및 실천은 중앙정부에서 정한 고령사회대책의 기본 방향 및 과제, 그리고 사업 분야(취업·소득, 건강·복지, 학습·사회참가, 생활환경, 관련 조사 및 연구 등)의 틀을 벗어나지 않고 있다. 지역의 고령 인구 비율에 따라 대표적인 지역으로 요코하마시(10~15%), 도쿄도(15~20%), 시마네현(20~25%)을 선정하고, 각 지역별로 ① 고령화 현상과 문제점, ② 정책 전략 방침, ③ 고용·훈련 지원 사업 등으로 나누어 비교해 본 결과 다음과 같다.

<표 12-11> 일본 지방정부의 중·고령자 고용·훈련 지원 사업 비교

구 분	요코하마시	도쿄도	시마네현
고령화 현상과 문제점	• 비교적 고령화 수준이 낮음 • 앞으로 고령화가 급격하게 진행될 것으로 예상됨	• 급속한 인구의 고령화와 경제활동인구의 감소 • 가족구성과 의식변화 • 가치관, 라이프스타일 변화 • 지역 주민의 노후 생활에 대한 불안감 증대	• 전국 최고 수준의 고령화 정도 • 평균수명의 연장과 젊은이의 이농현상이 원인 • 후기고령자 비율 높음
정책 전략 방침	• 고령화에 대비한 사회 시스템의 전환	• 개호보험제도의 실시와 안정적 운영 • 익숙한 지역에서 자립생활을 지속할 수 있도록 지원 • 항상 활기찬 생활이 가능하도록 지원	• 고령자의 자립/자조 • 고령자에게 적합한 생활환경 조성 • 의료, 복지 등 지원 체계의 연계

<표 12-11> 일본 지방정부의 중·고령자 고용·훈련 지원 사업 비교(계속)

구 분	요코하마시	도쿄도	시마네현
고용·훈련 지원 사업	• 실버인재센터 운영비 보조 사업 • 직업훈련사업(신규졸업자 및 이전직자를 대상으로 한 공공직업훈련, 1급 홈헬퍼 양성) • 능력개발훈련사업(현직 근로자, 중고령 실직자를 대상으로 컴퓨터 교육 실시) • 고령자복지대학강좌사업(사회변화의 적응에 필요한 지식/교양 향상) • 생애설계에 대한 권유(근로자의 생애설계 개발을 위한 팜플렛 제작/교부) • 중고령생활설계지도자양성 세미나(근로자 대상으로 직장에서 생애설계를 지원할 지도자 양성 강좌) • 중고령생애설계 교육 강좌(근로자를 대상으로 실시하는 강좌)	• 授産場 운영(근로의욕/능력을 갖춘 고령자가 자신의 능력에 적합한 일을 지속할 수 있도록 지원 • 고토부키교실(원예/식품 관련 취미교양 교육 • 고연령자취업센터의 관리 운영(고령자의 취업에 관한 종합 서비스를 제공하는 시설 관리 운영) • 기능훈련사업실태 조사 실시	• 간바루 시마네 농림종합사업(고령자 경험활용): 60세 이상자를 대상으로 농림업경영규모확대 및 농림작업 경감을 위한 설비 확충

자료 : 厚生労働省(2000). 都道府県・指定都市における高齢社会対策関係施策. 의 내용 재구성.

상기 제시된 비교표에서 알 수 있듯이 각 지방정부는 해당 지역의 현황에 따라 중·고령자에 대한 고용·훈련 지원 사업을 독자적으로 펼치고 있다. 예를 들어 시마네현은 지역경제가 농업에 기반을 두고 있고, 이미 인구구조상 고령화 수준이 높으며 후기 고령자(74세 이상)의 비율이 높은 특성을 나타낸다. 즉, 농업의 특성상 정해진 퇴직연령이 없고 65세 이상 고령자들의 종사 비율이 높기 때문에 고용·훈련 관련 지원보다는 고령자를 위한 전반적인 사회 시스템 갖추기에 중점을 두고 있다. 한편 요코하마시는 도시이기 때문에 고용 근로자가 많고 아직 고령화 수준은 높지 않으나 고령화가 빠르게 진척되고 있기 때문에 고용 근로자들이 정년 이후의 삶을 안정되게 유지할 수 있도록 전직이나 이직, 재취업을 지원하는 고용·훈련 관련 프로그램에 중점을 두고 있음을 알 수 있다. 다시 말하여 획일적인 정책을 탈피하고 지역사회의 특수성을 반영하고자 함을 엿볼 수 있으나 이러한 노력도 어디까지나 중앙정부의 주도적 정책 지침에 따르는 범위, 즉 중앙정부가 제시한 기본 방향성 내에서 실시되고 있다고 할 수 있다.

<표 12-13> 일본 지방정부의 중·고령자 대상 지원 사업 추진 부문 비교

구분	취업·소득	건강·복지	생활·환경	사회참여	관련 조사
요코하마시	7	16	22	2	3
도쿄도	4	13	19	2	6
시마네현	1	15	10	3	3

자료 : 厚生労働省(2000). 都道府県・指定都市における高齢社会対策関係施策.의 내용 재구성.

또한 추진하는 지방정부의 정책 분야도 중앙정부에서 정한 5개 영역의 범주 내에서 이루어지고 있으며 지방별로 차이는 있지만 대체적으로 고용·훈련(취업·소득) 영역보다는 건강·복지, 생활환경 영역과 같은 사회 전반에 걸친 시스템 만들기에 주력하고 있다.

이러한 경향은 「고령사회대책대강(2001)」에서도 언급되었듯이 전체적으로 일본의 고령자들이 건강하고 경제적으로도 풍요로운 상태에 있기 때문에 지방정부에 대하여 경제적 안정을 위한 고용・훈련 정책에 대한 요구보다는 고령자를 위한 사회 시스템의 변화에 대한 요구가 높기 때문으로 판단된다. 즉, 중・고령자들에게 편안하고 안전한 사회 시스템은 젊은층에게도 이롭다는 논리 하에 중・고령자들이 질적으로 높은 삶을 향유할 수 있고 젊은층과 공존하는데 무리가 없도록 지원하는 것을 지방정부 수준에서 추진해야 할 과제로 간주하고 있다고 할 수 있다. 한편으로는 오늘날 일본 중・고령자의 개인적 상황, 즉 성별, 학력, 건강상태, 경제력, 가족구성 등이 다양하여 이에 따라 고용・훈련에 대한 요구가 매우 상이하기 때문에 정부가 주도성을 가지는데 한계가 있기 때문으로도 해석할 수 있다. 즉, 「고령사회대책기본법」과 「고연령자 등의 고용안정에 관한 법률」 등과 같은 법적 틀에서는 중・고령자의 고용가능성에 대하여 구체적이기보다는 포괄적으로 접근할 수밖에 없기 때문에 이를 보완하기 위한 방법으로 별도의 전문기관을 설치 또는 지정하고 고용・훈련과 관련된 사업을 위탁함으로써 지방정부의 직접적인 사업으로는 드러나지 않기 때문이기도 하다. 대표적인 별도 기관으로는 중・고령자 고용창출을 위한 고용주 지원 사업 기관으로 지방정부 장(또는 지방정부의 노동국장)의 허가에 의하여 사업을 추진하는 고연령자고용개발협회, 그리고 지방정부의 장이 지정한 공익법인으로서 구직자 지원 사업을 추진하고 있는 실버인재센터(또는 실버인재센터연합) 등을 들 수 있다.

(1) 고연령자고용개발협회

고연령자고용개발협회는 고령자의 고용안정 관련 업무를 수행하는 재단법인(지역에 따라 사단법인)으로 1978년(昭和53년)에 설립되었고 이후 1986년에는 노동성으로부터 '중앙고연령자 등 고용안정센터'로 지정되었다. 이 법인은 고령자의 고용이라는 과제를 해결함으로써 고령자의 고용 촉진을 목적으로 정하고, 주로 고용주를 위한 서비스를 제공하는 기관이다. 따라서 이 기관의 활동을 통하여 고령자의 고용 촉진을 위하여 지방정부가 어떤 제도적·행정적 지원을 제공해야 하며 고용주는 어떤 역할을 담당해야 하는지에 대하여 시사점을 얻을 수 있을 것이다. 단, 고령자의 고용을 위한 고용주 지원 서비스를 제공하는 기관에 한 가지 알아두어야 할 제도상 변화가 있으므로 간단하게 지적하면 다음과 같다. 종전까지는 고령자 고용 촉진을 목적으로 한 고용주 지원 서비스는 고연령자고용개발협회에서 전담하여 왔으나 고령자와 장애자의 고용 촉진 문제 해결에 있어서 고용주를 설득할 수 있는 강력한 정책지원이 필수적이라는 공통점이 제기되면서 고령자와 장애인의 고용 지원을 일원화해야 한다는 공감대가 형성되었다. 이에 독립행정법인고령·장해자고용지원기구법(独立行政法人高齢・障害者雇用支援機構法)이 2002년에 제정되면서 이에 근거하여 독립행정법인고령·장해자고용지원기구(独立行政法人高齢・障害者雇用支援機構)가 발족되면서 오늘날에는 고령자 고용 촉진을 위한 지원 업무를 분담하고 있다(独立行政法人高齢・障害者雇用支援機構 홈페이지). 즉, 고령자와 장애인의 고용 지원에 있어서의 상승효과를 기대하여 하나의 기관으로 결합하였지만 실제로 중 · 고령자를 위한 지원부문에서는 고연령자고용개발협회가 주체가 되고 있으므로 이를 구체적으로 살펴보면 다음과 같다.

첫째, (독)고령 · 장해자고용지원기구에 '고연령자 고용 어드바이저'를 설치하고 전문가에 의한 상담과 조언 서비스를 제공하고 있다. 이 서비스는 무료로 제공되며 주로 ① 정년연장을 위한 인사관리제도의 정비, ② 계속고용제의 도입을 위한 임금 및 퇴직금 제도의 정비, ③ 계속고용에 필요한 직장개선 및 직무개발, ④ 계속고용에서 요구되는 능력개발 및 건강관리 문제 등에 대한 상담 등이 이루어진다. 둘째, 전술한 상담에 그치지 않고 고용주의 요청이 있는 경우 고연령자의 계속고용을 위하여 갖추어야 할 전반적인 개선을 추진할 수 있는 기획안을 작성해 주는 서비스를 제공하며, 이에 소요되는 경비는 고용주와 협회가 절반씩 부담한다. 셋째, 고연령자를 활용하는 시스템을 갖추기 위하여 개별 고용주의 과제 및 개선방향성을 명확하게 제시하기 위해서 컴퓨터 시스템을 활용하여 기업진단 서비스를 제공한다. 이 서비스는 고용주의 신청에 의하여 제공되며 비용은 무료로 제공된다. 진단 분야는 ① 직장개선진단, ② 건강관리진단, ③ 교육훈련진단, ④ 인건비/임금분석, ⑤ 고용관련진단 등으로 나뉘어 있다. 넷째, 고연령자 고용을 추진하는데 필요한 조사 연구가 필요한 경우 공동연구의 형태로 지원하는데 이에 소용되는 경비는 고용주와 기구가 절반씩 공동 부담한다. 다섯째, 계속고용제도를 도입하고자 하는 고용주를 위하여 직원들의 의식변화를 목적으로 하는 교육훈련을 실시하기도 한다. 또한 이에 소

요되는 비용은 고용주와 협회가 절반씩 공동 부담한다. 여섯째, 이직대상 중・고령 근로자를 지원할 수 있도록 고용주에게 재취직지원컨설팅 서비스를 제공한다. 고용주는 정년, 해고 등의 이유로 이직해야 하는 대상자들 중, 재취업을 희망하는 중・고령자들에게 재취업을 지원해야 할 의무가 있다. 이를 위한 재취직지원계획의 작성법이나 실무 적용 방법에 대하여 상담하고 지원해 주는 서비스가 개별 기업에게 제공되며, 이 서비스는 무료로 제공된다. 일곱째, 현직 중・고령 근로자는 물론 고용주를 위한 '고령기고용취업지원코너'를 기구 내에 별도로 설치하고 관련 서비스를 제공한다. 우선 재직 중・고령자(이직대상자 포함)들에게는 퇴직준비, 재취업, 연금 등 직업생활설계를 할 수 있도록, 그리고 고용주에게는 이를 지원할 수 있도록 상담, 교육훈련, 교류회, 정보제공 등의 서비스를 제공한다. 끝으로 연령에 관계없이 일할 수 있는 사회 만들기를 목표로 에이지 프리 프로젝트(Age Free Project)를 주도한다. 이를 위한 주요 업무로 ① 연령요건 완화 추진의 저해 요인 분석, ② 사례수집 조사 활동, ③ 고연령자 고용 어드바이저의 상담 매뉴얼 작성, ④ 고연령자 고용 어드바이저 연수 실시, ⑤ 심포지움 개최, ⑥ 홍보자료 제작 등이 수행되고 있다(厚生労働省의 홈페이지, 高齢者の雇用をすすめるために).

이 협회를 통한 지방정부의 고령자 고용 촉진을 위한 고용주 대상의 지원 내용으로부터 다음과 같은 특징 및 시사점을 발견할 수 있다. 첫째, 개별 기업이 중・고령자를 고용하기 위한 제반 조건을 정비하는데 전문가에 의한 체계적 활동의 필요성을 인식하고 있다는 점이다. 사례로서 '고연령자 고용 어드바이저'를 설치하여 전문가에 의한 서비스를 무료 또는 적은 비용으로 기업에 제공함으로써 중·고령자의 고용을 늘림에 따라 기업이 당면할 문제를 과학적·합리적으로 해결할 수 있는 방안을 제시하고 있는 것을 들 수 있다. 둘째, 중·고령자의 고용을 활성화하는데 있어서 기업의 제반 시스템의 정비를 우선적으로 해결해야 할 과제로 인식하고 있다는 점이다. 즉, 계속고용제도를 도입하거나 정년연장의 계획을 가지고 있는 기업이 이러한 제도를 도입하기 이전에 기업의 시스템이 이러한 제도를 적용하는데 무리가 없도록 조정하는 것을 선행하고 있다는 점에 주목해야 한다. 셋째, 이와 같은 중·고령자 친화적인 기업을 만들어나가는 과정에서도 기업에 대한 진단과 분석을 통한 결과를 토대로 추진하는 등 과학적인 접근 방법을 택하고 있다는 특징도 간과할 수 없다. 넷째, 정부에 의한 서비스의 방식을 단순하게 금전적 지원에 한정시키기 않고, 전문가를 활용할 수 있도록 채널을 마련함으로써 명목상의 지원이 아닌 실질적 도움을 이끌어내는데 기여하고 있음도 특징으로 들 수 있다.

(2) 실버인재센터와 실버인재센터 연합[2)]

실버인재센터는 「고연령자 고용 안정 등에 관한 법률(高年齢者の雇用の安定等に関する法律, 昭和46년 법률제68호)」에 근거하여 지역사회와의 상호교류와 연대를 목적으로 하는 공공성 및 공익성이 높은 사단법인(또는 공익법인)으로 실버인재센터 사업을 수행하

2) 社団法人 全国シルバー人材センター事業協会의 홈페이지(http://www.sjc.ne.jp) 참조

고 있다. 이와 같이 지역별로 산재되어있는 실버인재센터를 조직적으로 지원하고 새로운 취업분야를 개발·개척하며 담당자 교육을 실시하는 거점으로서 지방정부 장의 지정에 따라 실버인재센터 연합을 설치하고 있다. 실버인재센터는 고령자가 조직적으로 경제활동에 참여함으로써 추가적 수입을 얻음은 물론 건강을 유지하고 보람을 느끼면서 지역사회에 공헌할 수 있도록 하는 '자주·자립, 공동·공조'의 이념을 기본으로 하고 있다. 또한 정년퇴직 등으로 직업생활로부터 은퇴하는 과정에 있거나 은퇴 후 일할 의욕과 능력이 있는 고령자(원칙적으로 60세 이상)로서 실버인재센터의 취지에 찬성하는 사람이라면 누구라도 회원이 될 수 있는 열린 조직이다. 기본적인 운영은 지방정부 및 관련 단체, 그리고 국가로부터의 보조금에 의존한다.

실버인재센터의 주요 활동은 위탁사업으로 고용에 의한 취업이 아니라 임시적이고 단기의 일거리를 가정, 민간 고용주, 관공서 등으로부터 위탁받아 이것을 회원의 희망 및 능력에 따라 제공하는 것이다. 즉, 임시·단기 일자리를 위한 인력을 파견하는 역할을 수행하고 있다. 이 밖에 일거리의 보급 및 계발, 조사 연구, 회원의 기능·기술 향상을 위한 각종 교육훈련도 실시하고 있다. 전술한 바와 같이 고용에 의한 취업이 이루어지는 것이 아니므로 회원들에게 일정한 수입이나 취업 일수를 보장하지는 못하며 일자리 제공자로부터 대가를 회수하면 회원에게 근로한 양에 따라 '배분금'을 주고 있다. 실버인재센터에서 주로 일자리를 알선하는 분야는 다음과 같다.

<표 12-14> 일본 실버인재센터의 일자리 알선 분야

분 야	사 례
관리 분야	공민관 관리, 주차장 관리 등
기술·외근 분야	홍보물 배포, 검침, 수금 등
전문기술분야	보습교실강사, 번역·통역, 가정교사, 경리사무, 컴퓨터 작업 등
기술 요구 분야	목공작업, 페인트칠하기, 나무 심기, 양재 등
사무분야	문서관리, 접수업무 등
일반 작업 분야	공원청소, 수림소독, 제초, 포장 등
서비스 분야	복지·가사 도우미, 관광 가이드 등

이와 같은 실버인재센터의 활동에서는 중·고령자 특히 은퇴 이후 고령자가 정규직이나 고용에 의한 취업 부담을 선호하지 않는 특성을 반영하고 있다는 점에서 의미있다. 즉, 임시·단기의 일자리를 제공함으로써 중·고령자의 다양한 취업 요구에 대응하는 것이다. 또한 기업의 입장에서도 고용해야 하는 부담으로부터 벗어나 중·고령자를 활용할 수 있기 때문에 실버인재센터를 통하여 중·고령자에게 일자리를 제공하는데 있어 적극적인 참여를 도모할 수 있는 효과도 있다. 그러나 주로 고용에 의한 취업 알선에 주력하는 공공직업안정소에서 중·고령자를 위한 사업도 적극적으로 추진되지 않는다면 중·고령자를 위한 일자리가 불안정한 임시의 단기직으로 편중될 위험성을 배제할 수 없다. 또한 실버인재센터를 통하여 중·고령자의 기술 및 기능 향상을 위한 교육훈련 서비스를 제공하고 있기는 하지만 임시·단기직의 특성상 중·고령자가 기존에 가

지고 있던 능력 및 기술을 활용하는 것 이외에 새롭게 능력을 개발하는데 있어서는 한계가 있다는 점도 문제점으로 지적될 수 있다.

3) 기업

일본 기업이 중·고령자의 평생고용가능성 증진을 위하여 추진하고 있는 지원은 크게 두 가지 종류로 나눌 수 있다. 첫째는 기업의 제반 인사제도 및 근로조건을 중·고령자의 고용에 용이하도록 개편하여 중·고령자의 고용창출을 도모하는 것이며, 둘째는 교육훈련을 실시함으로써 개인의 능력을 개발하여 일할 수 있는 가능성을 높이는 것이다. 각각의 내용에 대하여 구체적으로 살펴보면 다음과 같다.

(1) 인사제도 및 근로조건의 개편

중·고령자에게 우호적인 기업문화를 조성하고 중·고령자의 고용을 유지하거나 재취업을 도모하기 위해서는 기업 내의 제반 인사제도 및 임금제도가 중·고령자에게 적합하도록 개편되어야 한다. 이에 일본 기업에서는 과거부터 종신고용의 관행 하에 장기근속을 보장하기 위한 관행으로 실시해 왔던 출향(出向)과 전적(転籍)제도를 적용함은 물론, 정부가 추진하고 있는 '65세 현역사회'의 실현을 위하여 정년 연령을 높이거나 계속고용제도를 도입하는 등의 노력을 새롭게 추가하고 있다. 우선 출향과 전적제도에 대한 대략적인 개요를 살펴보면 다음과 같다. 전통적으로 장기근속 고용시스템을 갖추어 왔던 기업이 장기불황, 성장 둔화, 인사 정체, 인건

비 증대 등으로 장기근속 고용시스템을 그대로 유지하기 힘든 경우에 장기근속 보장과 고용조정의 필요성과 같은 모순을 해결하기 위한 방법으로 출향과 전적제도를 활용하고 있다. 출향과 전직은 출향대상자의 소속 관계에 의하여 구분되는데 출향이란 출향대상자의 신분이 출향을 보내는 기업의 소속으로 유지되면서 출향 유입회사 측의 노동관계(근무형태, 복무규칙, 지휘명령 등)로 편입되는 것을 말한다. 전적이란 종전까지 적을 두고 있던 출향 기업을 퇴직하고 새롭게 출향 유입 회사로 입사함으로써 출향대상자의 소속이 바뀌는 형태를 말한다(企業グループ内人材有效活用硏究会, 1997). 즉, 출향과 전적의 대상 기업이 있어야만 실시 가능한 제도이므로 주로 자회사를 보유하고 있는 대기업을 중심으로 실행되는 제도이다.

그렇다면 출향과 전적의 현황은 어떠한가? 노동성(1997)에서 발표한 자료에 따르면 전체 출향 및 전직 대상자 중 50세 이상의 중·고령자가 대상이 되는 비율이 36.5%로, 출향과 전적에 있어 중·고령자가 주대상자임을 알 수 있다. 출향과 전직의 대상자로 중·고령자의 비율이 높다는 것 자체만으로도 연령의 증가와 고용불안정성의 증가가 연계됨을 유추할 수 있지만 기업의 입장에서 출향과 전직을 시도하는 이유를 보면 더욱 명확해진다. 일본노동연구기구(1997)에서 발표한 자료에 따르면 기업이 49세 이하의 연령자를 대상으로 출향과 전적을 실시할 때는 '본인 경영관리능력의 향상', '분사에 따른 경영·기술 이전' 등 개인의 경력개발을 통한 인재양성의 의도가 크다. 그러나 50세 이상의 중·고령자를 대상으로 실시할 경우에는 '자리부족의 해소', '정년 이후의 고용기회 확보', '고용조정' 등과 같이 과잉인원으로 인한 문제를 해결하기 위한 방법으로 활용되고 있다. 결과적으로 중・고령자의 고용상태는 유지되겠지만 인적자원으로서 중・고령자를 적극적으로 활용하기 위한 적극적인 제도의 개선이라기보다는 장기고용이라는 기존의 고용관행을 유지하면서 고용조정의 효과를 동시에 추구하고자 하는 소극적 접근임을 알 수 있다.

〈표 12-15〉 일본 출향・전직 근로자 비율의 연령별 비교

단위: %

연령	24세 이하	25-29세	30-34세	35-39세	40-44세	45-49세	50-54세	55세 이상
비율	16.1	10.4	5.4	7.6	13.8	9.2	14.6	21.9

자료 : 労働省(1997). 雇用動向調査報告.

〈표 12-16〉 일본 기업이 출향・전적을 시행하는 목적: 연령별 구분

단위: %

구분	경영 관리 능력 향상	경영력/기술력 향상	경영/기술 이전	경영/기술상의 문제 해결	결속력 강화	자회사의 인재 부족	자리 부족	정년 후의 고용 기회	고용 조정
39세 이하	42.0	40.4	35.6	32.5	28.7	56.4	5.9	2.1	6.9
40-49세	46.8	56.4	39.9	43.1	31.4	59.6	11.2	3.2	9.1
50-54세	25.0	67.0	38.3	42.6	36.2	54.3	31.9	14.4	15.4
55세 이상	18.6	59.1	29.8	30.3	31.9	46.8	34.1	40.4	20.2

자료 : 企業グループ内人材有効活用研究会(1997). 出向・転籍の実態と展望. 東京: 日本労働研究機構.

한편 대기업을 중심으로 적용 가능한 출향·전적제도와 달리 정부가 제시한 '65세 현역사회'에 발맞추는데 있어서 기업의 규모나 자회사의 유무와 관계없이 보편적으로 기업에 도입할 수 있는 제도로서 '계속고용제도'를 들 수 있다. 현재 일본에서는 계속고용제도가 크게 두 가지 유형으로 발달하고 있는데 하나는 정년제를 적용하고 있는 사업장에서 정규직 근로자가 정년 연령에 도달한 이후에도 연장하여 근무할 수 있는 제도로서 이를 근무연장제도라 한다. 다른 하나는 정년 연령에 도달하면 일단 퇴직하고 그 후 다시 고용하는 제도로서 이를 재고용제도라 한다(独立行政法人 労働政策研究·研修機構, 2004). 즉, 계속고용제도는 '정년제' 및 '정년연령'과 밀접한 관련이 있는 제도이므로 일본 기업이 정년제를 적용하고 있는 현황을 살펴보아야 한다. 2003년도를 기준으로 정년 연령을 정하고 있는 기업이 92.2%이고 그 중 직무나 직종에 관계없이 일률적으로 적용하고 있는 기업이 97.5%에 달하고 있다. 즉 대부분의 기업이 일률정년제를 적용하고 있음을 알 수 있다(厚生労働省大臣官房統計情報部雇用統計課, 2004). 그렇다면 이중 계속고용제도를 도입하고 있는 기업은 어느 정도나 될까?

宮崎利行과 그의 동료들(2001)에 의한 조사 결과에 따르면 일률정년제를 적용하고 있는 기업 중 계속고용제도를 도입하고 있는 기업의 비율은 67.0%정도로 비교적 높지만 구체적인 도입 상황을 보면 기업이 근무연장제도보다는 재고용제도를 더 선호하고 있다고 나타났다. 즉, 정부에서 의도하는 바와 같이 기업에서는 계속고용제도를 도입하고 있지만 어디까지나 기업의 부담을 최소화하는 방

<표 12-17> 일본 기업의 정년제 적용 비율 및 정년연령

단위: %

구분	일률 정년제 적용비율	정년연령				
		59세이하	60세	61-64세	65세	66세이상
전체 기업	97.8	0.8	91.6	1.8	5.6	0.1
5,000명 이상 기업	97.8	-	98.7	0.3	1.0	-
1,000~4,999명	97.8	-	96.4	2.3	1.2	0.0
300~999명	97.3	0.1	96.6	1.2	2.0	0.1
100~299명	98.4	0.2	93.9	2.0	3.5	0.4
30~99명	97.7	1.1	90.1	1.8	6.9	0.1

자료 : 宮崎利行 외(2001). 高齢者の職業能力発揮サポートシステムに関する調査研究. 東京: 高年齢者雇用開発協会. p. 75.

향으로 진행되고 있음을 알 수 있다. 왜냐하면 정년연령을 높이는 근무연장제도의 경우 기업의 입장에서 보면 적용대상자를 선별할 수 없으므로 생산성이 떨어지는 중·고령자들을 여과할 수 있는 방법이 없기 때문이다. 반면 재고용제도를 도입하면 첫째 능력이 인정되는 사람만을 선별할 수 있고, 둘째 고용형태 면에서 다양한 유형의 비정규직 형태로 인력을 활용할 수 있는 여지가 많으며, 셋째 임금 및 보상체계의 조정이 용이하다는 것 등 기업측의 결정 권한이 상대적으로 높기 때문에 자연스럽게 기업이 재고용제도를 더 선호하고 있는 것으로 판단된다.

실제로 이미 계속고용제도를 도입하고 있는 기업들을 대상으로 희망자 전원을 대상으로 한 계속고용제도를 도입했을 경우 야기될

<표 12-18> 근무연장제도와 재고용제도의 도입 상황

단위: %

구분	계	제도 있음			제도 없음	
		근무연장 제도만	재고용 제도만	두 제도의 병행	도입 계획 있음	도입 계획 없음
전체 기업	67.0	13.8	46.0	7.2	5.9	27.2
5,000명이상 기업	50.5	1.3	47.3	1.9	15.1	34.4
1,000~4,999명	57.3	3.2	49.2	4.6	6.1	36.6
300~999명	63.2	8.5	48.0	6.6	5.5	31.4
100~299명	70.6	12.6	50.2	7.9	4.4	24.9
30~99명	66.5	15.2	44.2	7.1	6.4	27.1

자료 : 宮崎利行 외(2001). 高齢者の職業能力発揮サポートシステムに関する調査研究. 東京: 高年齢者雇用開発協会. p. 76.

수 있는 문제점에 대한 의견을 조사한 결과를 보면 '성과를 기대할 수 없는 근로자를 계속 고용유지 해야 하는 부담감'이라고 지적한 기업이 79.8%나 되었다(宮崎利行 외, 2001). 결과적으로 국가의 정책에 대응하기 위하여 계속고용제도를 도입하는 기업이 늘어나고 있는 것은 사실이지만 현재 정부가 채택하고 있는 '60세 플러스 α 방식'에서는 연령의 증가와 함께 생산성의 저하가 예상되는 블루칼라직종이나 능력에 대한 정확한 측정 및 평가가 어려운 화이트칼라 직종에 종사하는 중·고령자들이 '65세 현역사회'의 혜택으로부터 제외될 가능성이 있음을 문제점으로 지적할 수 있다.

이와 같은 부정적 견해를 강화시키는 예로서 독립행정법인 노동정책연구·연수기구(独立行政法人 労働政策研究·研修機構, 2004)

〈표 12-19〉 근무연장제도와 재고용제도의 적용대상 범위

단위: %

구분		제도 실행 기업 비율	희망자 전원	회사기준에 적합한 사람 전원	회사가 정한 자로 한정	기타
근무연장제	전체 기업	21.0	26.3	23.1	44.1	6.5
	5,000명이상 기업	3.2	10.0	40.0	50.1	-
	1,000~4,999명	8.1	16.1	21.1	60.0	2.8
	300~999명	15.1	15.4	22.9	56.2	5.4
	100~299명	20.5	20.1	20.6	51.7	7.6
	30~99명	22.3	29.1	23.9	40.8	6.3
재고용제	전체 기업	53.1	21.1	21.1	52.1	5.8
	5,000명이상 기업	49.2	8.5	26.1	56.9	8.5
	1,000~4,999명	54.1	9.0	25.5	63.5	2.0
	300~999명	54.7	8.1	20.9	66.8	4.1
	100~299명	58.1	17.5	18.8	57.4	6.2
	30~99명	51.3	24.2	21.8	48.1	5.9

자료 : 宮崎利行 외(2001). 高齢者の職業能力発揮サポートシステムに関する調査研究. 東京: 高年齢者雇用開発協会. p. 76.

의 조사결과에 따르면 계속고용제도의 도입이 일반적으로 중·고령자의 근로조건을 악화시키는 것으로 나타났다. 다음의 〈표 12-20〉로부터 알 수 있듯이 계속고용제도의 도입 전후를 비교해보면 근로시간과 소속부서 등에서는 변화가 없는 반면 고용형태는 정규직에서 위탁으로 바뀌어 고용안정성을 떨어지고 임금도 감소하는 등 고용조건이 악화된 것으로 나타났다.

〈표 12-20〉 계속고용제도를 도입한 일본 기업의 고령자에 대한 근로조건 변화

단위: %

구분	고용형태				임금			근로시간			소속부서	
	정규직	위탁	시간제	기타	증가	감소	그대로	증가	감소	그대로	변화 없음	변화 있음
관리·사무·기술 부문	23.0	64.1	9.0	3.9	0.0	87.5	12.5	0.0	24.6	75.9	92.9	7.1
현업부문	21.2	61.1	13.6	4.1	0.0	87.1	12.9	0.1	26.2	73.8	92.1	7.9

자료 : 独立行政法人 労働政策研究・研修機構(2004). 中高年齢者の活躍の場についての将来展望(労働政策研究報告書. NO. L-6.). pp. 59~60. 재구성.

정부의 지원 하에 추진되고 있는 기업의 계속고용제도에 대한 부정적 견해만 있는 것은 아니다. 오히려 일정 연령 이후 적용되는 이러한 근로조건의 변화는 일견 연령에 의한 차별로 보이지만 중·고령자의 다양한 개인적 상황과 요구를 반영할 수 있는 탄력적인 제도이자 기업이 중·고령 근로자에 대한 부정적 인식을 바꿀 수 있는 계기라는 점에 의미를 부여하기도 한다. 즉, 중·고령자의 고용에 따른 기업의 부담을 경감시킴으로써 중·고령자의 고용을 주저하는 주요 원인인 생산성 저하에 대한 문제를 해결할 수 있다는 견해이다. 나아가서 이를 통하여 중·고령자를 단순하게 기업 이윤 창출의 저해 요인으로 간주하거나 기업의 사회적 의무 때문에 어쩔 수 없이 채용해야 하는 대상이라는 부정적 인식으로부터 기업이 탈피할 수 있는 계기가 될 수 있다고 본다. 즉, 중·고령자의 노화로

인한 육체적·정신적 기능의 저하가 초래하는 생산성 감소의 문제를 개인과 기업이 합의할 수 있는 수준에서 고용형태와 임금수준의 조정을 통하여 해결하는 것을 긍정적으로 해석한다. 또한 이렇게 함으로써 중·고령자에 대한 부정적 인식을 경험과 능력을 겸비한 인력을 적은 부담으로 활용할 수 있는 합리적인 인적자원으로서 재인식할 수 있다고 본다(森田一寿 외, 2003). 중·고령자의 고용기회를 확장하는 방법으로서 기업의 부담 경감을 지지하는 것이 결국에는 중·고령자와 기업과의 고용관계를 '윈-로스(Win-Loss)'의 관계가 아니라 '윈-윈(Win-Win)'의 관계로 전환할 수 있는 토대를 형성할 수 있다고도 해석한다.

(2) 퇴직준비교육

우선 최근 일본 기업이 중·고령 근로자를 위하여 어떠한 지원활동을 전개하고 있는가에 대한 현황을 살펴보면 〈표 12-19〉로부터 알 수 있듯이 일반적으로 임금·퇴직금제도, 고용연장제도, 인사시책 조정, 카운슬링 서비스, 능력개발, 직무변경제도 등이 제공되고 있다. 특히 능력개발 부문에서 주목해보면 절반 이상의 기업(50.7%)이 '생애생활설계 교육제도'와 같이 근로자의 능력개발에 있어서 전 생애적 접근을 택하고 있으며, 교육훈련의 효과를 가시화할 수 있는 자격증 취득(44.8%)을 위한 지원에 주력하고 있음을 알 수 있다. 또한 1980년대 초반과 비교해보면 '교육훈련휴가제'나 '출향·전적을 위한 교육' 등이 새롭게 도입되고 있어서 고용환경의 변화와 인적자원에 대한 지원 방식이 변화되고 있음을 알 수 있다.

<표 12-21> 일본 기업이 고령화 대책을 위하여 도입한 제도

단위: %

구분		실시율	
유형	세부 항목	2004년	1981년
임금·퇴직금	연공임금의 시정	74.6	59.0
	퇴직금제도의 개정	47.8	47.0
	조기퇴직우대제도	70.1	-
	기업연금제도의 개정 및 도입	53.7	67.0
	확정연금제도	10.4	-
고용연장	정년연령 연장	6.0	57.0
	재고용·근무연장제도의 도입/확충	62.7	43.0
	고령자용 자회사 설치	14.9	21.0
	관련 기업으로의 출향파견제도	71.6	66.0
인사시책	전적제도	59.7	-
	선택정년제	31.3	-
	직위와 처우의 분리	56.7	50.0
	자격제도	65.7	76.0
	전문직제도	43.3	50.0
	관리직정년제	52.2	20.0
카운슬링	재취업 상담실 설치	40.3	14.0
	재취업 알선제도	50.7	-
	고령자 카운슬링제도	26.9	24.0
능력개발	생애생활설계 교육제도	50.7	17.0
	출향·전적 지원 교육제도	17.9	-
	재취업 지원 교육제도	37.3	24.0
	사내교육훈련(신기술·신지식 습득 목표)	25.4	34.0
	훈련학교·대학·전수학교로의 파견	14.9	6.0
	교육훈련휴가제도	17.9	1.0
	공적자격취득 지원 제도	44.8	34.0
직무변경	고령자를 위한 직무변경제도	6.0	16.0
	직무재설계·재구축	11.9	11.0
기타	고령자를 위한 직무환경 구축 설비 투자	41.8	50.0
	건강 유지 관련 제도	37.3	47.0
	퇴직자의 조직화(예: 공식적 OB모임)	79.1	-
	사회봉사활동 지원 제도	32.8	-

자료 : 中高年齢者雇用福祉協会(2004a). 第11回高齢化社会における企業と個人(従業員)の現像と対応に関する実態(企業編). p. 2.

* 조사대상기업: 동경증권거래소 1부에 상장한 기업 또는 이에 준하는 기업

넓은 의미에서 보면 개인의 경력개발을 위하여 기업에서 실시하는 모든 경력관리 지원을 퇴직준비교육의 일환으로 해석할 수도 있지만 여기서는 중·고령자의 원활한 퇴직을 위한 기업의 지원 현황을 파악하는 것이 목적이므로 생애생활설계 프로그램(주로 세미나 형식)과 실습을 포함한 교육프로그램으로만 논의를 한정하도록 한다. 기업이 지원하고 있는 퇴직준비교육에서 다루는 내용을 조사한 중·고령자고용복지협회(中高年齢者雇用福祉協会, 2004b)의 결과에 따르면 기업의 실시도 면에서나 개인의 참여도 및 관심도 면에서 연금, 퇴직금, 건강관리, 재산형성 등과 같이 퇴직 후의 생활안정과 관련된 내용이 가장 많았다. 이에 비하여 고용가능성의 제고를 목적으로 하는 재취직 준비나 출향과 전적의 준비, 직종 전환과 관련된 교육 프로그램의 경우, 기업의 실시도는 물론 중·고령자의 참여도 면에서도 상대적으로 낮음을 알 수 있다. 즉, 퇴직준비교육에 있어서 고용가능성의 제고가 주요 관심사가 아님을 간접적으로 알 수 있다. 그렇지만 기업에 의하여 제공될 경우 근로자의 참여의향에 대한 답변 결과를 보면 비교적 높기 때문에 고용가능성과 관련된 교육프로그램에 대한 잠재적인 교육 요구가 있음을 알 수 있다.

한편 퇴직준비교육 부문에서도 기업주도적이었던 종전까지의 관행으로부터 벗어나 소속 기업 이외의 공적기관에서 제공하는 퇴직준비교육에 대한 관심이 높아지고 있는 현상이 나타나고 있다는 것도 퇴직준비교육 부문에서 나타나는 특징 중 하나라 할 수 있다(〈표 12-20〉 참조). 이것은 일본정부가 제7차 직업능력개발기본계

〈표 12-22〉 일본 기업의 퇴직준비교육 프로그램과 근로자의 참여도

조사 실시 연도: 2004년도, 단위: %

구분	연금	퇴직금	건강관리	저축/재산형성	인생목표/보람찾기	주택취득	재취직	출향/전적준비	세금	직종전환	지역사회활동	가족문제	생활법률
실시도	60.8	59.1	55.2	42.0	27.7	27.7	25.8	23.7	19.2	18.5	14.7	11.1	9.4
참여경험도	28.1	22.6	23.9	14.5	10.0	6.2	4.0	4.9	7.0	2.1	6.2	2.8	1.7
참여의향도	56.9	54.2	50.1	41.4	46.7	27.3	51.4	36.5	62.0	39.5	46.9	35.8	54.0
관심도	68.5	59.5	49.0	29.2	22.2	15.3	12.6	10.5	33.0	10.5	13.0	36.5	13.2

자료 : 中高年齢者雇用福祉協会(2004b). 第11回高齢化社会における企業と個人(従業員)の現像と対応に関する実態(従業員編). p. 2. 재구성.

* 근로자의 참여경험, 참여의향(앞으로 참여하고 싶은 프로그램)

〈표 12-23〉 중·고령 근로자들의 사외 퇴직준비교육에 대한 관심도 및 참여 의사

단위: %

구분	관심도					참여 의사			
	매우 관심 있음	관심 있음	그다지 관심없음	전혀 관심없음	무응답	참여 경험 있음	앞으로 참여하고 싶음	참여 의사 없음	무응답
남성	9.0	46.8	36.5	6.4	1.3	10.5	38.3	43.7	7.5
여성	9.5	46.5	33.3	8.3	2.4	8.5	40.8	40.8	9.9

자료 : 中高年齢者雇用福祉協会(2004b). 第11回高齢化社会における企業と個人(従業員)の現像と対応に関する実態(従業員編). p. 3. 재구성.

<표 12-24> 지역사회 전문기관의 퇴직준비지원: 동경도고연령자고용개발협회 사례

지원 대상	개 인	기 업
교육참여 대상자	퇴직예정자	기업의 퇴직준비지원 담당자 또는 담당 예정자
목표	퇴직 후 변화에 대처할 수 있는 능력 향상	기업의 퇴직준비지원 업무 담당자에게 필요한 지식과 정보를 제공
교육 프로그램 구성	① 삶의 보람과 생애 설계의 중요성에 대한 인식 ② 중·고령자 취업 ③ 사회보험제도의 구조와 절차 ④ 정년 전후의 가정 경제 ⑤ 가계수입(가계 플랜 수립) ⑥ 사례연구와 생애 설계 작성 ⑦ 건강관리	① 퇴직준비지원: 기업의 퇴직준비프로그램 실시상황 및 역할 개요 ② 퇴직준비프로그램 도입 시 접근방법 및 커리큘럼 구성방식, 운영 노하우 ③ 정년퇴직(후의 인생)에 대한 이해 ④ 고령자를 위한 법률 지식 ⑤ 사회보험제도의 구조 및 절차 ⑥ 퇴직 후의 세금 지식 ⑦ 일/가정생활/여가활동의 조화 ⑧ 중·고령자 취업 ⑨ 건강관리
특징	수강료의 1/2를 협회에서 보조	수강료의 1/2을 협회에서 보조

자료 : (社)東京都高年齢者雇用開発協会의 홈페이지(http://www.tokyo-maturity.or.jp).

획에서 달성해야 할 목표로 표명한 '개인주도적 직업능력개발의 확대'를 위하여 추진되고 있는 사업성과의 일환이다. 즉, 지방정부나 지역사회의 지원을 받은 전문기관에서 퇴직준비교육 프로그램을 제공함으로써 퇴직준비의 1차적 책임을 개인으로 이전시킴으로써 개인주도적 능력개발의 토대를 형성하고 있다. 또한 퇴직준비교육을 제공할 수 없었던 소규모 기업의 근로자도 퇴직준비교육에 참여할 수 있는 길을 열어준다는 점에서도 의의가 크다. 이러한 움직임은 특히 퇴직준비교육이 소수의 여력이 있는 대기업에서만 제공되고 있는 한국의 현실을 고려할 때 시사하는 바가 크다. 지방정부의 지원 하에 추진되고 있는 퇴직준비교육의 구체적인 사례로서 동경도 고연령자고용개발협회(東京都高年齢者雇用開発協会)의 퇴직준비교육 프로그램을 들 수 있다. 이 기관에서는 퇴직준비교육을 대상에 따라 두 가지 영역으로 구분하여 프로그램을 제공하고 있는데 하나는 퇴직예정자인 근로자를 대상으로 퇴직준비교육 프로그램을 운영하고, 다른 하나는 기업을 대상으로 퇴직준비를 지원하는 담당자에게 퇴직준비지원담당자 연수 프로그램을 제공하고 있다(〈표 12-21〉 참조). 즉, 종전까지 퇴직준비교육은 기업에 의하여 기업의 필요에 따라 제공된다는 의식으로부터 벗어나 정부의 지원 하에서 개인을 위하여 개인의 필요에 따라 선택될 수 있는 능력개발의 일환이라는 의식으로 전환되고 있음을 알 수 있다.

이상에서 살펴본 바와 같이 일본 기업은 중·고령자를 위한 고용환경 조성과 능력개발이라는 두 가지 접근 방법을 활용하여 인적자원의 고령화에 대처하고 있으며, 실시하는 지원제도도 다양하며 실시 비율도 높다. 그렇다면 일본 기업에서 중·고령자를 위한 지원제도가 발달한 이유는 무엇인가? 물론 기업이 중·고령자를 위한 조치를 제공하는 이유로는 앞서 제시한 법적 제도와 각종 고령 관련 국가정책 등과 같이 정부에 의한 통제를 제외시킬 수 없다. 그러나 다음과 같은 측면에서 단순히 외부적 요인에 의한 변화라기보다는 오히려 기업의 내부적 필요에 의한 자발적 자구 노력의 의미도 크다는 것을 알 수 있다. 즉, 기업이 추진하고 있는 중·고령자를 위한 일련의 조치들은 일본의 전통적인 기업문화와 고용관계의 소산인 종신고용제와 연공서열제가 양산할 수밖에 없는 모순을 극복하기 위한 수단이기 때문이다. 다시 말하여 중·고령자에 대한 제반 지원의 마련이 기존의 인적자원관리 시스템을 유지하는 동시에 기업을 둘러싼 인적자원패러다임의 변화에 대응하고자 하는 필요를 충족시키기 위한 자발적 선택의 결과라고도 할 수 있다. 구체적 사례를 들어 보면 안정적으로 근로자를 확보하기 위하여 구축된 종신고용제를 유지하면서 이로 인한 인력 적체와 자리부족의 문제를 해결하고자 하는 기업의 필요에 의하여 출향과 전적제도를 발전시켰다. 또 다른 접근으로 출향과 전적의 실시가 어려운 기업에서는 종신고용제 및 연공서열제로 발생하는 생산성 저하의 문제를 해결하기 위한 방안으로서 임금피크제와 같이 보상 및 평가시스템의 조정을 시도하였다. 또한 종신고용제 하에서 기업에 적합한 숙련 근로자를 확보하기 위해서는 자연스럽게 기업주도적 능력개발 문화가 정착되었고, 효과의 측면에서 전생애적 접근의 필요성이 제기되면서 교육훈련의 범위를 퇴직준비의 영역까지 확대시켰다. 즉, 고령사회에 대처하기 위한 제반 노력이 정부주도적으로 추진되고 있음은 사실이지만 기업의 적극적 동참을 유도할 수 수 있는 것은 단순히 정부에 의한 외적 통제에 의해서라기보다는 정부가 지향하는 정책의 방향성과 기업의 내적 요구가 맞았기 때문이라고 해석할 수 있다. 이를 바꾸어 말하여 중·고령자에 대한 기업의 참여를 유도하기 위해서는 정부의 통제나 지원 제도가 기업의 요구를 수용한 것이어야 함을 알 수 있다. 또한 기업 자체적으로도 중·고령자에 대한 지원이 중·고령자만을 위한 것이 아니라 기업에게도 필요한 것이며, 지원의 효과에 있어서도 단순히 지출에 그치는 것이 아니라 좋은 인적자원을 활용할 수 있는 투자로서 간주할 수 있는 인식의 토대가 마련되어 있어야 함을 할 수 있다. 이것으로부터 재정적 혜택을 보장하거나 법 제도에 의한 통제 등으로 기업의 참여를 유도하기 보다는 기업의 요구를 정책에 반영하고자 하는 노력이 중·고령자에 대한 기업의 역할 증대에 보다 기여할 수 있음을 알 수 있다. 또한 인적자원으로서 중·고령자에 대한 문제가 제기될 때 부정적으로 인식하는 것에서 그치지 않고 문제점을 해소하여 필요한 인적자원으로 변화시키고자 하는 기업의 자체 노력들로부터 우선 중·고령자에 대한 부정적 인식을 해소하는 것이 기업의 자발적 참여를 촉진시킬 수 있는 첫걸음임을 알 수 있다.

한편 일본 기업에서 제공되고 있는 퇴직준비교육의 내용적인 면에서 보면 퇴직 이후의 안정적인 삶을 유지하는데 도움을 주는 수준에 그칠 뿐 고용가능성의 증진을 위한 학습 지원이라는 측면에서는 미약한 문제점이 발견되었다. 이것은 비자발적 실업 등과 같이 재취업 요구가 강한 중・고령자에 대해서는 정부와의 협력 하에 이루어지는 지원, 예를 들면 공공직업안정소로의 재취업지원계획서 제출에 근거한 지원, (독)고령・장해자고용지원기구의 '고연령자고용취업지원코너'와 '고연령자 고용 어드바이저' 등에 의존하여 역할분담을 하고 있기 때문으로 사료된다.

CHAPTER 13

일본 중 · 고령자 지원 정책의 시사점

중 · 고령자의 평생고용가능성을 향상시키기 위하여 일본에서 추진되고 있는 정책을 법적인 측면과 지원 주체별로 살펴본 결과를 기반으로 시사점을 도출하면 다음과 같다. 법적 지원에서는 첫째, 고령 관련 주제에 대하여 책임소재를 개인이 아닌 국가에 두고, 접근 방법에 있어서 일시적이지 않고 상시적인 입장을 취하며, 단편적이지 않고 총체적으로 접근하고 있다는 점이다. 이것은 고령화와 관련된 제반 주제에 대하여 국가 사회적으로 관심이 높으며 적극적으로 대책을 마련해야 할 대상으로 인식하고 있을 뿐만 아니라 고령사회대책을 위한 법적 지원 및 총괄책임을 내각부에 둠으로써 정책의 중요도를 강조하고 있다는 점에서 의미있다. 이것은 일본에서 고령화가 빠르게 진행되면서 고령과 관련된 문제가 동시다발적으로 발생하는데 비하여 제반 사회의 시스템은 그 속도를 소화하지 못하고 문제 해결을 위한 대안 및 대책과 관련된 지식이나 실천은 축적될 여유가 없었기 때문에 이와 같은 국가 주도적 성향이 강하게 나타나는 것으로 판단된다. 이러한 견지에서 일본에 비하여 고령화가 더 빠르게 추진되고 있는 한국에 있어 고령과 관련된 대책에 있어 일본의 국가 주도적 경향은 시사하는 바가 크다.

둘째, 고령과 관련된 사안에 대한 지원 주체별 역할 범위를 명확하게 제시함으로써 책임 소재를 분명히 하고 활동의 근거를 제공하여 체계적으로 지원하고 있다는 점이다. 대표적으로 「고령사회대책기본법」에 제시되어 있듯이 국가는 고령사회대책을 위한 기획 및 실천을 총괄해야 하고, 지방공공단체는 국가와 협력하면서 지역의 특수성을 반영해야 하며, 개인은 스스로 건강하고 자립의 삶을 영위할 수 있도록 노력해야 함을 밝히고 있음을 예로 들 수 있다. 이 외에도 「고연령자 등이 고용안정에 관한 법률」에서 정하는 기본 방침을 통하여 제시된 지원 유형별과 유형별 지원 절차 및 지원 주체의 역할 관계는 일본의 지원체제를 이해하는데 도움을 줄뿐만 아니라 지원 유형의 구분, 지원절차, 수행되어야 할 과제를 기획하는데 사례로서 의미 있다.

셋째, 중·고령자를 둘러싼 개인적 상황과 환경적 조건이 다양해짐에 따라 평생고용가능성 증진을 위한 법적 환경 또한 다양해지고 있다는 점이다. 예로서 고령 인구 규모의 증가되면서 이에 따른 전반적인 사회 인프라의 변화가 요구되자 「고령사회대책기본법」이 1995년에 새롭게 제정되었고, 건강하고 일할 능력을 갖춘 중·고령자가 증가하고 고령 근로 인력이 늘어남에 따라 「고용대책법」과 「직업안정법」의 개정을 초래한 사례 등을 들 수 있다. 다시 말하여 고령화에 맞추어 사회적 제반 환경 및 체제가 변화할 수 있도록 또는 변화를 촉구할 수 있도록 법적 환경을 변화시키고 있음을 알 수 있다.

이어서 일본의 정책적 지원을 지원 주체별로 분석한 결과를 토대로 다음과 같은 시사점을 발견하였다. 우선 중앙정부 수준에서의 지원에서는 첫째, 일본을 둘러싼 고령 관련 특성을 분석한 결과를 토대로 정책의 기본 방침 및 중점 추진 분야를 도출하고 이것을 모든 고령 관련 정책에 대하여 적용시킴으로써 정책의 일관성과 통합성을 도모하고 있다는 점을 들 수 있다. 이와 같은 정책의 기본 방침 및 중점 추진 분야의 선정은 고령 관련 정책 결정과 실행에 선행하여 국가가 직면하고 있는 전반적인 상황과 제반 문제점에 대한 이해 및 비전을 공유해야 할 필요성을 제기한다는 측면에서 의의가 있다. 또한 정부부처별 이해관계 및 단기적 시야에서 문제를 해결하지 않고 장기적인 대안을 모색할 수 있다는 장점이 있다. 더불어 각 정부부처별 특성에 따른 사업의 추진을 보장하되 공통적으로 지향해야 할 지침을 공유함으로써 정책이 일관성과 통합성을 유지하여 국민의 신뢰와 지지를 높일 가능성도 있다. 한편으로 일본 정부가 고령사회대책의 주요 중심 추진 분야의 하나로 선정한 취업・소득 관련 기본 정책의 추진 현황을 살펴보면 개별 부처의 활동에서는 기본 방침이 일관되게 적용되고 있지만 정부부처간의 협력 및 연계는 미진하다는 것을 알 수 있다. 중・고령자의 평생고용가능성을 실질적으로 증진시키기 위해서는 사회적・개인적 요구에 따른 능력개발과 고용안정을 위한 제반 활동이 함께 이루어져야 하기 때문에 정부부처간 협력이 중요하다는 점을 고려할 때 부처간 협력을 촉진할 수 있는 기제가 필요함을 알 수 있다.

둘째, 취업과 관련 된 중・고령자의 요구가 다양해짐에 따라 중앙정부의 정책 또한 다양화와 특성화에 초점을 맞추고 있다는 점이다. 즉, 중·고령자의 평생고용가능성 증진을 위한 정책에서는 적용대상자의 요구에 따라 연령 구분을 보다 세분화해야 하고, 현재의 고용 상태, 원하는 고용 형태, 사회적 계층, 전직에서의 경력 등으로부터 발현되는 다양한 요구를 수용할 수 있도록 중·고령자 친화적인 기업 환경 구축에 주력하고 있다. 이와 같이 기업의 환경을 중·고령자에게 적합하도록 추진하는 접근과 달리 특정 집단의 요구를 수용하기 위한 서비스도 제공되고 있다. 예를 들어 중년 화이트칼라의 전직 및 이직자가 증가함에 따라 이들을 경력 컨설턴트로 전환·양성하는 사업을 추진하거나 화이트칼라의 전직 요구를 수용 충족시키기 위하여 인재은행에서는 전문직·기술직 종사자를 위한 특화된 서비스를 제공하고 있는 것 등을 들 수 있다.

셋째, 중·고령자의 평생고용가능성 향상을 위한 정책에서 사전대비적 접근을 강조하고 있음을 시사점으로 들 수 있다. 이를 위한 구체적 방안으로 추진하고 있는 직업능력개발에 있어서는 기업주도형에서 탈피하여 개인주도형으로 이전할 수 있도록 추진하고 있는 중앙정부의 실천에 주목해야 한다. 대표적으로 학교를 비롯하여 지역사회의 전문 교육 기관을 개인 주도적 능력개발 장으로서 활용하거나 중·고령자의 고용을 촉진·유지할 수 있는 직업 환경을 조성하기 위하여 근무조건 및 고용형태를 다양화하는 등의 정책들은 적용 가능한 실천 방안으로 의미있다. 또한 여성인력활용을 위한 제반 정책을 고령관련 정책과 같은 맥락에서 해석함으로써 장기적인 측면에서 여성 고령인구의 증가에 따른 문제를 사전에 차단하고자 하는 것도 큰 시사점이다. 경제적으로나 취업에 있어 상대적 취약계층에 속하는 중·고령자가 많고, 대기업과 중소기업간 능력개발 투자비용 편차가 크며, 여성의 인력활용도가 떨어지는 한국의 상황을 고려할 때 중·고령자가 실업상태 들어가는 것을 사전에 방지하기 위한 일본의 제반 정책들은 시사하는 바가 크다.

넷째, 복지적 지원보다는 능력개발을 통한 자립 역량 강화에 정책의 초점이 맞추어져 있다는 점이다. 미국의 사례에서도 복지적 지원을 경감시키고 능력개발을 통한 자립을 강조하는 추세를 발견할 수 있었지만 정책적으로 추진하는 양상은 상당히 다르다. 미국의 국가 정책에서는 정책을 실천하는 주체들에 대하여 평가와 경쟁의 원리를 도입하여 투자에 대한 효과 증대라는 접근 방법이 적용되었다. 반면 일본에서는 법적 통제 및 지원에 의한 정년 연령 연장, 계속고용제 등과 같이 취업 상태를 안정적으로 유지할 수 있는 토대를 형성함으로써 중·고령자의 경제적 활동 기간을 연장하여 경제적 자립을 도모하는 접근 방법을 택하고 있다. 이는 일본의 고용안정 지향적인 인적자원관리 문화의 영향이 크기 때문으로 사료된다. 그러나 중앙정부 수준에서 '65세 현역사회'를 위한 법적 환경을 만들고, 기업의 참여를 촉진하는 제반 지원정책을 취하고 있지만 실제 기업에서 도입되고 있는 계속고용제도의 현황으로부터 알 수 있듯이 취업희망자에게 모두 기회를 주기보다는 능력 있는 사람에게 선택적으로 기회를 주는 '60세 플러스 α방식'이 보편적으로 취해지고 있다. 따라서 기본적으로 능력개발을 통한 자립을 지향하고 있지만 노동시장에서 취업 취약계층에 속하는 중·고령자를 위해서는 복지적 지원이 여전히 필요함을 알 수 있다.

다음으로 지방정부와 지역사회의 지원으로부터 얻을 수 있는 시사점을 정리해 보면 첫째, 중앙정부의 고령 정책의 기본 방향성에서 제시한 범주를 벗어나지 않고 있지만 지역사회의 인구 구조적 특성 및 고령화 정도, 주요 산업, 지역 내 중 · 고령자의 직업 경험적 특성 등에 따라 독자적인 고용 · 훈련 지원 사업이 추진되고 있음을 알 수 있다.

둘째, 고령자의 고용을 촉진하기 위하여 지방정부 및 지역사회가 주도적 역할을 취하고 있음을 알 수 있다. 추진 방법은 고령자에 대한 기업의 고용 창출 증대를 위한 지원과 고령 구직자를 위한 일자리 알선 등 크게 두 가지로 구분된다. 여기서 주목할 것은 고령자의 고용을 확대할 수 있도록 기업의 제반 환경을 구축하는데 지방정부가 어떻게 개입하는지에 대한 사항이다. 국가의 지원을 받고 있는 전문기관이 지역을 중심으로 운영되고 이 기관에서 고령자 친화적인 기업 환경을 조성하는데 필요한 전문가 파견과 개별 기업 진단, 고령자 고용을 위한 실천 전략 수립 등을 지원함으로써 고령자 취업 확대로 인하여 발생할 수 있는 기업의 부담을 줄이는데 기여하고 있다. 즉, 지방정부가 고령자의 고용을 창출 · 확대시키기 위한 정책을 추진함에 있어 추진 기업에 대한 금전적 지원이나 세제 혜택 등과 같은 지원을 통하여 일시적이고 단기적인 실적에 초점을 맞추지 않는다는 것을 알 수 있다. 중 · 고령자의 고용 촉진이라는 관점에서 개별 기업의 제반 환경을 총체적으로 변화시키기 위하여 '진단-평가-계획수립-실천'과 같은 일련의 활동을 전문가에 의하여 추진할 수 있도록 총체적으로 접근함으로써 상시적이고 장기적 효과에 중점을 두고 있다. 한편 구직자를 위한 지원에서는 실버인재센터를 중심으로 중·고령 구직자의 직업에 대한 태도 특성과 지역사회의 요구를 충족시키는데 지방정부가 기여하고 있다. 즉, 지방정부 및 지역사회가 지원의 주체로 활동함으로써 비정규직, 단기·임시직을 선호하는 중·고령 구직자의 다양한 취업요구는 물론 지역사회의 노동시장 특성을 효과적으로 반영하여 중·고령자의 실질적인 취업 촉진에 기여한다는 장점이 있다. 그렇지만 단기의 임시직을 중심으로 취업 알선이 이루어지고 있어서 중·고령자의 기술 및 기능 향상을 위한 교육훈련 서비스와의 연계가 미흡하고, 직업 전환을 위한 장기적인 경력개발에는 기여하지 못하는 단점도 있다.

끝으로 일본 기업이 중·고령자의 평생고용가능성 증진을 목적으로 실천하고 있는 지원으로부터 다음과 같은 시사점을 발견할 수 있다. 첫 번째, 기업과 중·고령자의 고용 관계가 '윈-로스(Win-Loss)'의 관계가 아니라 '윈-윈(Win-Win)'의 관계로 정착할 수 있는 합의점을 도출해 나가는 과정에 주목해야 한다. 즉, 생산성 하락으로 중·고령자의 고용 부담이 커지는 단점을 해소하기 위한 방안으로 근로조건을 새롭게 조정함으로써 중·고령 근로자를 기업의 부담으로서 부정적으로 인식하지 않고 기업의 생산성 증대에 기여할 수 있는 합리적 인적자원으로 재인식함으로써 기업이 중·고령 인력을 활용하는데 적극적·자발적으로 참여하는 것이 중요하다. 또한 정부에 의한 외적 지원이나 강압적 통제보다 기업의 요구에 기

초하는 것이 기업들로 하여금 자발적으로 중·고령자의 고용창출 및 능력개발에 참여하도록 하는 강력한 촉매제 역할을 하고 있음에도 주목해야 한다. 두 번째, 퇴직준비교육에 있어서도 기업의존형으로부터 탈피하여 개인주도형으로 변화하고 있다는 점이다. 아직까지 일본 기업의 고용안정적 인적자원관리 시스템 하에서 직업능력개발은 기본적으로 기업주도적으로 이루어지는 풍토가 강하여 퇴직준비교육 역시 소속 기업에 대한 의존도가 높은 것은 사실이다. 그러나 점차 지역사회의 전문기관을 중심으로 한 퇴직준비교육이 시도되고 있어 개인 주도적으로 퇴직준비를 위한 교육·학습에 참여할 수 있는 기반이 형성되고 있다. 또한 기업에게도 퇴직준비 지원 담당자를 위한 연수 프로그램을 제공함으로써 기업이 체계적으로 개인에게 퇴직준비교육을 지원할 수 있도록 돕고 있다. 퇴직준비교육이 대기업에 소속된 퇴직예정자에게 한정적으로 실시되고 있는 한국의 상황을 고려할 때, 이와 같은 지역사회 전문기관과 기업의 연계, 또는 퇴직예정자를 위한 퇴직준비교육의 실시 사례는 적용 가능한 실천의 예로서 의미있다.

제4부

중 · 고령자 지원 평생학습모형

본격적인 논의에 들어가기 앞서 본 연구에서 의미하는 평생학습모형에 대한 의미에서 제기되는 문제점을 중심으로 살펴보고자 한다. 첫 번째 제기되는 문제는 왜 평생교육모형이 아닌 평생학습모형인가 하는 점이다. 평생교육모형이 아닌 평생학습모형이라는 용어를 사용한 이유는 평생교육과 평생학습을 개념적으로 구분하기 위한 것이 아니라 용어가 내포하고 있는 지향점의 차이 때문이다. 학습을 효과적으로 진행하기 위해서 학습을 지원하는 것이 교육이라면 평생교육은 교육자 중심이고, 학습자의 학습에 대한 환경정비와 다양한 지원활동을 포함하는 개념이다. 반면 평생학습은 제공자에 의해서 강요받는 교육이라는 개념에서 개인화된 학습으로의 전환을 나타내고, 학습자의 자발적・자립적인 학습활동을 지칭한다는 점에서 평생교육과 평생학습의 의미상 차이를 발견할 수 있다(차갑부, 2004). 본 연구에서의 평생학습모형이란 중・고령자의 퇴직 및 이직・전직과 같은 문제상황의 해결을 위한 일련의 고용・훈련적 지원 체계를 의미하는 것으로 오히려 평생교육모형이라는 용어가 적합할 수도 있다. 그러나 의미의 무게 중심이 지원 활동의 제공자가 아니라 지원의 대상인 중・고령자에게 있고, 또한 지원의 결과인 평생고용가능성의 증진에 대한 최종적 책임은 결국 학습주체인 중・고령자에게 있음을 강조하는 취지에서 평생학습모형이라는 개념을 채택하였다.

두 번째 제기되는 문제는 중・고령자의 평생고용가능성 증진을 위한 평생학습모형이라고 하면 '평생'이라고 하는 개념과 '중・고령기'라고 하는 특정 생애기간 사이의 충돌이 예견된다는 점이다. 다시 말하여 평생교육이 전 생애에 걸친 수직적 통합과 생활공간 내에 존재하는 다양한 학습의 장 사이의 수평적 통합을 전제로 하는 개념임을 고려할 때, 중・고령기라고 하는 생애과정의 일부분을 별도로 분리하여 강조하는 것 자체가 평생교육의 기본 의미를 훼손시킬 가능성이 있다. 그러나 오늘날 한국의 중·고령자를 고용가능성이라는 견지에서 볼 때 중·고령기가 다른 기간에 비하여 고용 상태를 유지하거나 이직·전직·재취업에 있어 불리한 위치를 점하고 있는 현실을 간과하고 전 생애에 걸쳐 공통적으로 적용 가능한 지원 활동을 적용시킨다면 중·고령자들이 직면하고 있는 문제상황을 해결하는 데는 한계가 있다. 따라서 이들의 고용가능성을 유지·향상시키기 위해서는 중·고령기의 특성을 반영하는 것이 무엇보다도 중요하고 중·고령자를 대상으로 특화한 지원 환경 및 활동 역시 필요하다. 이에 중·고령기를 생애과정으로부터 단편화하고 분리하고자 함이 아니라 중·고령기의 취약성 내지 특수성을 반영한다는 의미에서 중·고령기를 특화하였다.

세 번째 제기되는 문제는 본 연구의 평생학습모형에는 교육이나 훈련과 같이 학습과 직접적으로 관련이 없는 고용 관련 지원 환경 및 활동이 포함되어 있다는 점이다. 그 이유는 고용에 대한 요구의 발원지가 고용인(여기서는 중·고령자)과 고용주로 이원화되어 있고, 고용가능성에는 개인의 능력뿐만 아니라 그 능력을 요구하는 일자리와의 원활한 매칭 여부가 결정적으로 영향을 미치기 때문이다. 또한 중·고령자의 평생고용가능성을 실제적으로 증진시키기 위해서는 '고용주와 중·고령자의 요구 파악 → 필요 요구 충족을 위한 개인의 직업능력개발, 중·고령자 친화적인 직업환경 마련 → 개발된 인재의 배치 → 고용상태 및 만족도에 대한 사후 관리' 등과 같은 일련의 지원 과정 하에 고용 관련 지원과 교육훈련 관련 지원이 이음새 없이 연결되어야 하기 때문이다. 이러한 주제의 특성으로부터 만약 평생학습모형이 교육훈련 관련 지원만을 포함하고 고용 관련 지원을 제외시킨다면 실제적인 효과를 기대할 수 없을 것으로 판단하여 본 연구에서는 평생학습모형에 교육훈련과 고용안정을 위한 지원을 함께 주요 논의 대상으로 하였다.

상기의 평생학습모형에 대한 개념을 공유하면서 중·고령자의 고용가능성 증진을 위한 평생학습모형을 제안함에 있어 다음과 같은 절차로 진행하였다. 첫째, 중・고령기는 생애과정의 한 부분으로서 삶의 연장선상에 있고, 중・고령자가 경험하는 이직, 전직, 퇴직, 그리고 재취업 등의 과정은 개인이 직업생활을 통하여 경험하는 진로선택이나 직업경력개발과 밀접하게 연계되어 있으므로 선행연구를 바탕으로 중・고령기라는 생애단계가 지니는 일반적인 직업 및 경력 특성과 요구 및 변화 과정을 도출한다. 둘째, 경력생애주기 시점별로 지원되어야 할 내용을 지원 주체 중심으로 정리하여 평생학습모형을 구체화한다. 끝으로 한국의 중・고령자 대상 고용・훈련 지원 과정에서 나타나는 문제점에 대한 해결 과제를 정리한다.

CHAPTER 14

직업 · 경력 변화 과정 중심의 중 · 고령자 지원 평생학습모형

인간의 발달단계에 대한 논의를 기존의 아동 · 청소년 중심에서 벗어나 성인기까지 확장시키는데 크게 기여한 Erikson(1963)의 발달단계 이론으로부터 중 · 고령자들이 직면하는 발달과업에서의 직업이나 경력상의 특성을 살펴보면 다음과 같다. Erikson은 성인기를 세분화하는 구체적인 연령 기준을 제시하지는 않았지만 초기, 중년기, 노년기로 나누고 있는데, 본 연구의 초점인 중 · 고령기는 중년기부터라 할 수 있다. Erikson에 따르면 중년기는 생산(generativity)과 침체(stagnation)가 대립하는 시기로 직업 생활이라는 측면에서 해석해보면 개인이 자신의 존재 가치를 소속 조직에 대한 공헌, 조직으로부터의 인정, 부하직원의 육성 등에서 찾을 수 있고, 이에 실패하면 정체하거나 퇴보하는 시기로 보았다. 노년기는 인생을 정리하고 죽음을 준비하는 시기로 은퇴가 전제되기 때문에 직업 또는 경력과 관련하여 의미있는 특성은 없지만 이전 시기의 직업 생활에서 느낀 만족감과 성취감이 은퇴 이후의 삶에 영향을 미치고 있음을 통합(integrity)과 절망(despair)의 개념으로 설명하고 있다.

Erikson의 발달단계론은 성인기의 구분 간격이 넓어 세부적인 논의가 어려운 단점이 있다. 성인의 발달 단계를 보다 정교하게 다듬은 이론으로 Levinson의 성인발달단계론을 들 수 있는데 구체적인 연령시기가 제안되었고, 각 발달단계로의 이전을 과도기적으로 표현함으로써 생애발달이 연속적이고 역동적 과정임을 잘 표현하고 있다. Levinson(1978)은 성인발달단계를 크게 성인이전(pre- adulthood: 17세 이전), 성인초기(early adulthood: 17-40세 이전), 성인중기(middle adulthood: 40-60세 이전), 성인후기(late adulthood: 60세 이상)로 구분하고 이를 다시 세분화하였다.

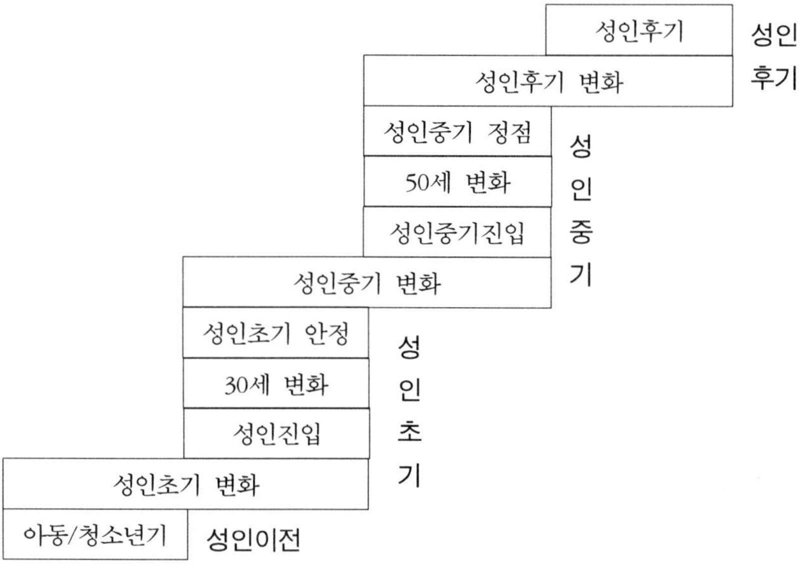

[그림 14-1] Levinson의 성인발달단계 모형

자료 : Levinson, D. J. et al.(1978). Seasons of a man's life. New York: Knopf. p. 57.

이중 중 · 고령기에 해당하는 성인중기부터 말기에 이르기까지 나타나는 특성을 직업 및 경력을 중심으로 정리해 보면 다음과 같다. 먼저 성인중기에 해당하는 성인중기 변화기(40-44세)에서는 신체적 기능이 저하되고 부모의 죽음이나 자녀의 독립과 같이 세대가 이동하며 인생에 대한 평가를 할 수 있을 정도의 경험이 축적되면서 성인초기에 결정했던 인생 경로와 실제 운영 결과에 대하여 평가를 하는 시기이다. 이 결과에 준하여 새로운 변화를 추구하여 직업 또는 경력의 이동을 시도하거나 기존의 삶의 형태를 유지하기 위하여 노력한다. 다음 단계인 성인중기진입 단계(45-49세)에서는 중년의 만족스러운 삶을 설계하기 위하여 인간관계를 새롭게 확장하고자 시도한다. 즉, 직장에서는 부하직원들의 의견을 수렴하고, 외부조직과의 연계를 통하여 직무를 수행하며 자신의 능력을 확장시키고자 노력한다. 성인중기의 세 번째 단계인 50세 변화기(50-54세)에서는 성인중기 변화기를 거치면서 새롭게 설정한 목표를 위하여 정진하는 시기로 이후의 삶을 새롭게 계획하는 시기이다. 이어서 직면하는 성인중기 정점기(55-59세)에는 이후의 삶을 안정적으로 이끌기 위하여 준비하는 때이다. 다음으로 성인후기는 성인후기 전환기(60-64세)와 성인후기(65세 이후)로 구분되는데 육체적 기능의 급격한 저하를 경험하며 본격적으로 직장으로부터 은퇴함에 따라 상실감을 맛보게 되는 시기이다. 한편으로는 새로운 직업 생활을 시작하기 위한 준비 의욕도 나타나고 제 2의 인생을 출발하여 지속적인 생산활동과 사회활동을 영위하는 시기이기도 하다.

<표 14-1> Levinson의 성인발달단계론

<table>
<tr><th colspan="2">발달단계</th><th>특징</th><th>직업적 요구</th></tr>
<tr><td rowspan="4">성인중기</td><td>성인중기 변화
(40-44세)</td><td>• 신체 기능의 저하 체감
• 세대이동: 부모의 사망, 자녀의 독립
• 인생에 대한 자기평가
• 새로운 목표 설정</td><td>• 직업 및 경력 이동 시도
• 기존의 직업 상태 유지</td></tr>
<tr><td>성인중기 진입
(45-49세)</td><td>• 중년의 삶 설계
• 인간관계 확대 시도</td><td>• 자신의 능력개발 주력</td></tr>
<tr><td>50세 변화
(50-54세)</td><td>• 성인중기 변화기에 수립한 새로운 목표를 향하여 구체적으로 노력
• 인생에 대한 회고</td><td></td></tr>
<tr><td>성인중기 정점
(55-59세)</td><td>• 삶의 안정성 추구
• 이후 삶에 대한 준비</td><td>• 노후 대비 안정적 소득원 확보 노력</td></tr>
<tr><td rowspan="2">성인후기</td><td>성인후기 변화
(60-64세)</td><td rowspan="2">• 급격한 육체적 노화 진행
• 가족/친구의 사망
• 사회적 역할 상실감</td><td rowspan="2">• 직장 은퇴
• 제2의 인생: 새로운 직업활동 또는 봉사활동 등</td></tr>
<tr><td>성인후기
(65세 이상)</td></tr>
</table>

Levinson의 성인발달단계론은 65세 이후의 삶에 대해서는 구체적으로 언급하지 못하고 있어 평균수명이 늘어 74세 이상의 후기 고령자가 점차 증가하고 있는 추세를 반영하지 못한다는 한계가 지적된다. 이에 노화에 의한 생활의 변화에 초점을 맞춰 성인기를 후기 고령자까지 확장시킨 이론으로서 Bromley의 성인발달단계론을 보면, 성인기를 후기 성인기(40-60세), 은퇴 전기(60-65세), 은퇴기

(65-70세), 노년기(70세 이상), 그리고 임종기로 구분하고, 각 단계별로 다음과 같은 특징 및 직업적 요구가 있는 것으로 나타났다(김정휘 역, 1992).

<표 14-2> Bromley의 성인발달단계론

단계	특성	직업적 요구
후기 성인기 (40-60세)	• 노화의 생물학적 징후 나타남 • 세대이동 • 노화에 따른 생활의 성격/범위의 제한 • 자아개념 재정립	• 직업적 역할의 확고한 자리매김 • 직업상 발전 문제 제기 • 일의 속도/활동 범위의 제한성 대두
은퇴 전기 (60-65세)	• 신체적/정서적 기능 쇠퇴로 인한 불안 가중 • 여가에 대한 관심 증대 • 지출 규모 축소	• 중요한 직업적 지위 확보 • 책임과 업무의 이양
은퇴기 (65-70세)	• 비생산적/의타적 관계 진입 • 개인적 인간관계 중요	• 직업세계로부터 이탈 • 일부 유명인사로서의 지위 보유
노년기 (70세 이상)	• 건강 등에 의한 개인차 두드러짐 • 경제적/사회적 주류로부터 이탈	
임종기	• 자연적/비자연적 요인으로 사망	

한편 심리적 특성, 각급 학교 진학 시기, 군입대, 결혼시기, 직장에서의 정년퇴직시기 등을 감안하여 한국인의 발달단계를 구분하고 각 단계별 과업을 제시한 김종서 외(1982)의 연구에서는, 한국인의 발달단계를 유아기(0-5/6세), 아동기(6-11/12세), 청년전기

(12-18/19세), 청년후기(19-24/25세), 성인전기(25-35세), 성인후기(35-60세), 노년기(60세 이상)로 나누었다. 이 중 중·고령자가 포함되는 성인후기와 노년기의 발달과업을 지적, 정의적, 사회적, 신체적 영역으로 구분하여 정리해 보면 다음과 같다.

〈표 14-3〉 한국 성인의 발달과업

구분	성인후기(35-60세)	노년기(60세 이상)
지적 영역	• 일정한 경제적 생활수준을 세우고 유지하기 • 직업이 요구하는 새로운 지식과 능력을 계속 추구하기 • 자녀와 청소년을 건전하게 양육/교육하기 • 사회변천에 적응할 수 있는 지식과 기능 갖기 • 사회제도, 규범, 기관 등에 대한 지식과 활용능력 갖기	• 세대차와 사회변화를 이해하기 • 은퇴생활에 필요한 지식과 생활 배우기 • 정치, 경제, 사회, 문화에 대한 최신 동향 알기 • 건강증진을 위한 폭넓은 지식 갖기
정의적 영역	• 배우자 및 자녀와 인격적인 관계 유지하기 • 새로운 가족을 맞아들이고 융화하기 • 취미를 살려 여가를 유용하게 보내기 • 젊은 층을 이해하고 함께 어울리기	• 적극적으로 일하고 생활하려는 태도 유지하기 • 취미를 계속 살리고 여가를 즐겁게 보내기 • 정년퇴직과 수입 감소에 적응하기 • 소외감과 허무감을 극복하고 인생의 의미 찾기 • 배우자 사망 후의 생활에 적응하기 • 동료 또는 자신의 죽음에 대하여 심리적으로 준비하기

<표 14-3> 한국 성인의 발달과업(계속)

구분	성인후기(35-60세)	노년기(60세 이상)
사회적 영역	• 부모로서 자녀에게 해야 할 역할과 책임 다하기 • 손아래 사람과 부하를 지도하고 좋은 영향력 주기 • 사회의 위 사람으로서 알맞은 역할/도리를 다하기 • 미풍양속을 실천하고 발전시키기 • 연로한 부모를 편히 모시기 • 사회적 지위나 성취에 알맞은 처신을 하기 • 지역사회와 국가발전을 위한 활동에 적극적으로 참여하기	• 동년배 노인들과 친교 유지하기 • 가정과 직장에서 일과 책임을 합당하게 물려주기 • 가정이나 사회에서 어른 구실하기 • 자녀 또는 손자들과 원만한 관계 유지하기
신체적 영역	• 중년기의 생리적 변화를 받아들이고 적응하기 • 적당한 섭생과 충분한 휴식으로 신체적 기능을 보전하기 • 규칙적인 운동으로 체력 유지하기 • 질병에 대한 광범위한 지식을 갖고 가족의 건강을 보호하기	• 줄어가는 체력과 건강에 적응하기 • 노년기에 알맞은 간단한 운동을 규칙적으로 하기 • 건강 유지에 필요한 알맞은 섭생을 하기 • 지병이나 쇠약에 대한 바른 처방하기

자료 : 김종서 외(1982). 평생교육의 체제와 사회교육의 실태. 연구논총 82-7. 경기도: 한국정신문화연구원. pp. 125~128의 내용 재구성.

전술한 성인발달단계 이론들을 중심으로 중 · 고령기를 중심으로 한 인간의 생애 단계를 직업과 관련된 요구의 관점에서 정리해 보면 다음과 같은 공통점을 발견할 수 있다. 첫째 대부분 60세를 직업적 은퇴 시점으로 간주하였고, 둘째 은퇴 이전 단계는 직업적 활동의 안정기 또는 절정기를 맞이하며, 셋째 은퇴 이후에는 직업적 요구가 거의 없거나 중요성이 현저하게 감소하는 것으로 파악하고 있다.

한편 성인발달단계 이론이 인간의 전 생애에 걸친 변화 과정에 중점을 두고 그에 따른 특성 및 발달 과업에 대하여 논하였다면 Super와 Feldman은 이를 직업 또는 조직에서의 경력이 변화하는 것에 초점을 맞추어 해당 연령에서 나타나는 취업 요구를 구체화시켰다.

우선 성인의 진로발달 단계에 대한 대표적인 학자로서 Super는 개인의 진로발달을 단순한 하나의 직업 문제가 아니라 전 생애에 걸쳐 삶의 다양한 영역에 걸쳐 일어나는 지속적이고 연계적인 과

〈표 14-4〉 중 · 고령자의 생애발달단계와 직업적 요구 변화

연령	Erikson	Levinson	Bromley	김종서
35	• 조직에서의 생산성 높이기 • 부하직원의 육성			• 직업이 요구하는 새로운 지식과 능력을 계속 추구하기 • 부하를 지도하고 좋은 영향력 주기
40		• 직업 및 경력 이동시도 • 기존의 직업상태 유지	• 직업적 역할의 확고한 자리매김 • 직업상 발전문제 제기 • 일의 속도/활동 범위의 제한성 대두	
45		• 자기능력개발 중심		
50				
55		• 노후대비 소득원 확보 노력		
60	은퇴	은퇴 • 제2의 인생시작	• 중요한 직업적 지위확보 • 책임과 업무의 이양	은퇴
65		• 제2의 직업/사회 활동	은퇴 • 일부 유명인사로서의 지위 보유	

정, 즉 생애적(life-span)이고 다영역적(life-space) 과정으로 접근하였다(진미석, 윤형한, 2003). 이를 바탕으로 연령을 기준으로 한 발달단계에 따라 경력발달의 과업이 변화되는 것으로 파악하고 어린이(4-13세)는 성장기, 청소년(14-24세)은 탐색기, 성인초기(24-44세)는 확립기, 성인중기(45-65세)는 유지기, 성인후기(65세 이상)는 쇠퇴기로 구분하였다. 그러나 이러한 경력발달의 단계가 연령을 기준으로 고정되는 것이 아니라 각 단계가 모든 연령 단계에서 순환과 재순환의 과정이 반복적으로 이루어짐에 착안하여 다음과 같이 정리하였다(Super, 1992).

<표 14-5> 성인 경력발달의 연령별 재순환 과정과 과업

생애단계	연령			
	청소년 (14-24세)	성인초기 (24-44세)	성인중기 (45-64세)	성인후기 (65세 이상)
이탈 (disengagement)	취미생활 시간의 감소	스포츠 참여 시간의 감소	핵심적 활동에 집중	근로시간의 감소
유지 (maintenance)	현재의 직업선택에 대한 검증 및 확인	안정된 직업적 지위 확보	경쟁에서 자신의 지위 확보	현재까지 향유한 즐거움에 대한 유지
확립 (establishment)	선택한 직업영역에서의 시작	고정된 직업에 안주	새로운 기술 개발	이제껏 해 보고 싶었던 일의 수행
탐색 (exploration)	더 많은 기회에 대한 더 많은 학습	원하는 일에 대한 탐색	대처해야 할 새로운 문제의 탐색	은퇴생활을 할 좋은 장소의 탐색
성장 (growth)	현실적 자아개념의 개발	인간관계 학습	개인의 한계에 대한 학습	직업과 관련 없는 역할 개발

자료 : 진미석, 윤형한(2003). 성인의 진로개발체제 구축. 서울: 한국직업능력개발원. p. 27. 재인용.

성인의 경력발달 과정 중, 중 · 고령자에 해당하는 성인중기와 성인후기의 재순환 과정에 초점을 맞추어 보면 다음과 같다. 기본적으로 성인중기는 직업생활에 있어 현재 자신이 소속된 조직에서의 위치를 유지하는 시기로, 직무수행에 있어 자신의 한계를 인식하고 발생하는 문제에 대처하면서 필요한 기술을 습득함으로써 자신의 지위를 확보하지만 승진 누락이나 직무 변경 등의 원인으로 자신의 핵심적 활동으로부터 벗어나게 되면 이탈(전직/이직)의 과정이나 새로운 역할의 탐색 과정을 반복하게 된다. 한편 성인후기는 직업생활에 있어서는 쇠퇴기로 구분하여 은퇴를 준비하는 시점으로 간주하여 직업적 요구에 대해서는 고려하고 있지 않다.

또한 Feldman(1988)은 개인의 경력을 초기, 중기, 후기로 구분하고 이를 조직과 연계시켜 탐색기, 시도기, 확립기, 전환기, 발전기, 유지기, 쇠퇴기 등으로 나누어 총 7단계의 경력모형을 제시하였다. Feldman은 개인적 혹은 조직적 요구를 경력 과제로 설정하고 이에 대처하는 개인적 심리 상황을 연계시켰고, 경력개발을 위한 중점과제를 각 연령 단계별로 구체화시켰다는 측면에서는 의의가 있다. 그러나 화이트칼라 직종을 제외한 다른 직종에는 적용하기 힘든 모형이며, 기본적으로 고용안정적 상황을 가정하여 한 조직 내에서의 경력이동만을 보여주고 있어서 실제로 구조조정의 상시화로 인하여 조기퇴직이 빈번한 현실을 제대로 반영하지 못하고 있다.

전술한 생애발달적 관점에서의 연령 단계별 특성 및 직업적 요구, 그리고 개인의 경력개발, 조직내에서의 경력개발 관련 모형에 준하여 중 · 고령기의 직업 및 경력 상의 특성을 추출한다면 다음과

〈표 14-6〉 Feldman의 경력단계모형

연령	경력단계	경력과제	심리적 사항
15-22	경력이전 : 탐색기	• 올바른 경력 발견 • 적절한 교육	• 자신의 욕구와 흥미 발견 • 자신의 능력에 대한 스스로의 평가
22-30	경력초기 : 시도기	• 첫 번째 적합한 직장 취업 • 일상 업무와 상사에 적응	• 경험부족에 따른 불안정의 극복과 자신감 개발 • 대인관계방법 학습
30-38	경력초기 : 확립기	• 자신의 역량분야 선정 • 조직에 독립적으로 기여	• 직업과 조직에 대한 몰입수준 결정 • 독립적 직무수행에서의 실패로 인한 감정 처리
38-45	경력중기 : 전환기	• 경력관리능력, 재능, 흥미에 대한 재평가 • 멘토로부터 독립 및 타인의 멘토로서 준비	• 자신의 야망과 비교한 실제 진행 상황의 재평가 • 직장생활과 개인상황 사이의 갈등 해결
45-55	경력중기 : 발전기	• 멘토로 역할 수행 • 일반 관리자로 많은 책임 수행	• 고속승진경로에 있는 젊은 사람들의 경쟁과 공격성향의 처리 • 단순 기술을 지혜에 기초한 경험으로 대체하는 방법 학습
55-62	경력후기 : 유지기	• 기업의 미래에 대한 전략적 의사결정 • 조직의 정치적 장에서의 역할 확대에 관심	• 자신의 경력보다 조직의 발전에 일차적 관심 • 정치적 또는 중요한 결정 문제를 감정적 격앙없이 처리
62-70	경력후기 : 쇠퇴기	• 핵심부하들 중에 미래 후계자 선정 및 개발 • 권력 및 책임수준의 감소를 수용	• 직무 이외의 개인의 삶에 만족을 주는 새로운 원천 발견 • 일자리없이 자기가치의 느낌 유지

자료 : 김홍국(2000). 경력개발의 이론과 실제. 서울: 다산출판사. p. 89. 재인용.

같은 한계점 때문에 오늘날의 시점에서 적용시키기 어려운 점이 있다. 첫째, 한국 기업의 65.8%가 정년퇴직 연령을 55세 미만으로 설정하고 어서 정년퇴직을 기준으로 하여도 실제 은퇴 시기는60세보다 빠르다(김병숙 외, 1997). 둘째, 기업 구조조정의 상시화와 평생직장 개념의 해체로 인한 조기퇴직의 보편화로 임금근로자들의 경우 40대를 전후로 전직이나 이직을 고려하는 것으로 나타나 한 직장 내에서의 꾸준한 경력개발이 쉽지 않게 되었다(강우란 외, 2003). 셋째, 의학의 발달과 좋은 영양 공급 등으로 중・고령자의 건강 상태가 좋아지고 평균 수명도 늘어나면서 은퇴 이후의 시기를 보내는 방식과 퇴직에 대한 인식 자체가 변화하였다. 우선 55세 이상의 중・고령자를 대상으로 재취업의사에 대한 최근 조사 결과를 보면 재취업을 원하는 비율이 전체의 49.0%이고 현재 재취업 상태에 있는 비율이 9.1%였다. 이를 연령별로 보면 55세-59세의 경우 60.6%, 60-64세의 경우 52.6%, 그리고 65-69세의 경우 40.4%의 비율로 재취업을 의사를 나타내고 있다. 물론 연령 증가에 따라 재취업 의사가 줄고 있는 것은 사실이지만 '능력이 있는 한 퇴직 시기를 늦추고 싶다'라는 의견을 제시한 비율이 80%를 상회하며 퇴직 이후에도 적정한 일자리를 계속해서 찾아야 한다는 비율이 80%를 상회하는 것으로 나타나 대다수의 중・고령자들이 심정적으로는 퇴직 후에도 경제활동을 지속하고자 하는 욕구가 높은 것으로 나타났다(장창원, 2003).

이에 거론한 한계점을 고려하면서 전술한 이론들을 오늘날의 한국 상황에 비추어 재구성한 결과 중・고령기의 직업 및 경력 관련 활동 변화를 다음과 같이 4단계로 재조정하였다. 첫 번째 단계는 점검기로 35-40세에 해당한다. 이 때는 신체적 · 정신적 능력의 쇠퇴가 시작되면서 직장생활에서의 한계를 고려하게 되고, 개인적으로 자신의 경제적 · 직업적 성취 및 가정적 안정 등을 고려하여 자기평가를 하는 시기이다. 따라서 자신의 한계나 능력을 제대로 평가할 수 있는 도구, 주변 상황에 대한 인식, 소속 조직에서의 위치 등에 대한 점검의 요구가 발생한다. 두 번째 단계는 목표전환기로 40-45세에 해당하고, 전 단계의 점검 결과에 따라 목표를 조정하여 전직이나 이직 또는 새로운 직업경력으로의 전환을 시도한다. 이 시기에는 노화의 계속적인 진행으로 직업생활에서의 신체적 · 정신적 부담이 지속적으로 가중되나 개인적으로나 사회적으로 책임 부담은 늘어나는 특징이 나타나 자기능력개발에 대한 요구가 강해진다. 세 번째 단계는 절정기이자 퇴직준비기로 45-55세의 연령에 해당하며 전 단계에서 설정한 목표를 달성하였을 경우 직업생활에 있어서의 절정을 맞이하나, 다가오는 퇴직에 대한 준비 부담이 큰 시기이다. 따라서 개인적 삶의 안정성 추구 경향이 두드러지고 책임과 업무의 권한 이양에 따른 상실감, 퇴직 이후의 삶에 대한 두려움 등을 최소화하기 위한 준비의 요구가 커진다. 이어서 55세를 기점으로 정년퇴직을 맞이한 후 마지막 단계인 제2의 인생기를 맞이한다. 이 시기에는 직업생활로부터의 완전은퇴를 할 것인지 아니면 부분적으로나 전면적으로 직업생활을 유지하거나 새롭게 사회활동을 시작할 것인지 등의 여부에 따라 편차가 크지만, 직업생활 또는 사회활동을 유지할 경우 앞의 모든 단계인 점검기 → 목표전환기 → 절정기 등의 과정이 순환된다.

〈표 14-7〉 중 · 고령기의 직업 및 경력 활동 변화과정의 재조정

구분	특징	요구	실천적 활동
점검기 (35-40세)	• 신체적 · 정신적 노화 시작 • 직업생활에서의 능력/활동 범위에 대한 한계 감지	• 정확한 능력 평가를 위한 도구 필요 • 개인적 상황 및 자신을 둘러싼 환경에 대한 재인식 • 직업생활에서의 위치, 만족도 파악	• 자기평가 • 주변 상황 탐색
목표 전환기 (40-45세)	• 신체적 · 정신적 노화 지속 • 개인적/사회적 부담 가중	• 자기능력개발 • 새로운 직업생활에 대한 정보 • 전직/이직 관련 정보	• 능력개발을 위한 교육훈련에의 자발적 참석 • 현 소속 직장에서의 위치 공고화 • 전직/이직 시도 • 새로운 직업/경력으로의 전환 시도
절정기/ 퇴직 준비기 (45-55세)	• 신체적 · 정신적 기능 쇠퇴에 대한 불안 가중 • 개인적/사회적 생활의 안정 또는 중요한 위치 점유 • 퇴직에 대한 두려움 증대	• 많은 업무 부담 및 책임의 성공적 수행 • 현 직장 또는 직업에서의 마무리 • 퇴직 이후 안정적 삶의 유지 • 새로운 인생으로의 전환	• 전문성 유지를 위한 지속적인 자기개발 • 업무 및 책임의 권한 이양 • 안정적 소득원 확보를 위한 재정 계획 수립
1차 정년퇴직			
제2의 인생기 (55세 이후)	• 신체적 · 정신적 기능의 급격한 쇠퇴 • 건강, 직업생활/사회활동 유지 여부, 경제적 안정, 가족과의 관계 등 개인의 상황에 따라 편차 심함	• 적절한 여가의 활용 • 안정적 삶의 테두리 안에서의 새로운 시도 • 행복한 노년	• 새로운 직업생활 및 사회활동을 위한 교육훈련 참여 • 점검기, 목표전환기, 절정기에서의 모든 활동 반복

그러나 각 단계의 연령 시기는 오늘날 한국의 일반적인 상황을 고려한 것으로 현재 직업의 고용안정성과 정년퇴직 시기, 경제적 안정도, 직업 · 직장생활에서의 만족도, 직업에 대한 인식, 가족과의 관계, 건강상태, 인생에서의 목표 및 추구하는 가치 등과 같이 개인을 둘러싼 여러 가지 상황적 요인에 따라 단축 또는 연장될 수 있다. 따라서 연령에 따른 구분보다는 하나의 단계에서 다음 단계로의 전환을 이끄는 과정이 중요하므로 이를 도식화해보면 다음과 같다.

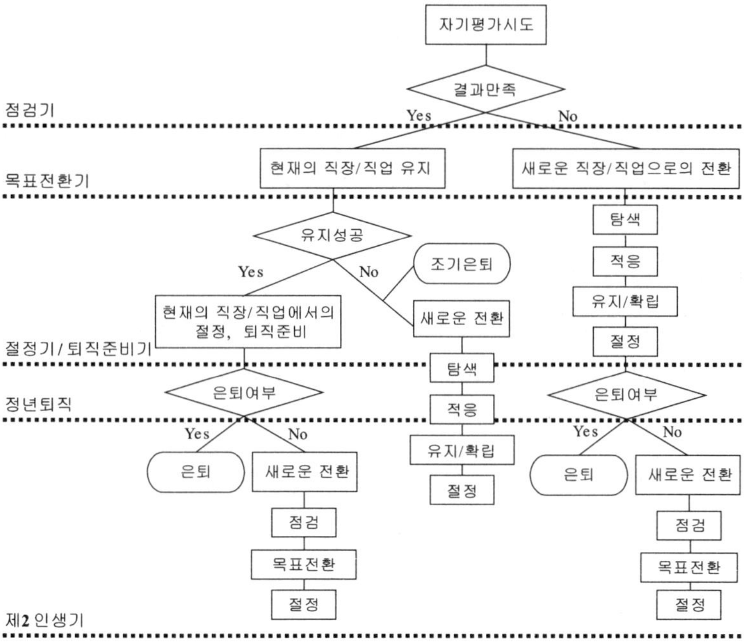

[그림 14-2] 중 · 고령기의 직업 및 경력 활동 전환 과정

상기 도식에서는 임금근로자를 포함하여 자영업자나 농 · 어업 종사자 등까지 확대 적용할 수 있는 직업 및 경력 전환 과정을 나타내기 위해서 기본적으로 개인이 자발적 의사에 기초하여 전직, 이직, 퇴직 또는 직업 전환을 계획하는 것으로 표현되었다. 하지만 실제 임금근로자의 경우는 자발적 의사 이외에도 소속된 조직의 경영상의 문제, 인력 구조조정 등에 의한 비자발적 요소가 본 과정에 크게 개입됨을 간과해서는 안 된다.

또한 중 · 고령기의 직업 및 경력 활동 전환 과정을 다른 연령층과 비교하여 본다면 이미 Super가 제기한 바와 같이 유사한 과정이 반복적으로 재순환되기 때문에 은퇴가 근접한 사건으로 고려된다는 것 이외에 중 · 고령기동안 독특한 의사결정과정이 나타나지는 않는다. 그러나 제2장의 상황분석에서 언급한 바와 같이 중 · 고령자는 지식기반사회로의 변화, 급속한 고령화로 인한 충격, 그리고 기업의 인적자원에 대한 패러다임 변화에 따른 노동시장 변화에 대한 대처 등의 측면에서 다른 연령층과 비교할 때 중 · 고령자는 취약한 위치를 점하고 있다. 따라서 중 · 고령자가 평생고용가능성을 지속적으로 유지 · 향상시키기 위해서는 중 · 고령자가 직업 및 경력 활동의 전환 과정에서 탈락하지 않고 원활하게 이동할 수 있도록 뒷받침하는 법제적 환경과 체계적인 지원 활동을 특화할 필요가 있다. 이에 중 · 고령기의 직업 및 경력 활동 전환 과정에 준하여 각각의 단계에서 필요한 지원에 초점을 맞춰서 평생학습모형을 제안하고자 한다.

CHAPTER 15

중 · 고령자의 고용가능성 증진을 위한 평생학습모형

앞서 제시한 중 · 고령기의 직업 및 경력 활동 전환 과정을 기반으로 중 · 고령자들이 자신의 고용가능성을 유지 또는 향상시키는 과정에서 직면하는 문제를 유형화해보면 크게 전직준비와 전직과정에서의 준비 미흡이나 능력부족 등에 의한 실직으로 나눌 수 있다. 한편 중 · 고령자의 고용가능성 증진을 위한 평생학습모형이란 중 · 고령자가 자신의 고용가능성을 유지 또는 향상시키는 과정에서 직면하는 문제상황을 해결하는데 도움을 주는 지원체계이므로 중 · 고령자의 현재 고용상태(전직 또는 실직)가 평생학습모형의 형태를 결정하는 주요 요소라 할 수 있다. 따라서 중 · 고령자의 고용가능성 증진을 위한 평생학습모형은 크게 전직지원모형과 중 · 고령 실직자의 재취업지원모형으로 구성되며, 각각을 세분화하여 논의하면 다음과 같다.

1. 전직지원모형

전직지원의 의미는 그 초점을 개인에 맞추는가 혹은 기업에 맞추는가에 따라 약간의 차이가 있다. 우선 개인에 중심을 맞췄을 경우,

전직지원은 경력단절로 인한 개인의 불안과 긴장을 줄이고, 관심 있는 직업으로의 이동 가능성을 높이고, 체계적이고 건설적인 직업 조사를 통해 실업기간을 줄여 개인의 경력목표 달성을 위하여 영향을 주는 것이다(Healy, 1982). 한편 기업에 중심을 두면 전직지원이란 사업주의 지원 하에 경영상의 이유로 퇴직하는 근로자가 신속하게 재취업이나 창업을 할 수 있도록 지원해 주는 프로그램이다(노동부, 2001). 두 가지 모두 결과적으로 지원대상을 전직예정자로 한정하고, 지원목표를 성공적인 직업 및 경력 이동을 추구한다는 점에서 유사하다. 한편 이러한 정의를 협의적 해석으로 간주하고, 전직지원이란 인력조정의 모든 프로세스를 종합적으로 관리하여 조직의 변화가 기업에 미치는 부정적 영향을 최소화시키는 커뮤니케이션 전략이라고 확대시키는 의견도 있다. 그러나 오늘날 국내에서 보편적으로 인식 · 활용되는 정의가 전자이고 본 연구의 초점이 중 · 고령자의 원활한 전직과정에 대한 것이므로 협의의 전직지원으로 논의를 한정하고자 한다.

전직지원의 이론적 모형은 Hopson과 Adams(1977)가 제시한 전직과정에 대한 개인의 변화 적응 단계를 상담자의 측면에서 고려하느냐(Mirabile, 1985), 또는 구직단계(Conroy, 1993)나 전직지원 컨설턴트의 입장(Kirk, 1994)에 중심점을 두느냐에 따라 약간의 차이가 있다.

우선 Hopson과 Adams(1977)는 전직과정에 적응하는 개인의 변화 과정은 부동화(immobilization), 최소화(minimization), 자기의 구심(self-doubt), 배출과 수용(letting go), 점검(testing out), 의미

탐색(search for meaning), 그리고 내면화(internalization)로 구분하였다.

<표 15-1> 전직과정에 대한 개인의 변화적응 단계

단 계	내 용
1단계: 부동화	해고나 실직 충격으로 인하여 감정이 지나치게 고양되거나 절망에 빠져 체계적 계획 수립이 불가능한 단계
2단계: 최소화	변화의 충격이 실제보다 크지 않기를 기대하는 단계
3단계: 자기의구심	미래의 불확실성에 대하여 자기자신은 물론 자신의 능력에 대하여 의구심을 가지고 근심, 슬픔과 분노가 나타나는 단계
4단계: 배출과 수용	과거의 자신과 단절을 시켜봄으로써 분노, 긴장, 좌절감을 극복하고 현실을 수용하면서 미래를 바라보기 시작하는 단계
5단계: 점검	새로운 행동과 사고로 새로운 삶의 구조를 모색하여 자립할 수 있는 능력과 에너지를 개발하는 단계
6단계: 의미탐색	실직의 의미와 과거에 자신이 하던 일을 재분석하는 단계
7단계: 내면화	더 이상 문제의 원인과 그 해결책이 외부에 근거한다고 생각하지 않고 근본적인 문제해결은 자기자신의 경험을 기초로 발전한다는 것을 인식하고 자신의 가치와 삶의 양식에 변화를 가져오는 단계

자료 : 주용국(2002). "전직지원서비스의 지원요인과 장애요인", 『직업능력개발연구』. 제5권1호, pp. 56~57.

이를 기반으로 Mirabile(1985)은 상담자의 관점에서 전직자가 안정(comfort), 성찰(reflection), 명확화(clarification), 방향설정(direction),

관점의 전환(perspective shift) 등의 5단계를 거치는 것으로 구분하였다.

〈표 15-2〉 Mirabile의 전이상담모형

단 계	내 용
안정	전직자가 감정적 충격에서 벗어날 수 있도록 상담자가 지원
성찰	구직에 총력을 기울임: 인터뷰, 테스트 등을 통하여 실직과 관련된 자신의 감정과 반응을 탐구하고 이해
명확화	경력목표와 성공의 의미를 명확화
방향설정	의미있는 경력을 탐색할 수 있는 지원환경 조성 * 구직을 위한 도구의 활용: 이력서 작성, 마케팅 전략 등
관점의 전환	실직이나 전직에 대한 긍정적 관점 획득: 새로운 출발의 도약대

한편 Conroy(1993)는 구직단계를 '진단 → 준비 → 마케팅 → 공표'로 구분하고 전직예정자의 구직활동 단계를 구체화하였다.

〈표 15-3〉 Conroy의 구직단계

단 계	구 직 활 동
진단	• 진단: 개인 적성, 기술, 능력 정도 • 경력목표 수립
준비	• 이력서 작성 • 목표 직업 또는 직장 설정
마케팅	• 구직정보와 회사정보의 탐색 • 취업활동: 서류 제출, 면접 등
공표	• 취업 제의 수락

Conroy가 전직예정자의 활동에 초점을 맞추었다면 Kirk(1994)는 다음과 같이 전직지원자의 구직자에 대한 지원활동에 주목하였다.

<표 15-4> Kirk의 전직지원자 활동 전개 과정

단 계	지원 목표	구체적 활동
평상심의 회복	변화에 대한 심리적 충격 극복	• 공감적 경청 • 스트레스 해소를 위한 지원
경력개발	경력 탐색 및 방향 설정, 활동계획의 수립	• 개인이 추구하는 경력에 대한 아이디어 공유 • 경력방향 안내 • 경력목표 설정 지원
구직활동	실제 구직활동에서의 성공	• 역할연기, 시뮬레이션 기법 등의 활용으로 구직활동 능력 향상 도모

상기 제시한 전직과정에 대한 관점들이 모두 의미 있지만 중·고령자가 전직과정을 경험하면서 직면하는 문제 해결을 목적으로 하는 지원모형을 제안하기 위해서는 이를 종합해야 할 필요가 있다. 즉, 전직지원모형의 특성 상 지원 활동의 제공자와 대상자가 이원화되어 있기 때문에 양 측면을 동시에 고려하기 위해서는 지원 대상자의 측면을 고려한 Conroy의 모형과 지원 제공자의 측면을 고려한 Mirabile과 Kirk의 모형이 통합되어야 한다. 여기서 추가적으로 고려해야 할 사항은 지원 제공자가 지원활동을 도입하는 주체에 따라 다양해질 수 있다는 점이다. 구체적으로 살펴보면 전직지원활동의 도입 주체는 사업주가 단독으로 지원하는 기업주도형, 노동조합과 사업주가 공동으로 지원으로 노사협력형, 그리고 노사협력

관계와 더불어 정부의 지원 및 통제가 개입되는 노사정협력형으로 구분될 수 있다. 기업주도형이나 노사협력형의 경우, 기업의 규모, 기업의 인적자원관리 시스템, 경영 상황, 노사관계 등에 따라 전직 지원 활동의 편차가 클 가능성이 있다. 이에 본 연구에서는 기본적인 지원 주체를 정부와 기업으로 한정하여 전직지원모형을 도식화하면 [그림 15-1]과 같다.

지원의 단계는 중 · 고령자 개인의 활동을 기준으로 보면 해고통지의 수령으로 시작하여 심리적 안정, 진단, 전직계획수립, 교육훈련 필요성 여부 결정, 교육훈련의 참여 또는 구직활동개시 등의 5단계로 구분된다. 이와 같은 전직지원모형의 원활한 운영을 위해서는 다음과 같은 전제 조건이 갖추어져야 한다. 첫째, 중 · 고령자가 각 단계를 원활하게 이동할 수 있도록 기업과 정부에 의한 지원은 사전적으로 이루어져야 한다. 이를 위해서는 무엇보다도 기업이 전직대상자들의 요구를 수용하는데 있어 적극적으로 임하고, 전직지원 전문가에 의하여 지원계획을 수립하고 프로그램을 개발하여 사전에 공표해야 한다. 또한 사전퇴직예고제를 도입하거나 전직지원 프로그램의 홍보에 힘써서 전직에 대한 충격을 최소화할 수 있는 방안을 자발적으로 모색해야 한다. 한편, 정부에서는 기업과 개인의 요구를 수용할 수 있는 채널을 확보하고, 지역사회의 노동시장 변화에 대한 조사를 정기적으로 실시해야 한다.

둘째, 정부와 기업, 개인의 역할 및 책임 범위를 명확히 해야 한다. 즉, 전직 활동의 주체이자 결과에 대한 최종책임자로서 중 · 고령자 개인은 지원 프로그램의 종류와 절차를 명확하게 이해하고

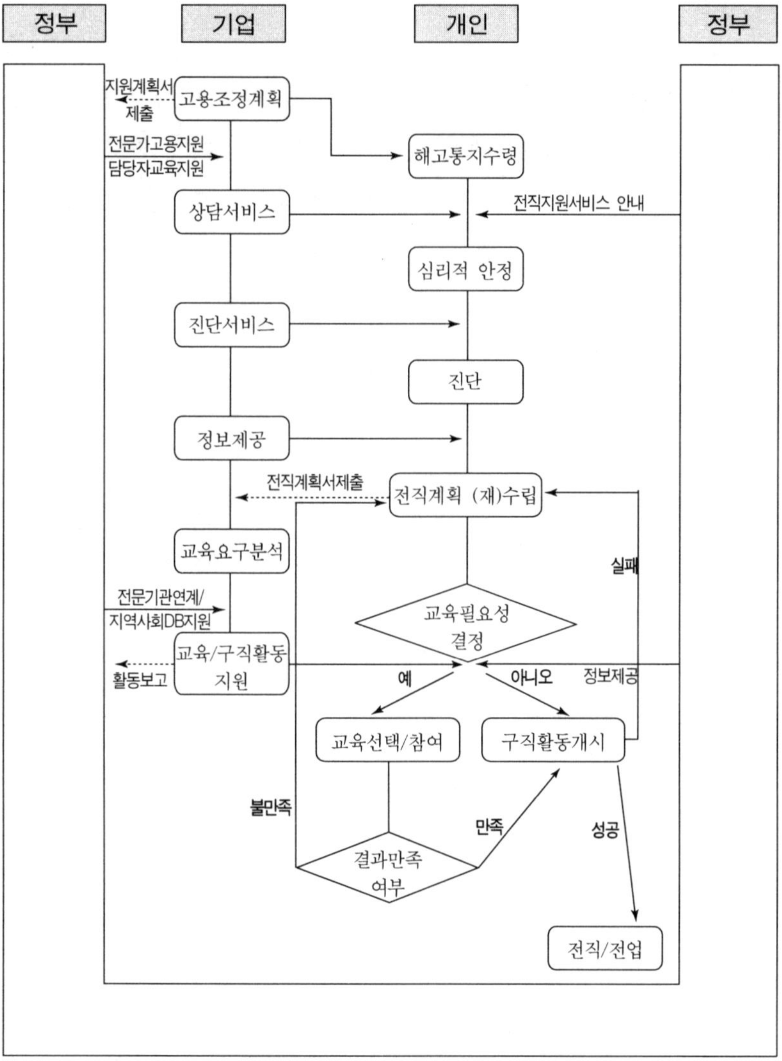

[그림 15-1] 중 · 고령 전직 희망자를 위한 지원모형

이를 최대한 활용할 수 있는 방안을 자발적으로 모색해야 한다. 다음으로 기업은 지원에 있어서 주도적 위치에 있음을 인식하고, 해당 조직에 알맞은 전직지원프로그램을 개발하고 대상자가 쉽게 접근할 수 있도록 지원에 대한 접근 가능성을 높여야 한다. 끝으로 정부는 기업에 의한 지원 활동과 개인에 의한 참여 활동이 원활하게 이루어질 수 있도록 전 과정에 대하여 총체적인 관리와 감독의 책임을 져야 한다. 구체적인 역할에 대하여 지원 단계 중심으로 주체별로 구분하여 제시하면 〈표 15-5〉와 같다.

〈표 15-5〉 전직지원모형에서 개인, 기업, 정부의 역할

구분	개인	기업	정부(전직지원 전담 창구 설치)	
			기업 대상	개인 대상
고용조정 실시	① 해고통지 수령 ② 정부와 기업의 전직 지원계획 공유	① 고용조정계획서 및 전직지원계획서 작성 → 정부에 제출 ③ 전직지원 전담직원 선임 또는 전문가 고용	① 고용조정계획서 및 전직지원계획서 수령 ② 전직지원사례 Best Practice 자료집 제공 ③ 전직지원 담당자를 위한 교육훈련 제공 또는 전문가 고용비용 부분적 부담	정부의 전직지원제도 홍보

<표 15-5> 전직지원모형에서 개인, 기업, 정부의 역할(계속)

<table>
<tr><th rowspan="2">구분</th><th rowspan="2">개인</th><th rowspan="2">기업</th><th colspan="2">정부(전직지원 전담 창구 설치)</th></tr>
<tr><th>기업 대상</th><th>개인 대상</th></tr>
<tr><td>심리적 안정</td><td>상담 참여</td><td>상담 서비스 제공; 경청, 스트레스 관리/해소를 위한 지원</td><td rowspan="4">① 외부 전문기관(가)의 추천 또는 연계
② 지원 활동에 대한 관리/감독</td><td rowspan="4">개별 기업에서 지원하지 못할 경우 전문기관에 위탁하여 기업을 대리하여 실시</td></tr>
<tr><td>진단</td><td>① 자기평가 및 타인에 의한 평가결과에 대한 분석
② 솔직하고 자발적으로 참여</td><td>① 진단도구 제공
② 전문가에 의한 진단 서비스 제공</td></tr>
<tr><td>전직활동 계획수립</td><td>① 경력개발, 전직, 전업의 목표 설정
② 목표달성을 위한 실천계획 작성 → 소속기업 제출</td><td>① 진단 내용, 노동시장의 변화 추세 등에 기초한 조언 활동
② 개인의 전직 활동계획서 수령 → 맞춤프로그램 제안</td></tr>
<tr><td>교육 필요성 점검</td><td>원하는 목표와 자신의 능력 사이의 차이 발견</td><td>요구분석 서비스 제공</td></tr>
</table>

<표 15-5> 전직지원모형에서 개인, 기업, 정부의 역할(계속)

구분	개인	기업	정부(전직지원 전담 창구 설치)	
			기업 대상	개인 대상
교육 프로그램의 선택/참여	① 교육프로그램에의 참여 ② 교육 결과에 대한 보고	① 교육프로그램 개발 또는 구입하여 제공 ② 외부 전문기관의 활용 ③ 개별적 참여에 대한 자금지원 ③ 교육결과에 대한 관리, DB화	① 외부 전문기관과 교육프로그램의 DB 제공 ② 교육프로그램 운영비 지원	① 공적직업훈련기관 추천 ② 개별 기업에서 지원하지 못할 경우 전문기관에 위탁하여 실시
구직활동	① 자료 수집 ② 적극적으로 구직 활동 참여 ③ 결과의 피드백	① 구직관련 제반활동 강화: 이력서 작성 도우미, 면접 시뮬레이션 등 ② 구인정보 제공 ③ 취업 알선	① 지역사회의 노동시장 변화조사 및 정보 제공 ② 외부 전문기관(가)의 추천 또는 연계	개별 기업에서 지원하지 못할 경우 전문기관에 위탁하여 기업을 대리하여 실시

셋째, 개인의 다양한 요구를 반영하여 전직지원서비스를 제공하고, 모든 전직지원서비스는 이음새 없이 지원되어야 한다. 이를 위

해서 특히 정부는 지원서비스에 대한 접근 가능성을 높일 수 있도록 지원 내용과 활동을 구체적으로 제시한 안내 자료를 마련하고, 다양한 경로를 통하여 홍보하는 한편 지원 절차를 간소화해야 한다. 또한 제공하는 서비스의 종류를 다양화하되 기업 및 개인의 여건에 따라 한계가 있음을 고려하여 외부 전문기관을 위탁기관으로 적극적으로 활용할 수 있는 방법을 모색해야 한다. 한편 개인에게 선택 권한을 이양하여 참여할 교육프로그램이나 교육기관을 자율적으로 정할 수 있도록 하여 개인의 자발적 참여를 유도하는 것도 중요하다.

넷째, 제시한 전직지원모형을 기초로 하여 개별 기업의 상황에 맞게 변형시키는 과정이 필요하며, 전직지원서비스가 종료되면 이에 대한 만족도 및 지원 실적에 대한 평가를 실시하여 피드백 함으로써 지속적으로 전직지원모형을 개선시켜야 한다.

끝으로 정선된 자료의 DB화가 이루어져야 한다. 우선 본 모형의 교육훈련 기능을 활성화시키기 위하여 교육전문기관, 전문가(교·강사, 컨설턴트 포함), 교육프로그램, 참여한 교육생에 의한 평가, 자격증 취득 등과 같은 교육훈련 후 성과 등에 대한 정보가 축적되어야 한다. 또한 고용 기능을 활성화하기 위해서는 취업알선기관, 구인정보, 노동시장 변화에 대한 조사 자료 등의 정보가 필요하다. 이러한 정보들은 접근성의 측면에서 지방정부를 중심으로 취합되는 것이 바람직하고, 지방정부는 정보의 수집뿐만 아니라 정보를 정선하고 활용 가능한 형태로 분류하며 정확성과 최신성을 유지하기 위해서 노력해야 한다.

2. 중 · 고령 실직자의 재취업지원모형

중 · 고령 실직자를 위한 재취업지원모형을 제안하기 위해서는 무엇보다도 중 · 고령 실직자들이 경험하는 실업의 특성을 이해하고 이로부터 중 · 고령 실직자의 요구를 추출하여 지원의 필요점을 탐색해야 한다. 이에 중 · 고령 실직자의 전반적인 실업 특성을 실업률, 성비나 학력과 같은 인구통계학적 특성, 실직기간, 취업능력, 구직경로 등을 통하여 파악해본 결과 다음과 같다.

우선 2001년도에 조사된 중 · 고령자의 실업 현황을 살펴보면 전체 남성의 실업률이 3.4%였는데 비하여 55~64세의 실업률은 2.6%로 중 · 고령자의 실업률은 낮은 것으로 나타난다(장지연 외, 2003). 그러나 중 · 고령 실업자는 구직효능감이 낮고 구직실패를 극복하지 못하고 구직을 아예 포기해 버리는 실망실업자가 많다는 특성을 고려한다면 이와 같은 수치상의 결과는 현실을 왜곡할 가능성이 있음을 간과해서는 안된다. 이를 바꾸어 말하면 중 · 고령 실직자를 대상으로 한 지원에서는 취업알선, 일자리 창출, 교육훈련과 같은 직접적인 지원에 앞서 실직으로 입은 자존감과 구직효능감의 회복을 도모하는 간접적 지원이 선행되어야 할 필요성이 제기됨을 알 수 있다.

둘째, 중 · 고령 실직자의 83%가 남자로(장지연 외, 2003), 생계를 책임지고 있는 남성 가구주의 비중이 큰 것으로 예측된다. 이는 오늘날 중 · 고령자의 실직 문제가 가족 전체의 생계유지 및 생활안정에 커다란 영향을 미칠 가능성이 크다는 것을 의미한다. 가정의 해체로 인한 사회적 불안 고조나 청소년 문제와 같이 실직으로 파생되는 문제는 사회적 부담의 증가로 직결되고 있음을 고려하여 중·고령 실직자에 대한 지원은 고용과 교육훈련을 위한 지원 이외에 생활안정을 위한 복지적 차원도 병행되어야 할 필요성이 제기된다.

셋째, 중·고령 실직자들은 안정된 임금근로직을 원하지만 저임금의 단순직을 제외한 정규 일자리에서 고용될 가능성이 낮다. 실직 상태에 있는 55세 이상의 중·고령자에 대한 조사 결과에 따르면 이들 중 74%가 전직 일용근로자이거나 임시근로자이고 단순노무직이었던 사람이 43%에 달한다. 또한 이들의 교육정도는 67%가 고졸 미만으로 지식기반사회에서 이들이 진입할 수 있는 노동시장은 열악한 수준일 가능성이 크다(장지연, 2001, 장지연 외 2003). 따라서 중·고령 실직자를 위한 지원은 교육훈련을 통한 능력의 향상을 도모함과 동시에 중·고령자에게 적합한 직종 및 일자리를 창출하고자 하는 노력이 병행되어야 한다.

넷째, 중·고령 실직자들은 다른 연령계층과 비교하여 실직기간이 길다. 30~49세에 해당하는 남성 실직자의 실직기간이 1년 이상인 비율은 23%인데 비하여 50세 이상의 중·고령 실직자는 62%가 1년 이상의 실직기간을 경험하였다(장지연, 2001). 실직기간이 길수록 재취업 가능성이 낮아지고 반복실직의 가능성이 높아지는 특성(이병희, 2000)에 유념하여 중·고령 실직자가 장기실직 상태에 빠지지 않도록 사전에 대비해야 할 필요가 있다.

다섯째, 취업능력의 관점에서 보면 기업의 구조조정 과정에서 나온 중·고령 실직자들은 한계근로자일 가능성이 크다(이종훈, 1998).

<표 15-6> 남성 실직자의 연령별 실직기간

단위: %

구분	1년 미만	1년 이상	취업경험 없음
15~29세	21.3	8.9	69.8
30~49세	73.6	23.0	3.3
50세 이상	35.5	62.0	2.5
전체	33.4	26.9	39.7
50~54세	66.3	32.1	1.6
55~64세	49.7	49.0	1.3
65세이상	16.6	79.0	3.7

자료 : 장지연(2001). 중 · 고령자 노동시장의 특성과 고용지원 정책. 서울: 한국노동연구원. p. 26.

즉, 소속 기업의 부도나 폐업 등에 의한 구조조정 과정에서 실직된 근로자라면 파산에 이른 기업 그 자체가 저경쟁력 기업이므로 소속되었던 근로자들도 낮은 수준의 노동력일 가능성이 크다. 또한 기업의 상시 구조조정 과정에 의한 실직이라 할지라도 상대적으로 우수한 인력은 전직에 성공했을 가능성이 크기 때문에 기업의 구조조정 과정에서 나온 중 · 고령 실직자는 취업능력의 측면에서 열악한 위치에 있다. 이는 중 · 고령 실직자를 위한 지원에 있어서 직업능력향상에 초점이 맞춰져야 함을 의미한다. 한편 이종훈(1998)은 정부주도에 의하여 행해지는 실직자 대상의 재훈련 프로그램의 효과를 높이기 위해서는 '저수준 비용-저수준 훈련'의 소위 '저수준의 함정(low-skill trap)'에 빠지지 않아야 함을 제안하고 있다.

끝으로 구직경로를 살펴보면 중 · 고령 실직자들은 재취업 활동

과정에서 지인의 소개와 같은 비공식적 경로에 높게 의존하는 경향이 있다. 전체 평균과 비교해 보면 50~54세를 제외하고는 중·고령 실직자는 언론매체나 인터넷을 구직경로로 활용하는 비율이 현저하게 낮은 것으로 나타난 반면 공적 직업안내소의 활용 비율은 다른 연령계층과 비교하여 높다.

중·고령자가 구직활동에 있어서 언론매체나 인터넷의 활용을 저해하는 요소는 복합적이겠지만 첫 번째, 기술적인 측면에서 중·고령자들은 인터넷의 경우 그 활용방법을 모르거나 활용에 능숙하

<표 15-7> 중·고령 실직자의 구직경로(복수응답)

단위: %

구분	15~54세	55~64세	65세 이상	15세 이상 전체
학교·학원 추천	3.7	0.0	7.7	16.3
친구·친지 소개	92.6	93.3	69.2	106.5
공공직업안내소	40.7	33.3	23.1	12.8
민간직업소개소	3.7	2.2	0.0	3.4
신문·TV	74.1	40.0	15.4	86.3
직접 방문	88.9	44.4	23.1	46.9
가족의 소개	11.1	17.8	7.7	24.0
인터넷	7.4	0.0	0.0	17.5
기타	14.8	13.3	15.4	13.2

자료 : 장지연(2001). 중고령자 노동시장의 특성과 고용지원 정책. 서울: 한국노동연구원. p. 31.

지 않기 때문이다. 두 번째, 심적 측면에서 청년층이 많이 사용하는 매체인 경우 중 · 고령자가 청년층과 동일한 조건에서 경쟁해야 하는 부담감을 느낄 수 있기 때문이다. 세 번째, 상황적 제한의 측면에서 상기 매체를 통한 구인광고에서 연령의 제한이 많이 발견되기 때문이다. 실제로 민간채용정보회사의 인터넷사이트 3곳에 올라온 구인광고 중 연령제한을 하는 건수가 전체의 54.6%나 되었다.

〈표 15-8〉 연령제한 구인광고의 비율: 온라인 채용정보제공기관

단위: %

구분	워크넷	휴먼피아	스카우트	전체
연령제한공고	50.4	35.7	64.6	54.6

자료 : 장지연 외(2003). 고령화시대의 노동시장과 고용정책 I. 서울: 한국노동연구원. p. 102.

※ 2002년 6월 10일부터 7월 9일까지 1개월간 구인 · 채용 광고를 모니터한 결과임.

이러한 중 · 고령자의 구직활동 경향으로부터 다음과 같은 요구가 제기된다. 우선 비공식적 경로에 대한 높은 의존도는 개인의 인적 네트워크 범위에 따라 편차를 확대시키고 근로조건이나 고용형태를 협의함에 있어서 구직자의 의견이 자유롭게 개진되지 못할 가능성이 크므로 공식적인 구직경로를 확충할 필요가 있다. 또한 중 · 고령자들이 구직활동을 함에 있어서 다양한 매체를 활용하기에는 제한점이 크다는 점을 인정하여 중 · 고령 구직자들이 쉽게 접근하여 활용할 수 있는 구직경로를 마련할 필요가 있다. 이를 위해서는 공식적인 구직경로로서 중 · 고령자들의 활용도가 높은 공공직업안내소를 중 · 고령 실직자를 지원하는 거점으로 지정하고, 접근성과 활용도를 높이기 위한 노력이 고안되어야 할 것이다.

이와 같은 중・고령 실직자의 특성을 바탕으로 도출한 지원 필요점들은 중・고령 실직자를 위한 재취업지원모형의 지원 활동에 적극적으로 반영되어야 할 것이다.

한편 중・고령자를 위한 전직지원모형에서는 비자발적인 전직・퇴직예정자를 주요 지원 대상자로 간주하였기 때문에 기업에게는 일차적으로 지원 주체로서의 역할이 강조되었다. 그러나 중・고령 실직자를 위한 재취업지원모형에서는 개인이 기업의 소속을 벗어난 것이므로 기업의 역할이 일자리 제공자로서의 지원 주체이자 외부노동시장에서 인력을 공급받아야 하는 지원의 대상으로 이원화된다. 왜냐하면 기업의 인적자원에 대한 접근 방법의 변화, 이에 따른 노동시장의 유연화가 미치는 영향력이 개인의 고용안정성에만이 아니라 기업의 고용안정성에도 미치기 때문이다. 즉, 노동시장이 변화하고 직업과 직장에 대한 개념이 변화됨에 따라 개인은 조기퇴직이나 비정규직의 확대 등으로 고용안정성에 위협을 받고 있지만 한편으로는 계약에 근거하여 능력에 따라 자유롭게 이동할 수 있게 되면서 기업의 입장에서는 적기에 필요 인력을 안정적으로 확보하는데 어려움을 겪게 된다. 따라서 중・고령 실직자를 위한 재취업지원모형에서는 개인의 구직요구와 기업의 구인요구가 상존하게 된다는 점이 고려되어야 한다. 이러한 요구를 반영하여 중・고령 실직자를 위한 재취업지원모형을 도식화하면 다음과 같다.

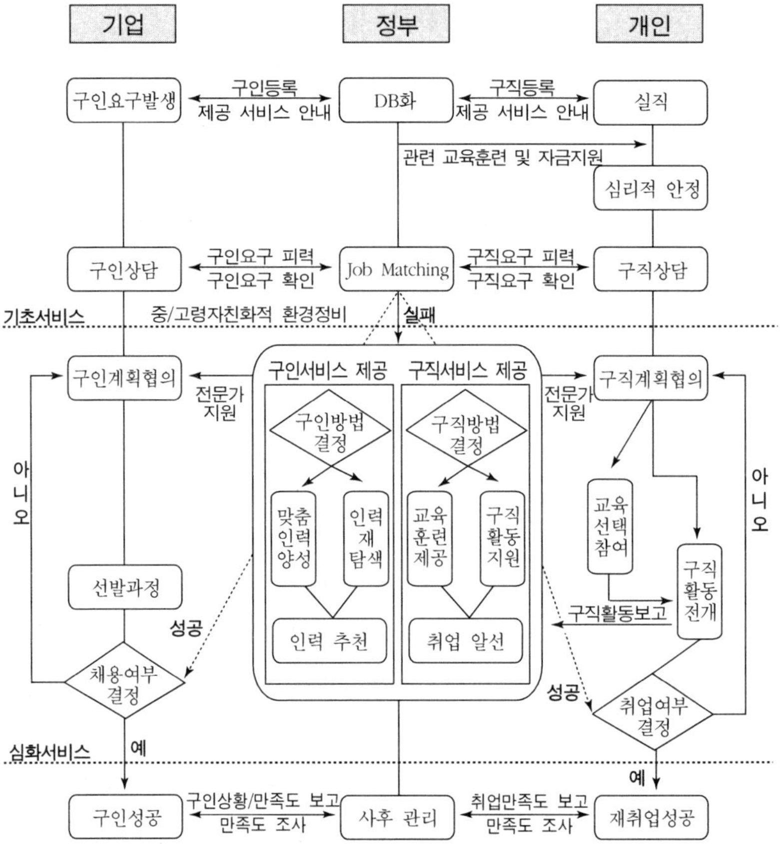

[그림 15-2] 중 · 고령 실직자를 위한 재취업지원모형

지원 서비스는 개인 또는 기업이 구직이나 구인 요구를 지역의 정부기관에 공식적으로 등록함과 동시에 가동되며, 1차적인 구직구인 요구의 연결(Job Matching)에 실패하면 심화서비스로 이행하는 절차로 전개된다. 제시된 중 · 고령 실직자를 위한 재취업지원모형이 효과적으로 운영되기 위해서는 앞서 밝힌 바와 같이 중 · 고령 실직자의 실업 특성을 고려한 지원 활동이 주축이 되어야 한다. 이에 중 · 고령 실직자의 실업 특성을 전제로 하여 재취업지원모형의 운영에 필요한 조건을 진술하면 다음과 같다.

첫째, 지방정부 및 지역사회를 중심으로 실직자를 위한 '고용지원-교육훈련지원-생활안정지원'이 일련의 과정으로 단계화 · 절차화되어 통합할 수 있는 기구가 설치되어야 한다. 중 · 고령 실직자의 실업특성에서 나타났듯이 중 · 고령 실직자들이 직면하는 저숙련 · 저학력의 문제, 노동시장에서의 연령 제한 문제, 가족의 생계유지에 대한 책임 등은 개별적이나 일시적인 것이 아니라 동시다발적이면서 실직 상태에 있는 한 지속되는 문제이다. 따라서 중 · 고령 실작자들이 쉽게 접근하여 편리하게 이용할 수 있기 위해서는 각기 다른 종류의 지원을 일원화된 절차에 의하여 제공받을 수 있는 시스템이 마련되어야 한다. 또한 고용문제는 지역사회 노동시장의 특성을 반영해야 하고, 이용자의 접근가능성과 편리성을 향상시키기 위해서 무상지원과 철저한 서비스의 질 관리가 보장되어야 하므로 정부 지원에 의한 지방정부 · 지역사회 중심의 공적 기관이 주도해야 한다.

둘째, 중 · 고령 실직자들이 고용가능성을 유지하는데 열악한 위치에 있음을 감안하여 중 · 고령자를 위한 특화된 프로그램이 개발되어야 한다. 즉, 중 · 고령자의 학습특성을 고려한 교육훈련 프로그램을 개발하고, 중 · 고령자에게 적합한 직종이나 직업을 별도로 관리하며 중 · 고령자 전담 도우미제나 중 · 고령자 전담 서비스제 등을 도입하여 중 · 고령자들이 편리하게 이용할 수 있도록 지원해야 한다.

셋째, 상기 제시한 중 · 고령자를 위한 특화된 프로그램을 적절하게 제공하기 위해서는 지역사회의 관련 단체나 민간업체와의 연계 및 이들에 대한 데이터베이스화가 선행되어야 한다. 즉, 지역사회에 위치하고 있는 노인대학이나 노인학교와 같이 고령자를 주요 대상으로 하는 교육기관, 지역평생학습관, 고등교육기관, 직업훈련학교 등과 같이 교육훈련기관이나 노인인력은행, 고령자직업알선센터 등과 같은 고용지원기관에 대한 정보를 관리하고 이들과 면밀한 협조체제를 구축해야 한다.

넷째, 중 · 고령 실직자들의 고용창출 방안을 적극적으로 모색해야 한다. 기업의 구인요구가 발생하기를 소극적으로 기다리는 것이 아니라 인적자원으로서 중 · 고령자의 장점을 홍보하여 적극적으로 구인요구를 창출해야 한다. 또한 기업의 모집, 선발, 채용, 관리 등 제반 인적자원관리 체제를 포함하여 작업환경, 고용형태, 근로 시간 등이 중 · 고령자가 일하기에 적합하도록 기업 환경을 중 · 고령자 친화적으로 변화시킬 수 있도록 기업을 지원하는 것도 필요하다.

끝으로 중 · 고령 실직자를 위한 재취업지원모형이 원활하게 운영되기 위해서는 기본적으로 정부, 기업, 개인의 역할 분담과 책임 범위가 명확하게 제시되어야 한다. 이를 기업과 개인의 요구에 대응하는 정부의 지원관계를 중심으로 정리하면 다음 〈표 15-9〉과 같다.

<표 15-9> 중 · 고령 실업자를 위한 재취업지원모형에서의 정부, 기업, 개인의 역할

<table>
<tr><th colspan="2">기업</th><th colspan="2">정부</th><th colspan="2">개인</th></tr>
<tr><th>단계</th><th>활동</th><th>구인서비스</th><th>구직서비스</th><th>활동</th><th>단계</th></tr>
<tr><td>구인 요구 발생</td><td>① 구인요구 등록</td><td>① DB화
② 제공서비스 안내
③ 중고령 인력에 대한 홍보</td><td>① DB화
② 제공서비스 안내
③ 구직 성공사례집 배부</td><td>① 구직요구 등록</td><td>실직</td></tr>
<tr><td rowspan="2">구인 상담</td><td rowspan="2">① 구인내용 구체적 공개
② 추천 인력에 대한 검토</td><td rowspan="2">① 인력탐색 및 추천
② 중고령자 친화적인 기업 환경 제안
③ 일차적인 Job Matching 시도: 현재의 조건에서 채용 가능한 인력 추천</td><td>① 상담서비스 지원
② 교육훈련 프로그램 제공
③ 생활안정자금 지원</td><td>① 상담 참여
② 지원 수혜에 필요한 서류 작성
③ 관련 교육훈련 참여</td><td>심리적 안정</td></tr>
<tr><td>① 직업상담
② 적성 및 능력 검사
③ 일차적인 Job Matching 시도: 현재의 조건에서 구직 가능한 인력 추천</td><td>① 원하는 직업, 직장 피력
② 구직 목표의 구체화
③ 추천 직업, 직장에 대한 검토</td><td>구직 상담</td></tr>
</table>

<표 15-9> 중·고령 실업자를 위한 재취업지원모형에서의 정부, 기업, 개인의 역할(계속)

기업		정부		개인	
단계	활동	구인서비스	구직서비스	활동	단계
구인 계획 협의 및 구체적 채용 활동	① 맞춤인력 양성 프로그램의 운영여부 결정 ② 맞춤인력 양성프로그램의 개발에 참여 ③ 자금의 부담 범위 협의 ④ 맞춤인력에 대한 채용조건 협의 ⑤ 선발활동	① 맞춤인력 양성을 위한 교육훈련 프로그램 개발(또는 위탁) 및 자금 지원 ② 최신 구직인력정보 유지 및 제공 ③ 인력추천: 교육훈련결과 제시(자격증 취득 등), 구직 인력	① 구직목표 달성에 필요한 요구 분석 ② 교육훈련프로그램 제공 ③ 구직활동지원: 이력서 작성, 면접 준비 등 ④ 취업알선: 구인정보제공, 일자리 추천 등	① 교육훈련 프로그램의 참여 여부 결정 ② 구직활동 전개: 구인정보검색, 이력서제출, 면접 참여 등	구직 계획 협의 및 구체적 활동
구인 성공	① 채용결과 보고 ② 고용만족도 보고	① 고용만족도 조사 ② 불만 관리	① 취업만족도 조사 ② 불만 관리	① 취업결과 보고 ② 취업만족도 보고	재취업 성공

CHAPTER 16

중·고령자 평생학습모형 정착을 위한 제언

1. 요약

앞으로 한국 사회에 가장 큰 영향을 미칠 것으로 예상되는 커다란 변화의 흐름 중 하나는 '고령화시대의 도래에 따른 노동시장의 변화'이다. 이에 따라 해결해야 할 중점 과제중의 하나로 본 연구에서 다룬 것은 '중·고령자의 전직 및 재취업 문제'이다. 지식기반사회로 변화함에 따라 중·고령자가 취업 및 전직에 있어서 상대적 취약계층으로 포함되며, 현재 한국에서는 세계 초유의 속도로 고령화가 진행되고 있다. 이러한 이유들로 중·고령자의 노동생산성 향상이 산업의 경쟁력을 결정하는 핵심적 요인으로서 그 중요성이 점차 부각될 것이고 향후 중·고령자의 생산능력 향상을 위한 숙련유지 및 교육훈련의 문제는 개인적 차원을 넘어 국가적·사회적 당면 과제로 대두될 것이다. 또한, 노동시장이 구조적으로 변화하고 있고 조기퇴직의 경향이 현저하게 늘어나면서 중·고령자를 대상으로 하는 정부의 훈련·고용 지원이 하나의 사회안전망으로서 작용해야 하며, 중·고령자 인적자원정책의 통합적 수행에 대한 요구를 수용한 연구가 필요하다.

지식기반사회로의 변화, 고령화, 조기퇴직 경향, 노동시장의 유연화 등과 같은 환경적 변화에 대처하고 변화의 주도적 위치를 점유하기 위해서는, 자신의 평생고용가능성 제고를 위한 개인적 수준의 자발적 · 능동적 노력, 조직과 종업원의 이해관계를 슬기롭게 조정하여 기업 경쟁력을 향상하고자 하는 산업계의 노력, 호혜적이면서 동시에 효과적인 인적자원개발 정책을 수립 · 수행하여 국가경쟁력을 높이고자 하는 국가적 수준의 노력이 함께 이루어져야 한다. 따라서 국가적 낭비와 비효율성을 극복하고 산업계의 경쟁력을 유지 · 향상시키며 고령자 부양을 위한 사회적 부담을 감소시킴은 물론 개인적 안녕과 삶의 질적 향상을 도모하기 위해, 앞으로 경제활동의 중심 역할자로 전망되는 중 · 고령자를 주요 인적자원으로 간주하고 이들에 대한 체계적 연구를 통하여 평생학습사회의 구현과 맥락을 같이하는 평생학습모형을 개발하고 개인적 수준, 사회적 수준, 국가적 수준에서 해야 할 역할을 명확히 할 수 있는 연구가 필요하다.

따라서 해당 연구에서는 고령(화) 시대의 노동시장 변화 특성에 대한 분석과 중 · 고령자의 평생고용가능성 향상을 위한 국가적 차원의 지원 현황을 기초로 하여, 개인의 전 생애에 걸친 평생고용가능성의 유지 · 향상을 체계적으로 지원할 수 있는 중 · 고령자를 위한 평생학습모형의 개발을 목적으로 하였다. 이를 위해, 중 · 고령자의 조기퇴직에 직 · 간접적으로 영향을 미치는 변인에 대한 상황분석과, 한국의 중 · 고령자 지원 정책의 분석, 미국과 일본의 중 · 고령자 지원 사례 검토와 시사점 도출을 실시하여, 최종적으로 중・고령자의 평생고용가능성 제고를 위한 평생학습모형을 제안하였다.

이를 위해 우선, 중・고령자를 대상으로 한 평생학습모형의 필요성이 증가하는 근거를 중・고령자를 둘러싼 대・내외적 환경 변화로부터 탐색하였다. 이에 사회구조적 변화로서 지식기반사회화, 인구구조적 변화로서 급속한 고령화 현상, 기업의 인적자원 패러다임의 변화와 이에 따른 노동시장변화를 살펴보았다. 또한 각 논의 내용을 중・고령자의 고용가능성이라는 측면에서 조명하여 환경변화 요인이 긍정적으로 작용하는지 아니면 부정적으로 작용하는지에 대하여 분석하였다.

다음으로, 한국의 중・고령자 고용가능성 유지 및 향상을 위한 지원 체계를 노동부와 보건복지부, 교육인적자원부의 것을 중심으로 분석하였다. 노동부에서는 고용정책기본법과 고령자고용촉진법, 근로자직업훈련촉진법, 직업교육훈련촉진법, 고용보험법 등을 근거로 중・고령자의 고용가능성 제고를 위한 지원을 실시하고 있었다. 보건복지부는 노인복지법과 고령사회대책기본법을 근거로 지역사회시니어클럽과 노인일자리 사업, 노인취업알선센터 등을 실행하고 있으며, 교육인적자원부는 평생교육법을 근거로 고령화 사회를 대비한 평생학습 진흥정책을 마련하고 있었다. 그러나 이러한 한국의 지원체계에는 법적 지원의 효과성 및 명확성, 중・고령자의 취업알선 및 지원을 위한 정책과 기구들의 통합, 중・고령자의 고용가능성 제고를 위한 실질적이고 적극적인 정책적 노력 등이 더욱 요구됨을 확인할 수 있었다.

이러한 우리의 상황분석을 기반으로, 중・고령자의 고용가능성 향상에 중점을 두고 정부 차원의 지원 프로그램을 운영하고 있는 선진국 중에서 미국과 일본의 사례에 대하여 탐색하였다. 우선 미국의 경우, 인력투자법과 미국노인법을 근거로 원스톱 전달 체제를 통한 중・고령자 대상의 고용・훈련기회의 확대, 수행실적 책임 체제를 통한 수행실적 책임 체제의 강화, 지방정부의 고령자 고용 서비스 협력안 제출을 통한 협력의 향상, 프로그램에 대한 표준적 정의 및 행정 비용을 설정을 통한 행정적 절차 강화 등을 추진하고 있었다. 또한 미국에서는 중・고령자로 특화한 고용・훈련 프로그램으로 유일하게 중앙정부가 지원하는 프로그램으로서 SCSEP (Senior Community Service Employment Program)가 있었으며, 인력투자법의 제정 이후 지방정부의 자유재량권이 강조되면서 지방정부 및 지역사회를 중심으로 운영・관리되고 있는 것에는 원스톱 센터가 존재하였으며, 기업은 고용창출에 기여하는 대표적 기관으로서 자리매김함을 확인할 수 있었다.

이와 같은 미국의 사례 분석을 통해서는 일반적으로 다음과 같은 특징을 도출할 수 있었다. 첫째, 중・고령자의 평생고용가능성 제고의 문제를 개인적 책임으로 국한시키지 않고 국가적 수준에서 해결점을 모색해야 할 대상으로 간주하고 있다는 점이다. 둘째, 문제에 대한 접근 방식에서 있어서 선언적・규범적 수준에 머무르지 않고 구체적인 실천 방안이 제안되어 추진되고 있다는 점이다. 셋째, 중앙정부, 지방정부, 기업 등 활동 주체 간 협력을 통한 능률적 통합을 강조하면서 동시에 지방분권화 및 권한 위임에 의한 자율성을 확대함으로써 중・고령자의 다양한 요구에 적절하게 대응할 수 있도록 하고 있다는 점이다. 넷째, 취약계층에 속한 중・고령자에 대한 지원이 단순히 복지적 지원에 머무르지 않고 그들의 능력개발을 중심으로 한 고용가능성 증진을 도모함으로써 자립할 수 있도록 지원하는(Wealth to Work) 방향으로 향하고 있다는 점이다.

미국사례분석의 이와 같은 특징들이 내포하고 있는 시사점은 다음과 같다.

첫째, 법적 지원에 있어서 기존의 직업훈련협력법(JTPA)을 대체하는 법으로 인력투자법(WIA)이 제정되면서 중・고령자를 지원하는 정책 및 프로그램에 초래된 몇 가지 변화에 주목해야 한다. 즉, 지원의 방향 측면에서, 인력투자의 대상으로서 중・고령자를 인식하고 있다는 점, 지원 프로그램의 운영이 복지 의존도의 경감을 위하여 질적으로 변화하고 있다는 점, 중앙정부의 실적 평가에 준한 재정적 통제권 강화와 실적 평가 항목을 명확하게 제시함으로써 투자 효율성을 강조하고 있다는 점이다. 또 지원 대상의 측면에서 환경적 특수성을 반영한 수요자 중심의 정책을 수행한다는 것과, 지원 프로그램의 운영 측면에서는 통합과 능률을 함께 고려한다는 점을 꼽을 수 있다.

둘째, 정책적 지원에서 중앙정부의 역할 및 특히 대표적인 중・고령자를 위한 고용・훈련 지원 사업인 SCSEP를 통해, 직접적 통제가 아닌 간접적 지원이 주된 지원 방식으로 추진되고 있다는 점과 국가적 수준에서 이루어지는 고용・훈련프로그램에서는 취약계층에 대한 복지적 성격도 여전히 갖추고 있다는 점을 지적할 수 있다.

셋째, 지방정부와 지역사회를 거점으로 설치되어 있는 원스톱 센터는 미국의 평생고용가능성 증진을 위한 지원 모형의 핵심으로 이것으로부터 중 · 고령자의 평생고용가능성과 관련된 지방정부 및 지역사회의 역할에 대하여, 우선 지방정부와 지역사회는 해당 지방(지역)의 고용 · 훈련 정책을 총괄하며 이를 추진하는 주체라는 점을 지적할 수 있다. 또한 지방정부와 지역사회는 중앙정부의 정책과 지역의 추진 기관을 중개하는 역할을 하고 있다. 그리고 지방정부와 지역사회는 정책 추진을 위하여 원스톱 센터의 파트너를 선정함에 있어 경쟁의 원리를 적용하고 있다.

나아가서 원스톱 센터의 운영 전략으로부터 고용 · 훈련 지원 기관이 지역의 노동시장 특수성과 구직자 및 고용주의 요구를 어떻게 반영하는지에 대한 내용으로부터 다음과 같은 시사점을 얻을 수 있다. 하나는 수요자 중심의 운영을 최우선으로 강조하고 있다는 점이다. 다른 하나는 평생고용가능성의 증진을 위한 고용 · 훈련 지원에 있어서 전문 파트너를 적극적으로 활용하고 파트너간의 통합에 주력한다는 점이다.

정책적 지원의 마지막 주체인 기업의 역할에서는 노사정 협력에 의한 3자 지원 시스템으로부터 유의미한 시사점을 얻을 수 있다. 첫 번째, 고용조정에 의한 실업문제를 개인 또는 개별 기업의 문제로 한정하지 않고, 노동조합으로 대표되는 개인, 기업, 정부 등과 같은 다양한 이해관계자의 공동 책임으로 인식하고 문제 해결을 위하여 협력한다는 점이다. 두 번째, 사후대처형보다는 사전대비형을 지향한다는 점이다. 또한 노사정 공동으로 설립한 지원센터(협의회)에서 지원되는 서비스의 범위가 넓고 다양하다는 점이다. 마지막으로, 특히 교육훈련에 대한 지원을 강조하여 일시적인 금전적 지원보다 능력개발을 통한 개인의 취업할 가능성 증진에 주력하고 있다는 점이다.

한편, 일본의 경우, 고령사회대책기본법, 고연령자 등의 고용안정에 관한 법률 등을 근거로 정책적 지원을 구사하고 있었다. 중앙정부의 경우, 일본 정부는 일본이 본격적인 고령사회로 이행하고 있음을 직시하고 이에 적합한 국가 정책 과제를 추진하고 있는데, 그 기본 방향은 ① 획일적인 고령자상의 탈피, ② 예방 및 사전 대비적 접근, ③ 지역사회의 특수성 반영, ④ 남녀공동 참여 강조, ⑤ 첨단 과학기술의 적극적 활용 등이다. 세부 정책 과제로는 고령기의 자립 지원, 연령만으로 고령자를 구별하는 제도 및 관행 등의 수정, 세대간 연대강화, 지역사회로의 참여 촉진 등이 제시되었다. 이러한 정책적 로드맵을 중심으로 일본은, 고령화 문제를 국가적 수준의 해결 과제로 인식하고, 내각부를 중심으로 정책의 일관성 유지 및 능률적 통합을 도모하고 있다. 또한, 고령 관련 정책을 추진함에 있어서 정부부처 간 협력은 발견되지 않는다. 그리고 고용·훈련 관련 지원에 있어서 고령 인구의 다양성과 이에 따른 고용 관련 요구가 다양해지고 있다는 것에 초점을 맞추고 있으며, 고령 관련 대책의 기본 방향성에서 논의되었듯이 사전대비형을 추구하고 있다. 고령 문제에 있어서 지원 대상자에 대한 개별적 지원보다는 사회 전반적인 시스템의 개선을 도모하고 있다는 점도 주목할 만하다. 한편, 실행 주체인 후생노동성을 중심으로 추진되는 정책에는 지식과 경험을 활용할 수 있는 65세 현역사회 만들기, 중 · 고령자의 재취업 지원 및 촉진, 취업의욕과 체력의 다양화에 대응하는 취업기회 확보, 취업능력의 부적합성 해소, 연령에 관계없이 일할 수 있는 사회 구축을 위한 방안 추진 등이 있다. 이러한 정책들을 추진하는 기구로는 공공직업안정소, 인재은행, 독립행정법인 고용 · 능력개발기구 등을 확인할 수 있었다. 그리고 지방정부와 지역사회는 중앙정부에서 제시한 범주 내에서 각 지방정부는 각 지역의 고령 관련 상황의 특수성을 반영하여 각기 상이한 정책 전략과 사업을 전개하고 있다. 이러한 지역사회와 지방정부를 중심으로 운영되는 기구에는 고연령자고용개발협회와 실버인재센터를 확인할 수 있었다. 한편, 일본 기업은 중 · 고령자의 평생고용가능성 증진을 위하여, 기업의 제반 인사제도 및 근로조건을 중 · 고령자의 고용에 용이하도록 개편하여 중 · 고령자의 고용창출을 도모하는 것과, 교육훈련을 실시함으로써 개인의 능력을 개발하여 일할 수 있는 가능성을 높이는 것에 관심을 보이고 있었다. 구체적으로는 인사제도 및 근로조건의 개편, 퇴직준비교육 등이 있다.

중 · 고령자의 평생고용가능성을 향상시키기 위하여 일본에서 추진되고 있는 정책을 법적인 측면과 지원 주체별로 살펴본 결과를 기반으로 시사점을 도출하면 다음과 같다. 법적 지원에서는 첫째, 고령 관련 주제에 대하여 책임소재를 개인이 아닌 국가에 두고, 접근 방법에 있어서 일시적이지 않고 상시적인 입장을 취하며, 단편적이지 않고 총체적으로 접근하고 있다는 점이다. 둘째, 고령과 관련된 사안에 대한 지원 주체별 역할 범위를 명확하게 제시함으로써 책임 소재를 분명히 하고 활동의 근거를 제공하여 체계적으로 지원하고 있다는 점이다. 셋째, 중・고령자를 둘러싼 개인적 상황과 환경적 조건이 다양해짐에 따라 평생고용가능성 증진을 위한 법적 환경 또한 다양해지고 있다는 점이다.

이어서 일본의 정책적 지원을 지원 주체별로 분석한 결과를 토대로 다음과 같은 시사점을 발견하였다. 우선 중앙정부 수준에서의 지원에서는 첫째, 일본을 둘러싼 고령 관련 특성을 분석한 결과를 토대로 정책의 기본 방침 및 중점 추진 분야를 도출하고 이것을 모든 고령 관련 정책에 대하여 적용시킴으로써 정책의 일관성과 통합성을 도모하고 있다는 점을 들 수 있다. 둘째, 취업과 관련 된 중・고령자의 요구가 다양해짐에 따라 중앙정부의 정책 또한 다양화와 특성화에 초점을 맞추고 있다는 점이다. 셋째, 중・고령자의 평생고용가능성 향상을 위한 정책에서 사전 대비적 접근을 강조하고 있음을 시사점으로 들 수 있다. 넷째, 복지적 지원보다는 능력개발을 통한 자립 역량 강화에 정책의 초점이 맞추어져 있다는 점이다.

다음으로 지방정부와 지역사회의 지원으로부터 얻을 수 있는 시사점을 정리해 보면 첫째, 중앙정부의 고령 정책의 기본 방향성에서 제시한 범주를 벗어나지 않고 있지만 지역사회의 인구 구조적 특성 및 고령화 정도, 주요 산업, 지역 내 중・고령자의 직업 경험적 특성 등에 따라 독자적인 고용・훈련 지원 사업이 추진되고 있음을 알 수 있다. 둘째, 고령자의 고용을 촉진하기 위하여 지방정부 및 지역사회가 주도적 역할을 취하고 있음을 알 수 있다.

끝으로 일본 기업이 중・고령자의 평생고용가능성 증진을 목적으로 실천하고 있는 지원으로부터 다음과 같은 시사점을 발견할 수 있다. 첫 번째, 기업과 중・고령자의 고용 관계가 '윈-로스(Win-Loss)'의 관계가 아니라 '윈-윈(Win-Win)'의 관계로 정착할 수 있는 합의점을 도출해 나가는 과정에 주목해야 한다. 두 번째, 퇴직준비교육에 있어서도 기업의존형으로부터 탈피하여 개인주도형으로 변화하고 있다는 점이다.

이상과 같은 미국과 일본의 사례분석과 그 시사점을 중심으로, 다음에는 중・고령자의 평생고용가능성 증진을 위한 평생학습모형을 구축하였다. 이를 위해 우선 중・고령자의 직업・경력 변화 과정을 생애발달단계 관점에서 살펴보았으며, 다음으로 중・고령자의 고용가능성 증진을 위한 평생학습모형으로서 전직지원모형과 중・고령 실직자의 재취업지원모형을 도출하였다.

전직지원모형에서 지원의 단계는 중・고령자 개인의 활동을 기준으로 보면 해고통지의 수령으로 시작하여 심리적 안정, 진단, 전직계획수립, 교육훈련 필요성 여부 결정, 교육훈련의 참여 또는 구직활동개시 등의 5단계로 구분된다. 이와 같은 전직지원모형의 원활한 운영을 위해서는 다음과 같은 전제 조건이 갖추어져야 한다. 첫째, 중・고령자가 각 단계를 원활하게 이동할 수 있도록 기업과 정부에 의한 지원은 사전적으로 이루어져야 한다. 둘째, 정부와 기업, 개인의 역할 및 책임 범위를 명확히 해야 한다. 셋째, 개인의 다양한 요구를 반영하여 전직지원서비스를 제공하고, 모든 전직지원서비스는 이음새 없이 지원되어야 한다. 넷째, 제시한 전직지원모형을 기초로 하여 개별 기업의 상황에 맞게 변형시키는 과정이 필요하며, 전직지원서비스가 종료되면 이에 대한 만족도 및 지원 실적에 대한 평가를 실시하여 피드백함으로써 지속적으로 전직지원모형을 개선시켜야 한다. 끝으로 정선된 자료의 DB화가 이루어져야 한다.

다음으로 중·고령 실직자를 위한 재취업지원모형을 제안하기 위해, 우선 중·고령 실직자의 전반적인 실업 특성을 실업률, 성비나 학력과 같은 인구통계학적 특성, 실직기간, 취업능력, 구직경로 등을 통하여 파악해보았다. 이를 토대로 도출된 중·고령 실직자를 위한 재취업지원모형의 지원 서비스는 개인 또는 기업이 구직이나 구인 요구를 지역의 정부기관에 공식적으로 등록함과 동시에 가동되며, 1차적인 구직구인 요구의 연결(Job Matching)에 실패하면 심화서비스로 이행하는 절차로 전개된다. 이러한 중·고령 실직자를 위한 재취업지원모형이 효과적으로 운영되기 위해서는 중·고령 실직자의 실업 특성을 고려한 지원 활동이 주축이 되어야 한다. 이에 중·고령 실직자의 실업 특성을 전제로 하여 재취업지원모형의 운영에 필요한 조건을 진술하면 다음과 같다. 첫째, 지방정부 및 지역사회를 중심으로 실직자를 위한 '고용지원-교육훈련지원-생활안정지원'이 일련의 과정으로 단계화·절차화되어 통합할 수 있는 기구가 설치되어야 한다. 둘째, 중·고령 실직자들이 고용가능성을 유지하는데 열악한 위치에 있음을 감안하여 중·고령자를 위한 특화된 프로그램이 개발되어야 한다. 셋째, 상기 제시한 중·고령자를 위한 특화된 프로그램을 적절하게 제공하기 위해서는 지역사회의 관련 단체나 민간업체와의 연계 및 이들에 대한 데이터베이스화가 선행되어야 한다. 넷째, 중·고령 실직자들의 고용창출 방안을 적극적으로 모색해야 한다. 끝으로 중·고령 실직자를 위한 재취업지원모형이 원활하게 운영되기 위해서는 기본적으로 정부, 기업, 개인의 역할 분담과 책임 범위가 명확하게 제시되어야 한다.

2. 제안

중·고령인적자원의 노동시장 변화에 따른 고용가능성 제고의 문제를 두고, 적합한 평생학습모형을 구축하기 위하여 본 연구에서는 전직지원모형과 재취업지원모형을 도출하였다. 이를 위하여 중·고령자를 대상으로 한 평생학습모형의 필요성이 증가하는 근거를 중·고령자를 둘러싼 대·내외적 환경 변화로부터 탐색하였다. 또한 한국의 중·고령자 고용가능성 제고 관련 법적·정책적 지원체계가 어떠한지 현황분석을 실시하였으며, 평생학습모형 수립의 바람직한 방향에 대한 시사점을 도출하기 위해 미국과 일본의 사례를 분석하였다.

이러한 과정에서 논의된 사항들을 중심으로 중·고령자의 고용가능성 제고를 위한 평생학습 차원의 정책방향에 대해 제안할 내용은 다음과 같다.

첫째, 중·고령자에 대한 인식의 전환이다. 미국의 경우 직업훈련협력법(JTPA)을 대체하는 법으로 인력투자법(WIA)이 제정되면서 지원의 방향 측면에서 인력투자의 대상으로서 중·고령자를 인식하고 있었다. 또한 중·고령자의 비율이 폭발적으로 증가하고 있는 한국의 현실에 비추어 보았을 때, 이와 같이 중·고령 인적자원의 가치에 대한 확인은 무엇보다도 우선되어야 할 가장 시급한 일이다. 이를 위해, 법과 정책적 장치를 통해 중·고령자에 대한 개념적 정의를 새로이 개선해 나갈 필요가 있으며, 아울러 홍보와 정책적 노력을 펼쳐 중·고령 인적자원의 노동활동 강화 및 평생학습 강조에 대한 국가적 풍토를 조성해 나가야 할 것이다.

둘째, 수요자중심의 정책을 고안해야 한다. 중·고령자는 물론, 해당 취업지원 및 직업훈련 프로그램을 운영하는 주체라 할 수 있는 지방정부와 지역사회, 관련 프로그램 수행 기관 등의 현황자료 및 요구를 정확히 파악하여 정책을 수립할 필요가 있다. 지방 및 지역사회가 처한 노동시장의 특수성 및 변화의 추이, 거주자의 특성을 반영할 수 있다는 측면에서 이는 매우 필요하다. 또한 중·고령자들의 취업률, 고용유지율과 수입변화 정도, 기타 생애발달 단계로 비추어 보았을 때 필요한 발달 과업 및 평생교육과 고용에 관련된 요구 및 선호내용 등을 근거로 정책적 내용이 수립되어야 할 것이다.

셋째, 통합적이면서도 효율적인 정책을 추진해야 한다. 비교 사례 국가들의 경우, 중앙정부의 실적 평가에 준한 재정적 통제권 강화와 실적 평가 항목을 명확하게 제시함으로써 투자 효율성을 강조하고 있었다. 복지 의존도를 경감해 가는 가운데 중·고령자가 경쟁력을 갖추고 자립적으로 활동을 펼쳐나갈 수 있도록 정책의 내용이 질적으로 변화하고 있는 것이다. 즉, 보조금 중심의 정책이 아니라, 중 · 고령 인적자원의 장점을 부각시킬 수 있는 일자리를 적극적으로 개척하고 일자리에서 원하는 수준의 능력을 확보하기 위하여 중 · 고령자 대상의 교육훈련 서비스와 밀접하게 연계시키는 서비스에 보다 중점을 두어야 한다.

다음으로, 본 연구에서 제시한 두 가지 평생학습지원모형, 즉 전직지원모형과 재취업지원모형의 실행과 효과 극대화를 위해 제안할 사항은 다음과 같다.

첫째, 정부의 사전적 · 통합적 지원이 요구된다. 전직지원모형의 원활한 운영은 물론, 중 · 고령 실직자를 위한 재취업모형을 수행하기 위해 정부는 반응 및 대응적(reactive) 자세가 아닌, 선수적(proactive) 자세를 취하여 사전에 연구하고 데이터베이스를 구축하며, 필요한 기관간 네트워크를 형성하고 계획을 수립하는 일련의 절차를 시행해야 할 것이다. 또한 수요자에게 우선적으로 다가가기 위해 홍보 등을 강화하여, 보다 많은 국민들이 마련 및 시행되는 정책에 대한 수혜를 받을 수 있어야 한다. 더욱이, 이러한 사전적 · 선수적 활동을 기반으로 통합적 서비스를 구현해야 한다. 지방정부 및 지역사회를 중심으로 중 · 고령자에 대한 서비스가 원스톱으로 이루어질 수 있도록 '고용지원-교육훈련지원-생활안정지원'이 일련의 과정으로 단계화 · 절차화되어야 할 것이다.

셋째, 중 · 고령 인적자원들은 고용가능성을 유지하는데 열악한 위치에 있음을 감안하여 중 · 고령자를 위한 특화된 프로그램이 개발되어야 한다. 즉, 중 · 고령자의 학습특성을 고려한 교육훈련 프로그램을 개발하고, 중 · 고령자에게 적합한 직종이나 직업을 별도로 관리하며 중・고령자 전담 도우미제나 중・고령자 전담 서비스제 등을 도입하여 중・고령자들이 편리하게 이용할 수 있도록 지원해야 한다.

넷째, 상기 제시한 중・고령자를 위한 특화된 프로그램을 적절하게 제공하기 위해서는 지역사회의 관련 단체나 민간업체와의 연계 및 이들에 대한 데이터베이스화가 선행되어야 한다. 즉, 지역사회에 위치하고 있는 노인대학이나 노인학교와 같이 고령자를 주요 대상으로 하는 교육기관, 지역평생학습관, 고등교육기관, 직업훈련학교 등과 같이 교육훈련기관이나 노인인력은행, 고령자직업알선센터 등과 같은 고용지원기관에 대한 정보를 관리하고 이들과 면밀한 협조체제를 구축해야 한다.

다섯째, 중・고령 인적자원들의 고용창출 방안을 적극적으로 모색해야 한다. 기업의 구인요구가 발생하기를 소극적으로 기다리는 것이 아니라 인적자원으로서 중・고령자의 장점을 홍보하여 적극적으로 구인요구를 창출해야 한다. 또한 기업의 모집, 선발, 채용, 관리 등 제반 인적자원관리 체제를 포함하여 작업환경, 고용형태, 근로 시간 등이 중・고령자가 일하기에 적합하도록 기업 환경을 중・고령자 친화적으로 변화시킬 수 있도록 기업을 지원하는 것도 필요하다.

참고문헌

강우란 외(2003). 인력구조조정의 부작용과 극복방안. CEO Information 제 423호. 서울: 삼성경제연구소.

고정민, 정연승(2002). 고령화 사회의 도래에 따른 기회와 위협. 서울: 삼성경제연구소.

고령자고용촉진법 [일부 개정 2002.12.30 법률 제 06849호]

교육인적자원부(2002). 평생학습진흥 종합계획.

교육인적자원부·한국교육개발원(2002). 평생교육백서.

교육인적자원정책위원회(2001). 21세기 지식강국을 주도할 국가인적자원 개발 정책보고서.

____________________(2002). 21세기 지식강국을 주도할 국가인적자원 개발 정책보고서.

권대봉(2001). 직업준비교육과 직장계속교육: 미국, 독일, 영국 비교. 서울: 학지사.

권대봉(2006). 고령화 시대의 노동시장의 변화에 따른 중고령자 평생학습 모델. 한국교육학연구 12(1). pp. 103~127.

권대봉, 노경란(2005). 중고령자의 직업능력개발을 위한 한국과 일본의 정책적 지원 비교. 인력개발연구 7(2). pp. 1~26.

권대봉, 노경란(2008). 고령인구의 고용가능성 제고를 위한 미국의 인적자원정책 사례 분석. 인력개발연구 10(1). 한국인력개발학회. pp.

21~43.

_______외(2004). 국가인적자원정책 과제개발을 위한 주요국가 인적자원 정책 연구. 서울: 교육인적자원부.

기획예산처 재정기회국 사회재정과(2002). 고령화 진전에 따른 정책 대응. 재정포럼 2002년 11월호.

김광웅 외(2003). 고령화시대에 있어 과학기술인력의 활용방안. 국가과학기술자문회의.

김동만(2002). 고령화와 노인복지정책, 『중앙행정논집』, 제16권 제1호, pp. 233~245.

김동헌(1998). 미국기업의 고용조정 대상자 지원 사례 연구. 서울: 한국노동연구원.

김미숙(1998). 고령화 사회의 사회보장정책, 『보건복지포럼』, 1998년 8월(통권23호), pp. 31~44.

김병숙 외(1997). 한국인의 직업의식 조사. 서울: 한국직업능력개발원.

김수근(2001). 고령자 적합직종의 현황과 개선방안. 중앙고용정보원.

김원종(2004). OECD 국가들의 인구고령화 파급효과 및 대응전략, 『OECD Focus』, 2004년 9월호, Vol.3 No.5, pp. 47~59.

김정한 외(2002). 고용조정과 전직지원 - 한국, 일본, 미국 기업사례를 중심으로. 서울: 한국노동연구원.

김정휘 역(1992). 노인심리학. 서울: 성원사.

김종서 외(1982). 평생교육의 체제와 사회교육의 실태. 연구논총 82-7. 경기도: 한국정신문화연구원.

김현진(2004). 고령화 사회・정치적 영향 - 한국과 일본의 경우, 『사회연구』, 2004년 1/2호 (통권7호). pp. 81~96.

김형만 외(1999). 고용구조변화에 따른 훈련수요예측. 한국직업능력개발원.

김홍국(2000). 경력개발의 이론과 실제. 서울: 다산출판사.
나영선, 이상준(1999). 실업대책 직업훈련의 성과분석 및 개선대책 연구. 한국직업능력개발원.
나영선 외(2000). 근로자 직업훈련체제 발전방안. 한국직업능력개발원.
남준호, 이성호(2001). IMF 체제의 실업문제와 직업훈련. 사회복지 전문 출판 나눔의 집.
노동부(2001). 전직지원 프로그램 제도화 방안. 서울: 고용정책실 보험제도과 자료.
노동부(2001). 고령자 고용촉진 대책. 노동부 고용정책실.
노동부(2002). 고용보험백서.
노동부(2002). 실업대책백서.
______(2003). 준고령자 우선고용직종 고시(안).
______(2004). 노동백서.
노동부 홈페이지. www.molab.go.kr
노동부 고용안정정보망. www.work.go.kr
노인복지법 [부분 개정 2003. 12.29 법률 제07152호]
노인복지법 시행령 [법률 제18312호]
대통령비서실 고령사회대책 및 사회통합기획단 인구·고령사회대책팀(2004). 저출산 · 고령사회 대응을 위한 국가실천전략. 제35회 국정과제회의 보고참고자료
모지환(2000) 한 · 일 고령자고용정책의 형성과정에 관한 비교연구. 중앙대학교 대학원 박사학위논문.
박경숙(2002). 노동시장의 고령화와 업종 · 직종에서의 연령분리현상. 『노동정책연구』. 제2권 제2호(6월). pp. 69~87.
박덕제(2002). 영국의 고용조정: 정리해고를 중심으로. 한국노동연구원.

박시종(2001). 한국의 신자유주의 세계화 전략과 생산적 복지정책 연구: 노동시장의 변화와 소득보장의 위기를 중심으로. 성균관대학교 대학원 박사학위논문.

박양근, 신소용(2000). 사회안전망으로서의 실업자 직업훈련 내실화 방안, 『직업능력개발연구』, 제3권(12월), pp. 1~22.

박영범(2002). 중고령근로자 노동시장. 서울: 한국노동연구원.

박혁(2002). 한국 비정규 노동자의 노동 불안정성에 관한 연구: 조절이론적 관점에서 노동의 불안정화 과정과 복지국가의 대응 분석. 연세대학교 대학원 석사학위논문.

보건복지부(2002). 지역사회시니어클럽의 안정적 발전방안.

_________(2002). 경로연금 사업안내.

_________(2003). 2003년도 노인보건복지사업 안내.

_________(2004). 보건복지백서.

_________(2004). 2004년도 노인 일자리 사업 기본계획.

보건복지부 관계부처 합동(2002). 고령사회에 대비한 노인보건복지종합대책 실행계획안.

손유미, 김철희(2003). 중고령자의 직업능력개발. 한국직업능력개발원.

신유근(1992). 한국의 경영: 현상과 전망. 서울: 박영사.

아산사회복지재단(2003). 고령화사회 어떻게 대응할 것인가?

안덕근(2003). 외환위기 극복을 위한 IMF와 한국정부의 역할, 경제구조조정과 WTO규범의 조화 국제 심포지움(III) 발표자료. 2003. 5. 7.

안신권(2001). 고령인력 고용 확대방안에 관한 연구. 국민대학교 행정대학원 석사학위논문.

양철호(2003). 노인복지법 개정을 위한 제안: 노인의 사회참여를 위한 법적 근거 마련을 중심으로. 국회사회보건복지연구회. 노인 사회참여의 법적 근거마련을 위한 토론회 자료.
오영훈 외(1999). 고용촉진훈련 활성화 방안 연구. 한국직업능력개발원.
우천식(2004). 새로운 경제사회환경 하의 평생교육체제 구축 방향과 과제: 중장년층 인력 문제를 중심으로, 『노동시장 변화와 성인교육의 과제』 한국성인교육학회 2004년 봄 학술대회발표집. pp. 1~23.
유길상 외(1998). 실업자 사회안전망의 국제비교. 한국노동연구원.
유길상, 이규용(2002). 외국인 근로자의 고용실태 및 정책과제. 서울: 한국노동연구원.
유용주 외(2000). IMF 체제 3년간의 한국 경제 변화. 서울: 삼성경제연구소.
이병준 외(1999). 준고령자 직업훈련 프로그램 개발 연구. 서울: 한국직업능력개발원.
이병준 외(1999b). 21C 노령화 사회를 대비한 노인교육 활성화 방안 연구. 서울: 한국직업능력개발원.
이병희(2000). 반복실업과 실업의 장기화, 『노동경제논집』. 제23권 제1호. 한국노동경제학회.
이상호(2004). 고령자의 재취업실태, 『KLIPS Research Brief』, No.9/2004.
이성원(2002). IMF 경제위기 이후 노동시장 구조변화에 관한 연구. 중앙대학교 대학원 석사학위논문.
이영보(2001). 고령자 고용정책의 현황과 개선방안. 부산대학교 행정대학원 석사학위논문.
이영휘, 홍성호(1998). 실업자재취업훈련 활성화 방안 연구. 서울: 한국노동연구원.
이은미(2002). 고령화시대 도래의 경제적 의미와 대책. 서울: 삼성경제연구소.
이정표 외(2000). 평생 직업교육훈련 종합 대책(Ⅰ). 한국직업능력개발원.

이종선(2001). 한국의 신자유주의적 구조개혁과 노동시장제도 변화 연구. 고려대학교 대학원 박사학위논문.

이종훈(1998). 교육훈련바우처 및 교육훈련카드제도의 도입 · 실시 방안에 관한 연구. 노동부.

이희진(2001). 노동시장에서의 연령차별과 고령자 고용지원방안에 관한 연구 - 퇴직제도에 대한 비판을 중심으로. 고려대학교 대학원 석사학위 논문.

임천순 외(2001). 국가인적자원개발의 비전 · 목표 개발 연구. 서울: 교육인적자원정책위원회.

장명희, 주인중, 박윤희(2003). 준 · 고령자 취업능력 제고를 위한 교육훈련 프로그램 개발. 한국직업능력개발원.

장지연(2000). 중고령자 노동시장의 특성과 고용지원 정책. 서울: 한국노동연구원.

______(2001). 중고령자 노동시장의 특성과 고용지원 정책. 서울: 한국노동연구원.

______(2003). 고령화시대의 노동시장과 고용정책Ⅰ. 서울: 한국노동연구원.

장창원 외(2003). 고령화사회의 인적자원정책(Ⅱ) - 중 · 고령층을 중심으로. 서울: 한국직업능력개발원.

전병유(2002). 경제위기 전후 고용안정의 변화. 서울: 한국노동연구원.

정진화, 최영섭(2002). 산업경쟁력 제고를 위한 인적자원개발 방안. 서울: 산업연구원.

정경배 외(1999). 활기찬 노후생활 보장을 위한 고령자 창업지원 방안.

정철영 외(1997). 조기퇴직자를 위한 직업교육 프로그램 개발(제1부: 총론). 교육부.

조동기, 조희경(2002). 지식정보화에 따른 직업구조의 변화와 특성. 경기:

정보통신정책연구원.

주용국(2002). 전직지원서비스의 지원요인과 장애요인, 『직업능력개발연구』. 제5권1호, pp. 53~90.

중앙 고용정보원(2002). 고령자 적합직종 개발 보고서.

진미석, 윤형한(2003). 성인의 진로개발체제 구축. 서울: 한국직업능력개발원.

차갑부(2004). 평생교육의 이해. 서울: 학지사.

최돈민 역(2002). OECD 교육정책 분석 - 평생학습 정책을 중심으로 -. 서울: 대통령자문 교육인적자원정책위원회.

최영기(2002). 구조조정기 노동개혁의 평가와 과제. 한국노동연구원.

통계청(1998). 1998년 사회통계조사보고서. 대전: 통계청.

통계청(2001). 장래인구추계. 대전: 통계청.

통계청(2002). 2002년 사회통계조사보고서. 대전: 통계청

통계청(2004). 2004 고령자통계. 대전: 통계청.

한국노동연구원(2000). 경제위기 이후 인적자원관리 및 노사관계 변화에 관한 서베이.

한국노동연구원(2001). 외국인 근로자 고용실태조사 - 기업체 조사.

한국산업인력공단・중앙고용정보원(2003). 고용보험통계연보.

한국산업인력공단・고용촉진단기적응훈련 www.hrdkorea.or.kr/index1.html

한국전산원(2002). 2002 국가정보화백서. 서울: 한국전산원.

허재준, 전병유(1998). 우리나라 임금의 연령프리미엄 구조, 『노동경제논집』 제21권 제1호.

현기선(2001). 노인취업 활성화 방안에 관한 연구. 경희대학교 행정대학원 석사학위 논문.

고령자고용촉진법시행령 [제정 1992.7.1 대통령령 제13685호] 고령자고용촉진법

통계청. 「한국의 사회지표」, 온라인통계간행물. (http://www.nso.go.kr). 2004년 7월 1일 접속 조사 결과.

한국산업인력공단 해외취업지원부. (http//:www.worldjob.or.kr). 2004년 7월 7일 접속 조사 결과.

the Department of Labor, Bureau of Labor Statistics, http://www.bls.gov/의 Labor force participation rates. 2004년 7월 19일 접속 조사 결과.

BLS, 2002: http://stats.bls.gov의 "Displaced workers(1) by age, sex, race, Hispanic origin, and reason for Job loss, (January 2002)" 2004. 7. 22. 접속 결과.

內閣府의 少子化對策・高齡社會對策 홈페이지(http://www8.cao.go.jp/kourei/intro.htm). 2004년 8월 6일 접속 결과.

獨立行政法人 高齡・障害者雇用支援機構 홈페이지(http://www.jeed.or.jp). 2004년 9월 1일 접속결과.

獨立行政法人雇用・能力開發機構 홈페이지(http://www.ehdo.go.jp). 2004년 9월 15일 접속결과.

社団法人 東京都高年齡者雇用開發協會의 홈페이지(http://www.tokyo-maturity.or.jp). 2004년 9월 23일 접속 결과.

社団法人 全國シルバー人材センター事業協會의 홈페이지(http://www.sjc.ne.jp) 참조

總務省統計局. 高齡者人口の現狀と將來 http://www.stat.go.jp. 2004년 8월 9일 접속 결과.

總務省統計局. 高齢者の就業と暮らし http://www.stat.go.jp. 2004년 8월 9일 접속 결과.

總務省統計局. 勞動力調査詳細結果(平成14年平均). http://www.stat.go.jp. 2004년 8월 11일 접속결과.

總務省統計局. 勞動力調査特別調査(平成13年8月). http://www.stat.go.jp. 2004년 8월 11일 접속결과.

總務省統計局(2002). 全國消費實態調査トピックス. http://www2.mhlw.go.jp. 2004년 8월 9일 접속 결과.

厚生勞働省 홈페이지, http://www2.mhlw.go.jp. 2004년 9월 1일 접속 결과.

厚生勞働省. 高齢者の雇用をすすめるために http://www2.mhlw.go.jp. 2004년 8월 16일 접속결과.

高年齢者雇用開發協會(2002). 企業の高齢化諸施策の實態に關する調査研究.

國立社會保障 人口問題研究所(2003). 日本の世代數の將來推計.

宮崎利行 외(2001). 高齢者の職業能力發揮サポートシステムに關する調査研究. 東京: 高年齢者雇用開發協會.

企業グループ內人材有效活用研究會(1997). 出向・轉籍の實態と展望. 東京: 日本勞働研究機構.

獨立行政法人 勞働政策研究・研修機構(2004). 中高年齢者の活躍の場についての將來展望.(勞働政策研究報告書. NO. L-6.)

社會教育推進全國協議會(2004). 第44回社會教育研究全國集會의 分科會: 「實りある高齢社會」논의 내용 수록.

森田一壽 외(2003). 企業の高齢化諸施策の實態に關する調査研究. 東京: 高年齢者雇用開發協會.

日本總務聽編(1999). 高齢化社會白書.

中高年齢者雇用福祉協會(2004a). 第11回高齢化社會における企業と個人(従業員)の現像と對応に關する實態(企業編).

中高年齢者雇用福祉協會(2004b). 第11回高齢化社會における企業と個人(従業員)の現像と對応に關する實態(従業員編).

內閣府編(2001). 高齢社會白書.

內閣府編(2004). 高齢社會白書.

勞働省(1997). 雇用動向調査報告.

野川忍 외(2003). 實踐的な勞働政策評価のあり方. 手法を求めて. 東京: 日本勞働研究機構.

總務省統計局(2000). 國勢調査.

總務省統計局(2003a). 『平成15年平均結果の概況』, 家計調査(貯蓄・負債編)調査結果.

總務省統計局(2003b). 勞動力調査.

總務省統計局(2003c). 勞動力調査速報(平成15年平均).

總務省統計局(2004). 日本の統計2004.

總務省統計局(2004). 國勢調査.

厚生勞働省(2000). 都道府縣・指定都市における高齢社會對策關係施策

厚生勞働省(2002). 國民生活基礎調査.

厚生勞働省大臣官房統計情報部雇用統計課(2004). 雇用管理調査報告.

高齢社會對策基本法(平成7年, 法律129号).

高齢社會對策大綱(平成13年2月, 閣議決定).

高年齢者等の雇用の安定等に關する法律(昭和46年, 法律第68号).

高年齢者等職業安定對策基本方針(平成11年, 勞働省告示第100号).

獨立行政法人雇用・能力開發機構法(平成14年, 法律第170号).

雇用對策法(平成13年10月改正).

American Management Association(1997). 1997 Survey(Corporate job creation, job elimination, and downsizing): Summary of key findings.

Blöndal, S. et al.(2002). "Investment in human capital through upper-secondary and tertiary education," OECD Economic Studies. No.34. pp. 41~89.

CBO(1993). Baby boomers in retirement: An early perspective. Washington, D.C.: Congressional Budget Office.

Congressional Budget Office(1993). Baby boomers in retirement: An early perspective. Washington, D. C.: Congress of the United States, Congressional Budget Office.

Conroy, M. A.(1993). Outplacement-Nice or necessary? Hospital, Materiel Management Quarterly, Volume 14., Issue 4, pp. 21~24.

Crown, W, ed.(1996). Handbook on employment and the elderly. Westport, Conn,: Greenwood Press.

Drucker, P. F.(1993). Post-capitalist society. NY: Harper Press.

Erikson, E. H.(1963). Childhood and society (2nd ed.). New York: W. W. Norton and company.

Fedrau, R. H.(1984). "Responses to plant closures and major reductions in force: Private sector and community-based models," The Annals of the American Academy of Political and Social Science, Vol.475.

Fedrau, R. H. and Balfe, K. P.(1989). Cooperative labor management worker adjustment programs, BLMR 133, U. S. Department of Labor.

Feldman, D. C.(1988). Managing careers in organizations. Glenview, IL: Scott, Foresman.

Ferman et al., eds.(1990). New development in worker training: A legacy for the 1990s. Madison: Industrial Relations Research Association.

Fullerton, Jr.(1999). "Labor force projections to 2008: Steady growth and changing composition," Monthly Labor Review. November, 1999. Vol.122, No.11., pp. 19~32.

Healy, C. C.(1982). Career development: Counseling through the life stages. Boston: Allyn & Bacon.

Hopson, B., Adams, J. D.(1977). Towards an understanding of transitions: Defining some boundaries of transition. In Adams, J., Hayes, J., Hopson, B.(Eds.), Transition: Understanding and managing personal change. Montclair, NJ: Allenheld & Osmun.

Kirk, J. J(1994). Putting outplacement in its place. Journal of Employment Counseling, Volume 31, pp. 10~18.

Kramer, F. D. & Nighyingale, D. S.(2001). Using the Workforce Investment Act to serve mature and older workers. Washington, D. C.: The Urban Institute.

Levinson, D. J. et al.(1978). Seasons of a man's life. New York: Knopf.

Goldstein, I.(1989). Training and development in organizations. San Francisco: Jossey-Bass Publishers, Inc.

Grendell, M.(1998). "Trends in retirement age in four countries, 1965~1995," Monthly Labor Review. August, 1998.

Kane, M and Duggan, P.(1991). Dislocated workers: Coping with competition and conversation, Northeast-Midwest Institute.

Kramer, F. D., Nightingale, D. S.(2001). Using the Workforce Investment Act to serve mature and older workers. Washington, D.C.: The Urban Institute.

Macro, B. et al.(2003). Creating partnerships for workforce investment: How services are povided under WIA. California: Berkeley Policy Associates.

Miller, Robinson(1994). "Managing the disappointment of job termination: Outplacement as a cooling-out device", Journal of Applied Behavioral Science, Vol.30. Issue 1.

Mirable, R. J.(1985). Outplacement as transition counseling, Journal of Employment Counseling, Volume 22, pp. 39~45.

National Council on the Aging, Inc.(2004). The nine best practices of highly effective SCSEP projects. Washington, D. C.: A joint effort of the Workforce Development Division and Research & Demonstrations Division.

OECD(2004). Core study of long-term care. Paris.

Pifer, A., Bronte, L. eds.(1986). Our aging society: Paradox and promise. NY: W. W. Norton and Company.

Poulos, S., Nightingale, D. S.(1997). The aging baby boom: Implications for employment and training programs. Washington, D. C.: The Urban Institute. p. 6.

Ryan Helwig(2004). "Workers displacement in 1999-2000," Monthly Labor Review. June, 1999. Vol.127, No.6., pp. 54~68.

Super, D. E.(1992). Vocational development theory: Persons, positions, process, in Whitely, J. M., Resnikoff, A.(eds), Perspectives on vocational guidance. Washington DC: American Personell and Guidance Association.

United Nations(1999). UNITED NATIONS ISSUES WALL CHART ON POPULATION AGEING.(http://www.un.org)

U. S. Department of Labor, Employment and Training Administration (2000a). Workforce Investment Act: Final rule. 20CFR Part 652; Part 660 et al RIN 1205-AB20.

______________________________(2000b). Training and employment guidance letter No. 7-99.

______________________________(2004). Federal Register. Vol.69, No.69/Friday, April 9. 2004.

U. S. Department of Labor(2001). Overview of the Older Americans Act Amendments of 2000: Legislative changes to the Senior Community Service Employment Program.

United States General Accounting Office(2001). Older workers - Demographic trends pose challenges for employers and workers. Washington, D. C.: U. S. Government Printing Office.

United States General Accounting Office(2002). Workforce Investment Act-Coordination of TANF services through one-stops has increased despite challenges. Washington, D. C.: U. S. Government Printing Office.

______________________(2003a). Multiple employment and training programs. Washington, D. C.: U. S. Government Printing Office.

__________________________________(2003b). Older workers- Employment assistance focuses on subsidized jobs and job search, but revised performance measures could improve access to other services. Washington, D. C.: U. S. Government Printing Office.

__________________________________(2003c). Workforce Investment Act-One-stop centers implemented strategies to strengthen services and partnerships but move research and information sharing is needed. Washington, D. C.: U. S. Government Printing Office.

Workforce Investment Act of 1998(Public Law 105-220-Aug. 7, 1998).

찾아보기

인명색인

개념색인

ㄱ

ㄴ

ㄷ

ㅁ

저자 소개

권 대 봉 고려대학교 교육학과 교수(현)

- 경제인문사회연구회 기획평가위원회 인적자원분과위원장
- 교육부 주요업무평가위원회 위원장
- 노동부 직업능력개발전문위원회 위원
- 노동부 정책자문위원회 직업능력개발분과 위원
- 미국 미시간주립대 교육행정학과 조교수
- 미국 미시간주립대 국제전문인과정(VIPP) Founding Director
- 고려대학교 사회교육원장, 사범대학장, 교육대학원장
- 한국인력개발학회장, 한국평생교육학회장

노 경 란 한국고용정보원 부연구위원(현)

- 고려대학교 교육학과 문학사
- 일본 교토교육대학 대학원 교육학석사
- 매경경영연구원 책임연구원
- 고려대학교 대학원 성인계속교육학전공 교육학박사
- 강릉대학교 및 숭실대학교 강사
- 명지대학교 사회교육대학원 강사
- 고려대학교 대학원 교육학과 강사

변 정 현 한국고용정보원 연구원(현)

- 고려대학교 교육학과 문학사
- 고려대학교 교우회보 기자
- 고려대학교 대학원 교육학과 문학석사
- 고려대학교 사회교육원 연구원
- 고려대학교 대학원 성인계속교육학전공 박사수료
- 고려대학교 교육신문사 간사
- 강릉대학교 및 인하대학교 강사

저자와의
협의하에
인지생략

중 · 고령자의 고용과 평생학습

2008년 7월 1일 인쇄
2008년 7월 7일 발행

저 자 **권대봉 · 노경란 · 변정현**
발행자 **박준식**

발행처 도서출판 **원 미 사**
서울 성북구 장위2동 65-192 우남빌딩 202호
등록 1994년 1월 18일(제6-192호)
TEL 919-9630 FAX 919-3093
E-mail: wonmisa@unitel.co.kr

파본은 교환해 드립니다. **정가 17,000 원**

ISBN: 978-89-5544-137-6